金剛經宗通

——第四輯

——平實導師　述

ISBN:978-986-6431-39-5

執著離念靈知心爲實相心而不肯捨棄者，即是畏懼解脱境界者，即是畏懼無我境界者，即是凡夫之人。謂離念靈知心正是意識心故，若離**俱有依**（意根、法塵、五色根），即不能現起故；若離**因緣**（如來藏所執持之覺知心種子），即不能現起故；復於眠熟位、滅盡定位、無想定位（含無想天中）、正死位、悶絕位等五位中，必定斷滅故。夜夜眠熟斷滅已，必須依於**因緣**、**俱有依緣**等法，方能再於次晨重新現起故；夜夜斷滅後，已無離念靈知心存在，成爲無法，無法則不能再自己現起故；由是故言**離念靈知心是緣起法**、**是生滅法**。不能現觀離念靈知心是緣起法者，即是未斷我見之凡夫；不願斷除**離念靈知心常住不壞之見解**者，即是恐懼解脱無我境界者，當知即是凡夫。

—**平實導師**—

一切誤計意識心為常者，皆是佛門中之常見外道，皆是凡夫之屬。意識心境界，依層次高低，可略分爲十：一、處於欲界中，常與五欲相觸之離念靈知；二、未到初禪地之未到地定中，暗無覺知而不與欲界五塵相觸之離念靈知，常處於不明白一切境界之暗昧狀態中之離念靈知；三、住於初禪等至定境中，不與香塵、味塵相觸之離念靈知；四、住於二禪等至定境中，不與五塵相觸之離念靈知；五、住於三禪等至定境中，不與五塵相觸之離念靈知；六、住於四禪等至定境中，不與五塵相觸之離念靈知；七、住於空無邊處等至定境中，不與五塵相觸之離念靈知；八、住於識無邊處等至定境中，不與五塵相觸之離念靈知；九、住於無所有處等至定境中，不與五塵相觸之離念靈知；十、住於非想非非想處等至定境中，不與五塵相觸之離念靈知。如是十種境界相中之覺知心，皆是意識心，計此爲常者，皆屬常見外道所知所見，名爲佛門中之常見外道，不因身現出家相、在家相而有不同。

——平實導師——

如聖教所言，成佛之道以親證阿賴耶識心體（如來藏）爲因，《華嚴經》亦說**證得阿賴耶識者獲得本覺智**，則可證實：證得阿賴耶識者方是大乘宗門之開悟者，方是大乘佛菩提之眞見道者。經中、論中又說：證得阿賴耶識而轉依**識上所顯真實性**、**如如性**，能安忍而不退失者即是**證真如**、即是大乘賢聖，在二乘法解脱道中至少爲初果聖人。由此聖教，當知親證阿賴耶識而確認不疑時即是開悟眞見道也；除此以外，別無大乘宗門之眞見道。若別以他法作爲大乘見道者，或堅執**離念靈知**亦是實相心者（堅持意識覺知心離念時亦可作爲明心見道者），則成爲實相般若之見道內涵有多種，則成爲實相有多種，則違實相絕待之聖教也！故知宗門之悟唯有一種：親證第八識如來藏而轉依如來藏所顯眞如性，除此別無悟處。此理正眞，放諸往世、後世亦皆準，無人能否定之，則堅持離念靈知意識心是眞心者，其言誠屬妄語也。

——**平實導師**——

目次

第二輯：

第三輯：

第四輯：

第五輯：

第六輯：

第七輯：

第八輯：

第九輯：

自序

《金剛經》原名爲《金剛般若波羅蜜經》，意爲證得金剛不壞心而產生了實相智慧，由此智慧而到達無生無死彼岸底經典。本經是中國大乘佛法地區佛教徒中，家喻戶曉之大乘經典，在家居士及出家諸僧，多有人以本經作爲日課而持誦不斷者。本經是將大品般若及小品般若的實相教理，濃縮成爲一部文字較少而簡要的般若經典；若再將此經加以濃縮，則成爲二百餘字的極精簡經典，即是大眾耳熟能詳的《心經》，如是亦可證知本經所說的內涵是金剛心，並非解說一切法空。以此金剛心如來藏的實證，能使人看見本來就無生無死的解脫彼岸，由此實證而發起本來自性清淨涅槃的智慧。有了這個無生無死的本來自性清淨涅槃的現觀，知道阿羅漢們捨壽入了無餘涅槃中的境界以後，再現觀此時猶未捨壽之際，自己與眾生的金剛心如來藏，依舊不改其本來自性清淨涅槃的境界，那麼死後入無餘涅槃或不入無餘涅槃，就無所差別了。菩薩因爲如是實證、如是現觀，因此發起大悲心，願意盡未來際不入無餘涅槃，願意盡未來際利樂眾生永無窮盡，不辭勞苦。

然而《金剛經》之宗義，漸至末法時期，由於六識論的凡夫臆想中觀流行於世，同將本經解釋為一切法空之說，致使本經中所說的第八識金剛心密意全面失傳；縱使有善知識繼出於人間，欲將本經之眞實義廣為弘傳，亦屬難以達成之目標。由是緣故，必須先將禪宗之開悟實證法門推廣，眾皆信有開悟之事，亦信自身可能有緣開悟，然後教以禪宗之開悟即是親證第八識如來藏妙心之眞義，最後方得以本經之宗義如實闡揚，令大眾周知本經中所說「此經」者，實即第八識金剛心如來藏。然後依金剛心如來藏之清淨自性、離世間相自性、離出世間相自性、離三界六道自性……等，一一鋪陳敷演，得令已證金剛心之大眾隨聞入觀，一一現前證實 佛之所說誠屬眞實語；亦令未證金剛心之大眾歡喜信受，願意盡形壽求證之，以期得入大乘見道位中，眞成實義菩薩。以是緣故，應當講授本經，如實顯示本經之眞實義。

又，《金剛經》屬於破相顯宗之經典，是故講解本經時，除了顯宗以外，亦應同時摧破各種邪見相，令今世後世一切眞正學佛之人，讀後快速遠離各種外道常見、斷見相，亦得同時遠離各種佛門凡夫相。以是緣故，講解本經時，必須於顯示大乘自宗勝法時，同時破斥各種外道相及凡夫相，方能使聞此經典眞實義者同獲大利；由此顯宗同時破相之故，永離無因唯緣論的緣起性空、一切法空邪見，則此一世實證大乘般若實智即有可能。

又，若能如實理解本經中之眞實義，則能深入證實「宗、教不離」之正理，由是得以藉教驗宗、藉宗通教，漸次成就宗通與說通之自利利他功德，非唯自通得以自利而已。從此以後即能爲人解說宗門與教門非一非異之理，則人間有緣眾生即得大利，不久即得因如是善知識之弘化而得實證大乘般若，是故應當講授本經，並應於顯宗之際同時破相，令末法時代佛門四眾同得法利。

又因本經所說皆是直指金剛心之本來涅槃境界，然而未證金剛心之凡夫位菩薩，雖讀而不能現觀金剛心之本來解脫境界，於是不免臆想分別而產生偏差，終究無法如實理解本經中的 世尊意旨。爲救此弊，乃出之以宗通之方式而爲大眾講授，是故名之爲《金剛經宗通》；即以各段經文中與中國禪宗互有關聯之公案等，附於每一段經文解說之後說之，藉以引生讀者未來見道而實證《金剛經》宗義之因緣，是故即以宗通方式而作講授。復次，以《金剛經宗通》爲名而講授本經者，亦因鑑於明朝曾鳳儀居士所講《金剛經宗通》並不符實，顯違佛門宗通之智慧，後人讀之難免爲其所誤，以是緣故，亦應於經文中與其有關之處加以拈提，條分縷析而令佛門四眾了知其錯謬所在，不復以其錯謬之宗通註解作爲依止，後日參究眞如本心時，庶能遠離偏斜，則親證本經宗旨即有可能，是故即採宗通方式講授之。今者《金剛經宗通》之錄音已整理成文字，並已略加潤色，刪除口語中重複之贅言，總共達到一百三十餘萬言；今已將之編輯成書，總有九冊，仍以成本價流通之，以利當代學人；即以如是感言及緣起之說明，以爲序言。

佛子 **平實** 謹序

公元二〇一一年初冬 於竹桂山居

第四輯：

《金剛般若波羅蜜經》

〈離相寂滅分〉第十四（上承第三輯〈離相寂滅分〉未完內容）

而這個仙尼外道，在《阿含經》裡面的記載，他後來是成爲阿羅漢；但實際上他不只是阿羅漢，他是眞正底菩薩，在大乘經中被翻譯爲先尼梵志，所以我們再來看《小品般若波羅蜜經》卷一裡面的記載：

【須菩提言：「先尼梵志信解薩婆若智，以得諸法實相，故得解脫。得解脫已，於諸法中無取無捨，乃至涅槃亦無取無捨。世尊！是名菩薩般若波羅蜜不受色，不受受、想、行、識；雖不受色，不受受、想、行、識，未具足佛十力、四無所畏、十八不共法，終不中道而般涅槃。」】

這是七葉窟五百聲聞結集四阿含諸經以後，半年後緊跟著在七葉窟外展開的菩薩千人大結集時，所結集出來的《小品般若經》裡的經文。顯然阿含記載的那個仙尼外道，跟《小品般若經》這裡記載的先尼外道，是同一個人。在阿含部記載中，說他成爲阿羅漢，看來只是聲聞人；可是在小品般若裡面，說他是菩薩。這表示什麼？這表示 佛陀二轉法輪、三轉法輪時，那些阿羅漢們多數也都跟在 佛陀身邊一起聽聞大乘經；聽聞了以後，迴心大乘而成爲菩薩，然後又在 佛陀的教外別傳機鋒之中悟得般若。後來 佛陀入滅了，不迴心的聲聞羅漢與聲聞凡夫們，結集出了四大部阿含諸經，連同他們所聽聞的大乘經也被結集成小乘解脫道的經典；但是已迴心大乘而證悟大乘法的阿羅漢們，在 文殊菩薩邀請阿難尊者一起在七葉窟外共同結集出來的，就是第二轉、第三轉法輪的眞正大乘經典了。這位《阿含經》中記載底仙尼外道，在菩薩結集的《般若經》中說是先尼梵志，當他成爲阿羅漢又悟得般若以後，大乘經典中就說這位先尼是菩薩了。同一個人，在四阿含中的記載，以及在大乘經典中的記載，往往有很大不同，這就是結集經典者立場的問題。

所以，從很多證據中作了比對以後，你都可以證明：阿含部的二千餘部經典裡面，有許多經其實本來都是大乘經，但是被那些聲聞人結集起來以後，都變成聲聞法、都變成只有解脫道，失去了佛菩提道的內涵。那些阿含部裡的大乘經典中，只剩下一些大乘法的名相，譬如三乘部眾、三乘菩提：：等；凡是大乘佛法的內涵，被聲聞人結集爲四阿含以後，都只剩下名相而已。當佛陀所說底所有大乘佛法，在聲聞人聽聞而結集之後只剩下名相，像這樣結集完成而複誦出來以後，菩薩們聽了，臉都黑掉一半了。菩薩們互相討論：「這麼深妙底薩婆若法，被你們聲聞人這麼一結集，全都變成了聲聞法，這還得了？」所以就當場抗議說：「吾等亦欲結集。」意思是：我們也要結集，我們不接受你們結集的大乘經。這很清楚顯示一個事實：有很多大乘經被聲聞人結集以後，都變成聲聞法只說解脫道，就是四阿含諸經中，與大乘經典中的某些經典同一經名而沒有大乘法的實質，根本就不能稱爲「阿含」，因爲沒有成佛之道的內涵。

所以《小品般若經》中記載底先尼梵志，他本來是個外道中的出家修行者。梵志是外道法中的出家修行者，婆羅門是外道中的在家修行者。這個先尼梵志信解了大乘法的智慧（薩婆若意思是大乘的究竟佛智），由於他得到了諸法的實相，所以他得到眞正解脫。他是證得如來藏而解脫的，是證諸法的實相而解脫的，不是只因爲斷我執而得解脫的。如果有因緣，哪一天遇見了聲聞法中的大迦葉示現時，我會向他說：「**拜託呀！大迦葉！先尼是證諸法實相而得解脫的，你怎麼能說他只是斷我執而得解脫？**」我就要問他了！眞的要問他，這絕對不能客氣。

這段經文中，須菩提講得很清楚，說先尼梵志是得諸法實相。諸法的實相是什麼意思？是證實「三界唯心、萬法唯識」，就是證明說：**諸法的本質都是不生不滅，因爲諸法全都附屬於如來藏；而如來藏不生不滅，所以諸法也是不生不滅，這才是諸法實相；因爲這樣，所以有了般若智慧而得到解脫。**可是他解脫以後，於諸法中無取也無捨。這跟阿羅漢有沒有一樣？（眾答：不一樣。）喔！是不一樣嘛！你們都知道。因爲阿羅漢於諸法是捨，是不取而捨；是新的法不取，已有的法都捨，因爲他們面對的都是現象界的有爲法——蘊處界；他們都是要滅掉自己去取證無餘涅槃，所以聲聞聖者是捨蘊處界、取涅槃。可是人家先尼梵志親聞佛陀說法以後得到大乘佛法中的法眼淨，是證得諸法的實相；然後退下去靜處思惟，結果更深入諸法實相智慧的別相智慧中，於是他不再像斷盡我執的聲聞阿羅漢那樣了，這時他對諸法是無取也無捨。這表示說，先尼梵志後來成爲佛弟子以後，他不但具有阿羅漢的解脫實證，也和菩薩們一樣於諸法不捨。不捨，就是說他捨報後一定會重新再去入胎受生，當然不一定是在這個世界，或者說會在這個世界的別的星球受生。他是不捨諸法的，可是他對諸法也沒有執著，所以他同時也是解脫者。先尼對於諸法無執著，可是也不捨諸法，因爲他是菩薩，所以他對涅槃一樣無取也無捨。可是阿羅漢說要取涅槃、不捨涅槃，都不願意再來人間，但是先尼梵志卻完全不同。

正因爲這樣，所以才說：菩薩證得智慧到彼岸（證得般若波羅蜜）以後，不再接受色蘊常住的見解，也不再接受受、想、行、識常住的見解。所以，沒有一位證悟底菩薩會認定識陰中的意識是常住心，沒有一位證悟底菩薩會落在意識裡面。凡是落在意識裡面的，當知皆是凡夫說果，是沒有證果而自稱證果，這叫作未得謂得、未證言證，都是因中說果底大妄語人。可是，菩薩證得般若波羅蜜，而不接受色、受、想、行、識常住的邪見以後得解脫了，畢竟還沒有具足佛地的十力、四無所畏、十八不共法，終究不會示現入涅槃，也永遠不示現入涅槃。所以你在阿含中，看不見先尼梵志一類的迴心阿羅漢入涅槃的記載，因爲他們都迴心成爲菩薩了，當然不會入無餘涅槃；一定會修到成佛以後才示現入涅槃，但是入涅槃以後還是在無住處涅槃中，所以那個應身入涅槃只是一個示現而已。因此，菩薩證悟以後「終不中道而般涅槃」，絕對不會在成佛之前的中途就示現般涅槃。

所以，當代那些大法師們捨報後，他們的徒弟們都在刊物中報導說：「我們某某住持和尚已經圓寂了。」其實是大妄語。圓寂是什麼意思？就是入涅槃——圓滿寂滅了。至少得要證得阿羅漢果而捨報時，才能說是圓寂——入涅槃。可是當你推究他們一生所說的錄音、錄影，或者他們所寫底著作，都證明還沒有斷我見，都還在凡夫位中，怎能說他們的捨壽是圓寂呢？好在那並不是捨報者自己講的，因為他已經沒有嘴可以講了。而徒弟們為他因中說果，那等於是為他增加了一副擔子，讓他在中陰境界裡面去挑著辛苦；所以如今佛教界，普天之下都是徒弟們在害師父。話說回來，這些大法師們既都自稱是菩薩，自稱在修菩薩道，又怎能圓寂入涅槃呢？

菩薩全都沒有在中途般涅槃的，所以將來我如果走了，你們可別跟我寫說：「平實導師什麼時候入涅槃。」千萬不要跟我寫說：「平實導師什麼時候圓寂了。」這麼一寫，我豈不成了阿羅漢，變成聲聞種性了？那個帽子我可不願意戴！因爲我最討厭聲聞人。所以，凡是菩薩，沒有示現般涅槃底；一直到成佛以後才會示現般涅槃，其實是永遠在無住處涅槃中。因此，很多論上都說菩薩不證有餘、無餘涅槃，原因就在這裡。入地菩薩都有能力證無餘涅槃，但是全都不證。這是因爲，最利根的三果人，也可以得中般涅槃；而中般涅槃的道理，增上班裡面我也都曾爲你們講解過。但是，有能力取證而永遠不取證，勇猛邁向佛地，利樂眾生永無窮盡，才是菩薩；所以須菩提尊者才會說，菩薩證悟以後，乃至斷我執以後，「終不中道而般涅槃」，不會在成佛的半途就入無餘涅槃。所以，菩薩全都沒有人會示現般涅槃的，都只有捨報後再轉入下一世，沒有人死後是圓寂的。

所以由這一段經文，《小品般若經》已經爲我們說明：般若其實是諸法實相，菩薩能得解脫、菩薩能有波羅蜜，全都是因爲證得般若才有波羅蜜，不是單單斷我執而有波羅蜜。這是菩薩與聲聞人完全不同之處。假使你是要行菩薩道，你是學佛，是要修學成佛之道而不是要學羅漢道，就不該走解脫道的路，而是應該以般若來證得解脫的果報；所以應該是以般若而有波羅蜜，不該以斷思惑而有波羅蜜，這才是菩薩果。這個道理講過了，再來看看宗門裡怎麼說：

《雲門匡眞禪師廣錄》卷二：**【雲門禪師舉經云：「經書咒術、一切文字語言，皆與實相不相違背。」師拈拄杖云：「者箇是什麼？若道是拄杖，入地獄；不是拄杖，是什麼？」】**

可能有人以爲我又要當精神病患者了！其實不是精神病，這叫作向上一路、教外別傳。禪宗這一著子，你要是能夠契得進去，知道禪師背後葫蘆裡面賣的是什麼藥，你就進入菩薩道的第七住位了，從此就不再是凡夫了，因爲已經有般若而能夠有波羅蜜了，同時也是聲聞道中的初果人了。這時現前可以看見：阿羅漢將來死了入無餘涅槃，那無餘涅槃裡面究竟是什麼。你可以現前看見了，阿羅漢卻還不知道。

雲門禪師有一天舉起經本說：「經書咒術、一切文字語言，皆與實相不相違背。」這要是我見了，我可要質問他：「你爲什麼單單舉起經書？你既然也有講到咒術，你就應該唸唸咒語。你還說一切文字語言，那總也該陪著大家聊聊天吧？你只有舉起經書，太吝嗇了吧？」管叫他還要奉上一杯茶來請我喝，因爲他必須要請我喝這杯茶，然後我就會讚歎他說：「您老人家還眞奢侈！」你如果還沒有破參，可就要絞絞腦汁：「奇怪？這蕭老師怎麼講這個話，這到底是什麼話？」我告訴你：「中國話。」接著，雲門匡眞卻又拈起拄杖來。我這裡沒有拄杖，我且拈起這枝原子筆來權充拄杖。拈，是兩個指頭這樣拿起來。雲門拈起拄杖問大家說：「這個是什麼？如果說這是拄杖，你就得要下地獄。」可不要說這是拄杖。拄杖，知道嗎？就是短的楖杖。然後雲門又問大眾：「如果不是拄杖，是什麼？」明明是拄杖，不許大眾說是拄杖；然後又問大眾說：「不是拄杖，是什麼？」眞會搞怪！還是諸位自個兒端詳端詳吧！端詳明白了，就知道鄰座底同修爲什麼笑開懷，也就知道爲什麼我會告訴你是「中國話」。這中國話三個字可是大有文章的。再來看看宗門裡又怎麼說，還是雲門匡眞禪師底公案：

【因齋次，將餬餅一咬云：「咬著帝釋鼻孔，帝釋害痛。」復以拄杖指云：「在爾諸人腳跟下，變作釋迦老子。見麼？見麼？閻羅王聞說，呵呵大笑云：『者箇師僧，相當去，不奈爾何。若不相當，總在我手裏。』」】

有一天，雲門匡眞禪師正在行齋時，也就是正在過堂吃齋的時候，他就拿起胡餅；「將」就是拿；就拿胡餅一咬，對大眾說：「咬著了忉利天天主釋提桓因底鼻孔，釋提桓因正在那邊害痛。」然後又拿了拄杖，指著諸人說：「在你們諸人的腳跟下，又變作釋迦老爸了。看見了沒？看見了沒？閻羅王聽到我這個說法，呵呵大笑說：『這個師僧眞的是有東西，很相當，我是沒奈你何。如果是不相當底師僧，將來死時總是在我手裡逃不過去的。』」這雲門禪師恁麼道，意在何處呀？好奇怪呵！眞的好奇怪。他拿了胡餅這麼一咬，就說：「咬到了玉皇上帝底鼻孔，玉皇上帝在那邊害鼻子痛呢。」然後又拿了拄杖指著各人說：「現在又在你們底腳跟下，變成釋迦老爸了、變成釋迦牟尼佛了。」又問大家：「看見了沒？看見了沒？」不知道當時那些徒眾們有沒有往自己腳下一直瞧？你們反應爲何這麼慢？我代替雲門禪師指著你們腳下，你們總該瞧一瞧才是，怎麼都沒有瞧呢？是已經悟了，所以不用瞧嗎？

所以，大凡出世弘法、住山接眾，必須手裡要有兩三下；單單一下，恐怕還會被人家踢倒。換現代語，叫作「要有兩把刷子」，不然哪一天被外面的人刷了，都還不知道怎麼被刷的。雲門禪師這些話，其實就是在警告那一些悟錯底人；看他們個個趾高氣揚，目空一切，看不起天下人；卻不知道自己其實是空腹高心，肚子裡面什麼都沒有，可是心卻是很高傲；看人家禪師拈提諸方，他也跟著人家拈提諸方，都不知道自己正在造作誣謗賢聖底大惡業。雲門禪師就是要點醒他們說：你修底佛法如果不相當，將來總在閻王老子手裡。因爲誤導眾生，那罪業很大。想想百丈禪師遇到的那一隻野狐，那個老人在過去佛時，只因爲錯說一字佛法，落得五百世的長壽野狐身；直到遇見了百丈禪師，放下慢心來求救，百丈禪師爲他轉了一句話，才算脫去野狐身。他只是錯說，還不像那些大法師們殘害學人同犯大妄語業。只是「不昧因果」與「不落因果」的差別，就只差這麼一個字，還沒有害人同犯大妄語業，就落得五百世的長壽野狐身，無法當人；他是從過去 迦葉佛的法中直到現在 釋迦牟尼佛滅後一千年，才脫卻長壽野狐身，這究竟經歷多久時間了？

錯說佛法的因果已經是那麼嚴重，可是那些常常在誤導眾生的大法師們，個個都不害怕，他們膽子眞的夠大！跟他們比起來，我這個膽子眞的相形見小；這個亂說佛法，我眞的不敢，我很怕。雲門匡眞禪師說：「若不相當，總在閻王老子手裡。」閻王老子到底住在哪裡？當然不是住在人間、天上吧？所以，當代大師們，人人號稱學佛得證，如今還能離閻王老子手掌心麼？到底離了沒有？都沒有！

不過，一般學人都別擔心；因爲縱使大妄語，也不是他自己有心底過失，都是大師們誤導而造成底過失，自己並沒有根本罪與方便罪，大不了就是個大妄語的成已罪，罪過還算小；所以別擔心，只要趕快對眾公開懺悔，就沒事了，因爲被誤導而不愼犯下大妄語業的學人們，並沒有具足大妄語的三個罪。這意思是說，被誤導者並沒有根本罪，因爲他不是存心想要騙人家說自己已經開悟，他不是存心故意的，所以沒有根本罪。他們也沒有方便罪，因爲他們是被大師誤導，而且被作了錯誤底印證，然後才去對別人說他們開悟了，不是自己刻意施設各種方便來騙人說他開悟了，因此沒有方便罪；他們也不是自己刻意去設想而寫出文章，施設很多的言詞來顯示自己開悟，所以他們也沒有方便罪。因此，被誤導者，全都只有成已罪，只是大妄語的業成就。大妄語業的最重罪，必須具備根本、方便、成已三罪；而他們並沒有根本罪，也沒有方便罪，全都是由於大師誤導所致，所以只有成已之罪，這個罪就比較輕，並不是無間地獄罪；所以他們這些人最多到了寒冰地獄或者火熱地獄，不像那些害人大妄語的大師們，根本罪、方便罪、成已罪全都具足，那是無間地獄罪。所以那些被害而誤犯大妄語業底人，只要趕快去找四個人以上的菩薩們，或者五個人、十個人都好，只要在誦戒大會開始前，對眾公開懺悔，懺除大妄語罪，這個大惡業就消滅了。

可是那些害人大妄語的人，可得自己趕快想一想辦法了，閻王老子可是不怕他們伶牙俐嘴的；伶牙俐嘴底大師們，去到地獄中全都沒有用。將來死時，見了老閻時要怎麼分辯？自己要先想一想。老人家常常講：「**人無遠慮，必有近憂。**」現在就要思慮到未來，若是不肯思慮未來底事，必有近憂。近憂是未來可能十年後，或者二十年後死了無法補救，那個叫作近憂。下了地獄可得要很多劫，那已不是近憂了。而這些事情都不必很久，就會看到了：**當死亡時境界現前的時候，既無法開口，意識也開始消失而中斷了，全都無法補救了，面臨這種誤導眾生底大妄語業，要怎麼辦？**眞的需要考慮。學佛底人比較沒有關係，譬如以前被誤導了，也跟人家講過自己開悟了，那也還沒有關係，只要在我們同修會誦戒底時候，趕快來懺摩；如法懺摩過了就無罪了，不要讓那個罪在心裡面構成壓力，然後就更加無法證悟。但是教人犯下大妄語業的大師們，可就要當心了。

這樣的宗說，諸位聽過了，能不能體會到什麼，那就完全看諸位了。你如果說：「你舉了兩則證悟祖師的公案，可是我聽起來就是前言不對後語呀！牛頭也逗不了馬嘴呀！我總是逗不起來呀！那我該怎麼辦？你是不是再慈悲一下，告訴我吧！好不好？」我當然說「好」，那麼我就告訴你：「如來說第一波羅蜜，即非第一波羅蜜，是名第一波羅蜜。」聽懂了沒？我可是比 佛陀更老婆呵！因爲現代弘法一定要比 佛陀更老婆才行，否則大眾想要開悟，難上加難啦！如果這樣還悟不了，那你聽經完了，回家時開始持名唸佛吧；如果你原來不是修學持名唸佛，那你就像唸佛一般不停地唸：「第一般若波羅蜜、第二般若波羅蜜、第三般若波羅蜜⋯⋯」，你就一直唸，唸到「第十般若波羅蜜」，若還沒有悟，你就從頭再開始唸；一直唸到有一天，因緣時節到來時，一定會悟。

【「須菩提！忍辱波羅蜜，如來說非忍辱波羅蜜；何以故？須菩提！如我昔爲歌利王割截身體，我於爾時無我相、無人相、無眾生相、無壽者相；何

以故？我於往昔節節支解時，若有我相、人相、眾生相、壽者相，應生瞋恨。須菩提！又念過去於五百世作忍辱仙人，於爾所世，無我相、無人相、無眾生相、無壽者相；是故，須菩提！菩薩應離一切相，發阿耨多羅三藐三菩提心；不應住色生心，不應住聲香味觸法生心，應生無所住心。」「若心有住，則為非住，是故佛說：『菩薩心不應住色布施。』」「須菩提！菩薩為利益一切眾生，應如是布施。」

講記：「須菩提啊！忍辱波羅蜜，如來說不是忍辱波羅蜜；是什麼緣故而這樣說呢？須菩提！譬如我釋迦牟尼佛在往昔無量劫前，被歌利王分分割截身體，我於當時心中沒有我相、沒有人相、沒有眾生相、沒有壽者相；是什麼緣故呢？我於往昔無量劫前被歌利王一節又一節支解身體的時候，如果心中有我相、人相、眾生相、壽者相，當時心中應該已經生起瞋恨。須菩提啊！我又憶念過去劫時，曾經於五百世都作忍辱仙人，在那五百世之中，都沒有我相、沒有人相、沒有眾生相、沒有壽者相；由於這個緣故，須菩提啊！菩薩應該遠離一切相，發起無上正等正覺心；不應該住於色塵上運作其心，不應該住於聲香味觸法塵上運作其心，應該生起對六塵都無所住的金剛心。」

「如果心對六塵有所住，就是不如法的住，以這個緣故，佛說：『菩薩的心不應該住在色塵中來修行布施。』「須菩提啊！菩薩為了利益一切眾生，應該像這樣子離開六塵而行於布施。」

這個法既然是說給菩薩們聽的，那麼菩薩們修學成佛之道，最終目的當然是要成佛。想要成佛就必須攝受佛土，可是攝受佛土其實就是攝受眾生；要攝受眾生當然就須要布施，因此布施是六度中的第一度。布施有三種，財施、無畏施、法施。如果菩薩一世又一世都不肯布施，那麼他將來成佛的時候，就是他自己一個人成佛，沒有弟子，無法度眾生，那他怎麼成佛？他成佛的緣當然不具足，就永遠無法成佛。所以菩薩一定要布施，不管你是從財施下手，或者從無畏施下手，或者從法布施下手，都應該作。

財施，諸位都懂，就不必再談。無畏施，可以有好多種；眾生有困難，你就伸手幫助他；雖然沒有錢財可以幫助對方，用我們的體力去幫助，也是布施，這是施與他無畏。比如說，這個人沒有力氣種田，所以他沒有糧食；可是他有田，而你有的是時間，那你應該怎麼辦？你可以幫他種田。幫他種了稻子，幫他收割了，他就有得吃了，這就是施與他無畏，讓他沒有斷糧死亡底恐懼，這就是無畏布施。又譬如說，正覺同修會建構禪三道場，可是需要很多人來作義工。如果沒有人來幫忙，大家就會有一個恐怖：「這禪三道場什麼時候能作好？是不是要延期，然後一直延下去？或者老是要看人臉色去向別人租用道場？」你說：「好，我來作義工幫忙，無論如何要讓它如期完工。」還眞的如期完工了，讓我們所有的會員們，大家心無恐懼，很安心：「這麼多人在作義工，沒有問題啦！一定可以如期完成啦！」大家心裡都沒有恐懼，這也是無畏施。法布施，像諸位親教師們作的就是法布施；各班的助教老師、義工菩薩們共同來「服其勞」，這是在幫助親教師作法布施，也是法施的一種。不然的話，你說：「義工的職位太少了，輪不到我，我要作法布施，怎麼辦？」你可以拿書去流通，這也是法布施，其實有很多工作可以作。

當你在作這三種布施的時候，就跟很多人結下好緣了。有時候你拿書出去外面放置，到底誰拿了去？你不知道。既然不知道，這個好緣要怎麼跟對方結上？你總是會想到這一點嘛！這還是個大問題呵！可是別擔心，這如來藏自己就會去處理，不用你操心或動手；你只管去作自己認爲是法布施的工作，就把好書流通出去。如來藏的不可知執受很厲害，祂自然會為你跟那個眾生結上了緣。這個緣一結上了，他因為你的這個因緣而得到這本書，所以他就進了正法中修學，五年後、十年後他也明心了；那麼未來世你成佛時，他會是你座下很重要的人物，因為這個因緣太直接了。如果你是出來弘法，座下有很多學生，那就更親切了。這一些工作全部都是在攝取眾生，這都是法布施；經由布施而跟眾生結了緣，這個善法緣結了以後，未來世遇見了，都會有因緣同在一起修學正法。有了這個因緣，不論是你先成佛或是對方先成佛，都很好；因為如果對方先成佛，他對你的幫助一定很大；你先成佛，他當你底徒弟也不錯，也可以襄助你很多弘法底事務。這就是攝取佛土，因為佛土就是眾生心，這樣互相成就。所以布施是第一重要的事。

佛曾經開示過：**寧可犯邪淫戒而墮地獄，不可對眾生犯瞋而生天**。要注意這一點呵！這意思就是說，即使犯了邪淫罪而下墮地獄，可是將來離開了地獄，重新修學佛法以後開始弘法了，過去劫曾經跟你共行非梵行的對方，不論是幾個人，一看見了你，就會有好感。你說什麼，他就作什麼；你說學佛，他就學佛；不必說出什麼理由，你也不必解釋；反正你說什麼，他就聽你的。所以，假使能夠把西藏密宗那四大法王度得一個學佛了，未來世佛法無憂，因爲那後面是一大票人。知道其中底道理嗎？若是一時之間不知其中底道理，回家後想一想吧！這是弘法過程中一定會遇到的現象，佛陀會這麼開示，一定有祂的道理。可是，你如果對某一些人犯瞋，那個梁子結下來以後，如來藏中種子存在了，未來世你弘法，他就破你；你每一世弘法，他每一世破你，那就是過去世因瞋而害對方斷了法身慧命。所以菩薩犯瞋，遠比犯邪淫罪重很多倍；所以千萬要注意，不要故瞋；因此，故瞋也是屬於菩薩戒的十重戒之一。但我這個意思不是鼓勵邪淫，不要作擴張解釋；邪淫還是要下地獄的，也是地獄罪。

因此，行菩薩道時，布施是首要；若是不肯作布施的事情，而說他修菩薩行，那是自欺欺人之談。凡是菩薩沒有不作布施的，如果他不是作財施，就一定要作無畏施；不作無畏施就一定要作法布施，至少都會有一種。可是久學菩薩，他會漸漸具足三種，所以才會講到布施的時候說「不應住色布施」，原因就在這裡。所以，這一段結束的時候，佛陀特地回到布施來強調。這一段經文，我們從文字上先來解釋一遍：

佛開示說：「須菩提！忍辱波羅蜜，如來說不是忍辱波羅蜜；爲何這麼說呢？須菩提！譬如我往世當忍辱仙人的時候，被歌利王割截身體，我在那個時候沒有我相、沒有人相、沒有眾生相、也沒有壽者相；爲什麼我這樣說呢？當時我在往世被歌利王一節又一節把身體支解的時候，假使我那時心中有我相、有人相、有眾生相、有壽者相，我當時應該會生起瞋恨之心。須菩提！我又想起過去劫中曾經五百世都作忍辱仙人，在那五百世中，沒有我相、沒有人相、沒有眾生相、沒有壽者相；由於這個緣故，須菩提！菩薩應該離一切相，來發起無上正等正覺之心；不應該在色塵中運作其心而行布施，不應該在聲香味觸法等五塵中運作其心而行布施，應該生起不住於六塵中的心而行布施。」須菩提就向佛稟白說：「如果心是有所住的，就是不如法的住，那心就不是常住底心，所以佛陀說：『眞正的菩薩心，不應該住於色塵上面來布施。』」佛陀接著開示說：「須菩提！菩薩爲了利益一切的眾生，應當這樣子來布施。」

已經明心的人，聽我這樣講，應該就體會到現在的理解，已經跟以前自己讀這一段經文時的意思大不一樣了；因爲我的遣詞用字跟別人不一樣，是依如來藏而特地用一些不同底言詞來解釋。當你找到如來藏了，你就聽懂我的弦外之音，那你就懂得佛與須菩提的弦外之音了。佛說：「忍辱波羅蜜，**如來說不是忍辱波羅蜜。**」我們從這些文字的事相上，再來說明一下吧！這段經文其實都被世間人誤會了。如來所說底忍辱波羅蜜，其實是在講金剛心的忍辱波羅蜜，可是世間人都把它當作是意識心在修的忍辱波羅蜜，所以永遠都悟不了。

佛陀解釋說：我以前很多世修忍辱行，有一次在山林中，歌利王帶著他的皇后、嬪妃等女人出外遊玩、打獵。後來國王累了坐下來休息，不小心就睡著了；他的那些嬪妃們於是自己到樹林中遊玩，她們看見了我釋迦如來的前身忍辱仙人正在那邊打坐，所以就去見他；她們因爲覺得這個人跟世俗人完全不一樣，所以向他求法，這時忍辱仙人就爲她們說法。後來歌利王醒來問說：「**我的妃子們跑到哪裡去了？**」得悉是在樹林中，他就找了過去，結果看見有一個人竟然跟他的妻妾們在講話，所以就問：「**你是什麼人？**」「**我是忍辱仙人。**」「**你修忍辱行？我如果傷害你，你會不會起瞋、會不會生氣？**」忍辱仙人回答說：「**不會。**」好！既然不會生氣，就割下一條腿、割下一隻手；割了以後又問：「有沒有生氣？」「沒有。」沒有？再割下另一隻手。就這樣節節支解。這位忍辱仙人就是釋迦如來的前身，他終究沒有生氣，因為他當時已經沒有我相、人相、眾生相、壽者相了；如果有這四相，一定會生氣。如果有我相的時候，就會有人相——我被人割。那時又是誰在割我？原來是人類，又由人相而有眾生相。被割了，會死，知道會死，又有了壽者相。那麼有我相時，人相、眾生相、壽者相，當然都會具足。因為我被割，他在割我，有這兩個人我就是眾生，旁邊在看的這些女人也是眾生；有我就有眾生，不可能沒有眾生，被割了以後知道自己一定會死，不離壽者相；這樣四相都具足了。四相具足時，一定很清楚知道：你在割我的身體，當然會生氣。

痛了而不生氣的人很少。最常看見的是小孩子不小心踢到椅子，因為痛起來了，就把椅子拿起來摔——都是你害我！所以，我如果看見年輕的父母，因為孩子跌倒了身體疼痛，為了安慰孩子，他們就打地：「都是你這個土地不好，你害我兒子跌倒。」那我一定會告訴他們，我一定會管這個閒事，我會說：「你們不要這樣教他。你們這樣教他，他長大以後一定會遷怒。」

會遷怒，將來就可能很難跟別人相處，所以要改變想法：**跌倒是自己跌倒，踢到椅子是自己踢到椅子，不能怪任何人。**連自己都不許怪，要養成習慣：遇到了，就接受、接受、接受。可是眞的能接受嗎？往往很不容易，得要離四相，才眞的能接受。

那個時候因爲沒有這四相，所以沒有瞋心恨心，並且發誓：「**來世遇到歌利王的時候，一定要首先度他。**」所以佛陀在娑婆示現成佛時先度誰？度憍陳如，他就是那位往世底歌利王。因爲歌利王當時有懺悔，如果不懺悔，就度不到了，就住到地獄裡去了。所以佛講的是什麼？是說修忍辱行底時候，是依如來藏來修忍辱行。覺知心很清楚知道歌利王在割截他的身體，可是轉依了如來藏以後，如來藏沒有四相，因此既沒有割者，也沒有被割者，也沒有在割這回事，就沒有我相等四相，所以才能眞實修忍辱。

可是，當忍辱仙人這樣修忍辱時，其實並不是忍辱，所以他這樣修的忍辱波羅蜜，不是忍辱波羅蜜；因爲忍辱波羅蜜是意識相應，可是如來藏自己的境界並沒有所謂忍辱波羅蜜可說；因此說，如來所說的忍辱波羅蜜，不是忍辱波羅蜜。這樣諸位就瞭解了，所以不是說：**我們修忍辱波羅蜜的時候，**

不要覺得我在修忍辱。於是就無智地一味忍辱，那都是意識在作用。可是轉依如來藏的時候，就沒有忍辱波羅蜜這回事，以這樣的智慧來修忍辱波羅蜜，才是眞正的忍辱波羅蜜。所以，何謂忍辱波羅蜜？你就答覆說：所謂忍辱波羅蜜，即非忍辱波羅蜜，是名忍辱波羅蜜。這樣才是眞的忍辱波羅蜜。有覺知心在修忍辱波羅蜜時，已經落入意識境界中了，就覺得有忍辱波羅蜜了，這個忍辱波羅蜜就不是眞的忍辱波羅蜜。

《金剛經宗通》〈離相寂滅分〉第十四品，上週講到第十頁的第二段第四行。接著 佛說：「須菩提！我釋迦牟尼佛又憶念起過去世，曾經於五百世中作忍辱仙人，在那五百世中都沒有我相、沒有人相、沒有眾生相、也沒有壽者相；由於這個緣故，須菩提啊！菩薩應該要離開一切相，發起無上正等正覺之心；不應該住於色塵上面生心，也不應該住於聲香味觸法等五塵上面來生心，應該生起無所住底心。」須菩提接著說：「如果是有所住的，就是不如法的『住』，這就不是眞實的住，是假有而不是常住底心；由於這個緣故，佛說：『菩薩所證得底心，不應該是住於色塵中來布施。』」佛說：「須菩提！菩薩爲了利益一切眾生，應該像這樣來布施。」

我們這樣的解釋，跟一般善知識的解釋，一樣或不一樣呢？從文字表面上來看，似乎是一樣的；但是遣詞用字之間有少許的不同，這意思就明顯不同了。不過仍然可能有人忽略了，那麼我們就來把它作一個比較充分的（或者說比較明顯的）解說。這一段經文是佛告訴須菩提尊者說：「忍辱波羅蜜，如來說不是忍辱波羅蜜；爲什麼這樣講？須菩提啊！譬如我往昔世曾經被歌利王把身體節節支解，我那個時候並不是落在意識心上面，所以我沒有我相、人相、眾生相、壽者相。當我往昔被歌利王節節支解的時候，如果有我相、人相、眾生相、壽者相，應該會生起瞋恨。」因爲那是意識心，不離六塵境界而不是轉依於離六塵境界的金剛心。

由這個地方，我們來看看，那些所謂的證悟者，不管他是現聲聞相、現在家相、現菩薩相，他們都是悟錯了，因爲他們都教導大眾說：「當我們被人罵，或者被人家打、砍、撞，種種苦毒的時候，不應該生氣；因爲我們五蘊是虛妄的、是假的，所以不應該生氣。」請問大家：當大善知識這麼解說這段經文的時候，他到底有沒有我相、人相、眾生相、壽者相？（眾答：有）諸位眞的有智慧，不簡單！因爲他是在五陰上面來著眼。當他們從五陰來著眼的時候，那明明是有意識心的法相在了別著；所以用意識心來觀察說「我們的五陰是虛妄，是暫時假有，不是常住法」，就這樣來化解瞋恨，不離意識境界，怎能了知金剛心離見聞覺知而沒有六塵的境界呢？

人一旦受苦就會怨天尤人，所以被人不小心撞上時，就會責怪對方：「你爲什麼撞我？」有的人修養稍微好一點，問過就走了；有的人修養更好一點，看一下是誰撞了他，然後他也走了；有的人修養更好，不管被誰撞了，他看都不看，只管繼續往前走；有的人修養特別好，還跟對方道歉說：「對不起！我不小心讓你撞上了。」以前我遇見有兩個人就這樣，被踩到腳的人向那個踩到人的人道歉說：「對不起！我不小心，才讓你踩到了。」可是不管是哪一種，從修養最好的到最差的，全都是意識心；既然是意識心，顯然都是有四相的，因爲那個修養最好的說：「對不起！我不小心把腳走在你的腳底下，讓你踩到了。」他反而向人家道歉，因爲讓人家覺得不好意思，他就道歉；但這都是我與你二人之間的事，都是意識心在了別的行爲。

意識心是不是「我」呢？當然是呀！是我。被踩到的色身也是我，道歉也是識陰我，雙方都有我相。有我相的時候，假使沒有瞋恨相，那就有謙卑相，可是謙卑相也是我，所以都不離四相。佛講的卻是說，像這樣的忍辱波羅蜜，其實是沒有波羅蜜的；是有忍辱而沒有波羅蜜，因爲他還有四相；有四相就到不了無生無死底彼岸了，所以沒有波羅蜜，但是有忍辱。佛所教導的是忍辱同時也有波羅蜜，是忍辱而能到無生無死底彼岸；可是那一些修養很差，乃至上到修養特別好底人，有的有忍辱，有的沒有忍辱；但是即使是有忍辱的人，也都沒有波羅蜜；因爲都落在「我」中，「我」就是在生死的此岸，不在解脫生死底彼岸；所以那一種忍辱波羅蜜，不是 佛所開示底忍辱波羅蜜；如來是這麼說的。

恐怕當場聞法的大眾聽不懂，所以 佛陀又進一步說明：「**我憶念起過去世有五百世作忍辱仙人，在那五百世中都沒有四相。**」這表示 釋迦如來因地當時悟了沒有？悟了嘛！才能夠沒有四相。阿羅漢斷了我執，也還是有四相，在他現前是四相分明的；可是，佛說祂那五百世作忍辱仙人時，是完全沒有四相的。請問：是意識能夠沒有四相，或是如來藏能夠沒有四相呢？（眾答：如來藏。）對嘛！因爲如來藏離見聞覺知，不在六塵境界中了別，怎麼會有四相？可是意識一直都有見聞覺知，而且意識的特性就是有四分：祂有見分，而且祂也有運作的行相，所以祂也有相分。還有更厲害的，祂不但有自證分，還有證自證分；意識對於自己正在作什麼事，全都能反觀而了了分明。當祂打坐一念不生，什麼事都不作的時候，意識也知道自己確實是一念不生，確定是什麼事都不作的，意識能夠這樣反觀分明。意識心只有一個狀況不反觀的：當祂住在非想非非想定中時才不反觀。

也許你不信，懷疑說：「哪有？當我逃命的時候，根本就不返觀自己。」我卻說：「你騙人！你如果不返觀自己，怎麼知道說快要被撞死或殺死了？」所以，人間意識都有證自證分的；既然隨時在返觀自己，怎能夠說祂沒有我相？既然有我相，就一定有人相；有了這二相，就一定有眾生相；有了這三相，當然就有壽者相。正因爲壽者相，所以時時刻刻都不願意死；一旦有死的因緣出現了，就趕快逃之夭夭。連阿羅漢都如此，所以阿闍世王放出大醉象，象牙上綁著利刃，把象尾綁的油草點火，驅使大醉象向 佛衝過來的時候，佛陀身邊底阿羅漢都跑光了，你說阿羅漢們有沒有四相？有呀！因爲他們還有壽者相，有壽者相就表示也有前面三相。可是 佛陀那五百世作忍辱仙人的時候，每一世都是沒有四相的。

這麼說明了以後，又怕旁邊聽聞的大眾不懂，所以佛又特別交代說：「就是因爲這個緣故，須菩提啊！菩薩應該要離開一切相，來發起無上正等正覺之心。」所以，菩薩眞正發菩提心時是要離開一切相的，不許有一相，連一相都不許有。如果有四相中的任何一相來發菩提心，那個人學般若波羅蜜，只能學到淺般若波羅蜜，不能學到深般若波羅蜜。淺般若波羅蜜，就是意識表相上所能理解的般若波羅蜜，那其實無般若亦無波羅蜜；那樣來修忍辱波羅蜜，他有忍辱而無波羅蜜。所以從凡夫的立場也可以說他的「忍辱波羅蜜，如來說非忍辱波羅蜜」；一定要離開四相來修忍辱，那才叫忍辱，而且同時也有到彼岸（波羅蜜）的功德。

請問諸位：「你們去觀察看看如今的全球佛教界，哪個地方有人能離四相來修忍辱波羅蜜？」連一個、半個，都找不到！佛陀就特地說明：「菩薩發菩提心，也就是發無上正等正覺之心，應該要離開四相。」沒有離開這四相，而說他發起了無上正等正覺之心，那個叫作安慰發心。就好像有的糊塗醫師，病患來了，說他渾身不舒服，不知道他是什麼病，就胡謅一番，然後就開了藥；結果是開什麼藥呢？維他命！對病人只有心理安慰的作用。也有醫師很精通，可是來了個患者自己迷迷糊糊地；明明沒有病，硬說是有病，那醫師就告訴他：「好！你這個叫某某病，我開藥給你吃了就好了。」也是開給他維他命，他回去吃了，也好了，這就是安慰藥。

同樣底道理，假使他沒有離開四相，一直都在意識心上打轉，而說他已發起了無上正等正覺之心，那個叫作安慰發心，只是安慰自己說：「我已經發起了無上正等正覺之心。」其實並沒有！但是，善知識不可以當面跟他說：「你這樣不算發心。」還是要默許他。因爲如果不默許他，當面否定了，他說：「發心這麼難呵！那我不要學佛了。」他可就回家吃老米去了。所以，有時候在外面聽到人家這麼講，他說：「我已經發無上正等正覺心了。」我說：「你以什麼心來發心？」他說：「我以至誠心而發。」請問：至誠心是什麼心？是意識心嘛！那我就說：「可喜可賀啦！」我心裡另外想說：「反正他也不認識我是蕭平實，就爲他讚歎一番，讓他更精進一點。」這叫作方便妄語，是爲了鼓勵他而讚歎他，然後他就會努力精進。如果你一盆冷水兜頭淋下來說：「你這不叫作發心，你得要離開四相才能算是眞發心。」他一想：「我沒辦法離開四相，怎麼辦？」那他就不發心了，於是就退轉了。所以，有時候要幫他安慰說：「你眞的發心了。」所以叫安慰發心。

接著佛再說的就更白了：「不應該住於色法上面生心，不應該住於聲香味觸法上面來生起菩提心。」是哪個心會在六塵上面接觸而發心呢？（衆答：意識。）是意識嘛！諸位太有智慧了，只有意識會在六塵境界裡面來發菩提心。也許有人不信，我舉個例好了，某甲宣稱說：「我已經發起菩提心了。」某乙跟他說：「我才不信。」某甲就拍胸脯說：「我跟你保證，我已經發菩提心了。」請問：他是住於什麼發心？住於色身發心，因爲他拍胸脯說：「我保證呀！」也許你跟某甲說：「你說的這個發菩提心，算不算數呢？我有點聽不懂，因爲我在別的地方聽來的發心並不一樣。人家正覺講堂講的發心，跟你講的不太一樣，你能不能再講一遍？」他說：「我就是發無上正等正覺之心，我永遠不入涅槃，我會一直自度度他，一直到成佛。」結果他是落在什麼上面呢？是住在聲塵上面發心了。你一一把他檢討下去，他都不離六塵；可是，佛講的是要離開六塵而生心；眞正發菩提心的時候是不在六塵中的，以不在六塵的那個心作爲主體來發菩提心，這樣才是眞實的發菩提心。好多人說：「我已經發菩提心了。」可是所發的菩提心，都是在六塵中發心，那表示說：他那個發心，還是在凡夫位，還是在見道位之前。

接著 佛陀又講得更白：「菩薩發心的時候，應該如何生心？應該生起無所住心。」這講得夠白了嘛！意思就是說，凡夫們所謂的發心都是錯誤的，就是講給當場聽聞的那些還沒有證悟底人聽；因爲那些人所謂的發心，包括二千五百多年後的今天，所謂的發心都是落在有所住之中；他們都是依住於六塵中的意識心來發心，意識的發心一定不離六塵境界。但是 佛說的這個「生心」是：應該生無所住心。生心就是不斷地在運行著，不停止；這樣的生心是於六塵都無住的。可是你要這麼講，外面那些大師們可樂了，他們就說：「我說的發心，跟你一樣呀！我見聞覺知了了分明，都不在六塵中。」請問：「見聞覺知了了分明底時候，都沒有接觸六塵嗎？都是在六塵外了了分明嗎？」所以十個大師倒有十一個是睜著眼睛在說瞎話，明明都是在六塵中發心的；因爲他所謂的發心都是住於六塵中，從來不曾外於六塵。他發心的時候都是用意識發心，可是意識若沒有六塵是不可能存在的，他卻說他的意識住在六塵外發心。

他們說意識可以住在六塵外發心，我們可以跟他們談談看：六塵外是什麼境界？「第一個，太累了、睡著了，沒有夢的時候，那是在六塵外，請問你在那個時候有沒有生心？」他想一想：「咦？不知道，該怎麼回答呢？」這一下口掛壁上了，這嘴巴不歸他用了。你再告訴他第二個：「當你不小心被人家在後腦勺打了一記悶棍，悶絕了，你覺知心不存在時才是不在六塵內，請問，那時候你能發心嗎？你有在生心嗎？」他想一想：「這個更沒辦法回答。」這時候只好口似扁擔，閉得緊緊地。你再告訴他第三個：「第三，就是入了無想定，入了無想定以後，那是先經過第四禪，呼吸、脈搏都停了，在第四禪中入了無想定，意識都不在了，沒有見聞覺知了。請問，那個時候你發了什麼心？生了什麼心？」他一想，眼睛瞪得大大的：「我怎麼不知道無想定是要在四禪息脈俱斷以後才能入？你怎麼會懂？」他心裡面就在納悶。然後你再告訴他：「還有一個是可以離六塵底境界，那就是俱解脫阿羅漢入了滅盡定。請問，你入了滅盡定，你覺知心不在了，你生什麼心？發什麼心呢？」他又更不敢答了，只好開口請問你：「那，還有沒有？」他只好問你了。你就說：「還有。阿羅漢入了無餘涅槃，阿羅漢身心都滅盡了，都不在了，已經沒有阿羅漢存在了，那時候眞是離六塵，請問你能在這個地方發菩提心嗎？」如果他夠聰明，就趕快拜你爲師。可是這種聰明人天下難找啦！不信，你打著燈籠，五湖四海去找找看。眞的呀！江西湖南、嶺南嶺北，你到處找找看，無論你走到哪個江湖去，或者如同古人說的，你現在跑去江西或湖南，不論哪個名山道場，全都找不到這種人，因爲這種人幾乎都到同修會來了。

所以，眞正的發無上正等正覺心，那是不住在色聲香味觸法中的心。你找到了那個不在色聲香味觸法中的金剛心，轉依了祂；把自己否定了，轉依了那個如來藏，依於如來藏離六塵、離見聞覺知作爲最後底依歸，然後你來生起種種心；這時你把如來藏的運作功德不斷地生起，時時刻刻生起這個如來藏心來運作，這樣才叫作「應生無所住心」。如果時時刻刻生起的心都是住在六塵中、都是不能離開六塵底心，佛法中說叫作「非生無所住心」，因爲那個所謂的無所住心其實是有所住心，向來住在六塵中。應該這樣告誡他：「因爲你根本沒有生起無所住心，你這樣是生有所住心，因爲你所謂的無所住心都是住在六塵中，不曾一剎那離開過六塵；假使離開六塵，那祂一定是斷滅了、不在了，跟死人一樣了，怎能無住生心？」

所以，眞正離四相底人，無妨意識心仍然存在；是意識心仍然有四相，但是轉依了無四相底如來藏心——轉依了無四相的「此經」金剛心以後，才能稱爲無有四相，卻無妨這個金剛心時時都在運作而生其心；這樣來修忍辱，如來說即是忍辱波羅蜜。不這樣修忍辱，依於有四相底意識心修忍辱波羅蜜，如來說「**非忍辱波羅蜜**」。能夠離這四相底人，就表示他已經證得如來藏；證得如來藏以後，就時時以如來藏生心，時時生起如來藏心不斷去運作，用來利樂眾生；這時候就叫作「**生無所住心**」，因爲不是生意識心，眞是「**生無所住心**」。你們找到如來藏的人，現前觀察一下：是不是時時生這個無所住心？事實正是這樣。這樣你的證悟才是符合《金剛經》宗旨的，因爲你不斷地在讓祂生心，不斷地將這個心生起，不斷地運作，祂卻對六塵都無所住，這樣就是生無所住心，這樣才叫作證悟了《金剛經》。如果是落在意識上而生的心，那永遠都是有所住心，因爲永遠都在六塵中；那叫作「住色生心，住聲香味觸法生心」。這樣，你就要告訴他：「**不應生有所住心，因爲你生的是有所住心，住於六塵中。**」

接著，須菩提又作了一個說明：如果所悟底心、所生底心，常常生起底心是有住的——住在六塵中的，那就不是常住底心，不能說祂是眞的「住心」；因爲那個心不能常住，每一天至少都會斷滅一次。那些修不倒單的人，這個意識心照樣會斷滅；他往往只是坐著睡覺，不是眞的不倒單；身不倒是背後倚靠著，坐在椅子上睡覺，那還是睡覺，其實還是倒了單。一旦睡著了，就算是倒單了。不倒單是沒有睡著，整個晚上都沒睡著，才能叫作不倒單。人家眞會不倒單的人，躺在床上正念分明直到天亮，那才眞是不倒單。他老哥只是坐那邊睡覺，身體不倒，心早就倒了。

還有那些以定爲禪底大師們，名字就不講了，有好幾位呵！打禪七的時候陪著人家打坐，結果大家越來越不耐煩，心裡嘀咕著：「是哪位老哥？打禪七還在那邊打呼！」人家打七，他打呼；到最後大家實在忍不住了，偷偷瞄過去，原來是主七底堂頭和尚正在打呼。主持禪七的人隨眾坐在大殿上打呼啦！功夫還眞好！能夠坐著睡覺。這些都是以定爲禪底大師，不是在參禪，也不是在主持禪七，而是在主持定七。這人還頗有名氣，是他來台灣主持禪七時發生底事；我們都有證人，因爲這些證人們都參加過他的禪七。可是，當他在打呼底時候，他生了什麼心？他所謂的離念靈知菩提心，一次也沒生心運作，因爲他的意識心早就不在了，怎麼能生起離念靈知菩提心？可是當他承認說：「好啦！我承認我有打呼啦！因爲你有那麼多證人，我承認自己算是沒有生心。」你卻是告訴他：「不！你打呼當時還是有時時生起底無所得心，一樣是『生無所住心』，你都有。」「有嗎？在哪裡？在哪裡？」你就告訴他：「在這裡！」會了，當下就會；不會，那就拉倒！

所以，凡是有所住的心，那都不是眞正底住心，因爲祂想要常住卻住不了。中午吃過飯，坐在椅子上，想一想事情，沒料到想著想著就睡著了，祂就是不能繼續住，祂沒有辦法常住。晚上累了，洗個澡，上了床，又斷了，又不見了，祂不能自己想要住就住，所以我說「則爲非住」。凡是於六塵中能有所住底心，祂都不是眞的「住心」，全都是虛妄心。

須菩提就說：「由於這個緣故，佛說：『眞正底菩薩心不應住於色法上面來作布施。』」換句話說，眞正要布施的不是你，眞正受布施的也不是他，而你也沒有布施了色法財物。請問有這樣的布施嗎？外面的人一定說沒有，稍微學過幾年般若底人都會說有，那你就問他說：「爲什麼有？」他說：「我在布施財物給眾生的時候，我都不貪財物，我閉著眼睛給他，我沒看到。」

沒看到，請問：「你手有沒有捏到？你這五千塊錢就是五千塊錢，你捏著而清楚知道嘛！怎麼能說沒有？還是有色，怎麼說沒有色法呢？」所以，他們都是自我安慰說：「我已經三輪體空了。」當他正在說三輪體空時，你突然間就罵他一句話說：「你是三輪不空！」他說：「你亂講！」你就告訴他：「你爲什麼會回我話說『亂講』？顯然你是三輪不空。因爲我說你三輪不空時，你都聽得清清楚楚，顯然是有聲塵，顯然也是有你相、有我相，怎麼能叫作三輪體空？三輪體空是不應該知道三輪對象的。」

他說：「天下哪有這回事？被人家罵了還沒有聽到，聽了還不知道。」你說：「就有呀！你現在跟我說話的時候，我雖然清清楚楚明明白白，可是我還有一個既沒有聽到，也不知道你在講什麼的金剛心，祂什麼都不知道。所以我罵你的時候，在祂心中是沒有你也沒有我，也沒有罵你這回事的，祂才是眞正三輪體空的人。」你又附帶一句話說：「可是，罵你的是祂，不是我。」他老哥只好搔搔後腦勺說：「這到底在講什麼？我知道，你一定是精神病，學佛學到走火入魔了。」實際上眞的走火入魔嗎？沒有。若是走火入魔了，還能說出這麼勝妙底法嗎？所以，須菩提引述 佛所說的眞對呀！菩薩心不應該住色布施，眞正底菩薩心是不住在色塵中的，菩薩心也是不住在聲香味觸法塵中的，那才是眞正的菩薩心。將來這個《金剛經宗通》整理完畢印刷出來時，那些人讀了，只好搖頭說：「這蕭平實竟然可以這麼講，我要怎麼破他？」又多一個煩惱了。

所以，佛就作了一個總結：「須菩提啊！菩薩爲了要利益一切眾生，應當像這樣子來布施。」換句話說，你在布施的時候，要轉依這個無所住心，轉依這個常住心來布施。所以，當受施者一臉歡笑感謝你的布施時，你也不必歡喜。當受施者不太情願地，一方面埋怨說：「你這個月的布施這麼晚才送來。」有些不太歡喜的樣子，你也不必生起瞋心。因爲如果你生起瞋心，那就是落在意識上頭，那就是住於色中布施，住於聲香味觸法中布施。這個時候意識聽到對方的埋怨了，還是照樣依止於如來藏，而如來藏是時時生其心，不曾間斷過；並且不斷地生其心，卻都不在六塵中。那麼這樣一觀，你無妨就用意識一笑置之就好了。當那個歡喜接受布施的人看見你一笑置之，他會很歡喜說：「我讚歎他，他有領受呵！」他不知道你沒有領受。但那個埋怨你底人，接受你布施的時候，看見你一笑置之，他想：「這個人修養眞好。」其實眞正的你並沒有修養，因爲有修養是意識心底事，眞我如來藏是從來不知修養的；當你轉依了如來藏，哪裡還有修養？如來藏無始劫來都不知修養。應該要這樣來利益眾生，這樣才是菩薩眞正的無所住的布施。

這個說法，從當今的佛教界來講；好像是聞所未聞法，沒有聽過誰是這樣講《金剛經》的。但其實這只是這一百年來聞所未聞而已，過去正法住世的時候，菩薩們都是這麼說法的，都跟我一樣說；所以這其實不是聞所未聞法，而是說這種眞實法在這百年以來失傳了。廣欽老和尚悟了，但他既不說法，又不講經，所以這種妙法到現在就變成聞所未聞法了。其實這個法在正法時期，是菩薩們常常說、常常聽底法；所以說，到現在竟然會變成聞所未聞法，就表示現在眞的已經是末法時期了。

這段經文從事相上、從理上依文解義解說完了，可是依文解義免不了三世佛怨，該怎麼辦？所以，在理上還是要繼續說明。說理之前，我們先舉出一個教證來講，說明「這麼深的般若波羅蜜，是久學菩薩才能相應」。如果是像外面那些大師們講的淺般若波羅蜜，那一切新學菩薩都可以相應，並且會聽得很歡喜；然後布施的時候，也布施得很歡喜。怎麼歡喜呢？痛苦到很歡喜。因爲明明被人家罵了還要表現得很歡喜，可是他的覺知心住在六塵中而知道受施者正在埋怨他，所以他心裡面很痛苦；但他還能忍得住而繼續布施下去，有在修學忍辱波羅蜜多；但那都叫作淺般若波羅蜜，只是淺學菩薩所學的。深般若波羅蜜，只有久學菩薩才能相應。在《放光般若經》第十卷，有一段記載：

【須菩提白佛言：「世尊！深般若波羅蜜，誰當信解者？」佛言：「菩薩久行六波羅蜜多，作諸善本，已供養過去無央數諸佛，已與眞知識『相隨』者，是輩菩薩乃信解深般若波羅蜜。」】

請問諸位：「弘揚得最普遍的，是淺般若波羅蜜或是深般若波羅蜜？」（眾答：淺般若波羅蜜。）當然是淺的嘛！淺的才有可能普遍，深的哪有可能普遍？當外面有一些別有居心底人一直在罵我：「大家講的都不對，只有你蕭平實講的才對。」請問：是誰講的才對？是少有人講的般若才對，多有人講的般若就是不對；因爲是普遍的，當然不是深般若。這樣瞭解呵？還有很容易瞭解的一個方法：當大家都這麼說底時候，它顯然不是勝妙法。譬如某一種產品，如果到處都有得賣，四處都有人買得到，那一定是便宜貨，絕對不是精品。如果是精品，可就不是到處都有得賣，通常都是裝修豪華的精品店裡才買得到；當你要踏進去買以前，要先秤量一下口袋裡底錢夠不夠。所以你進得同修會來，一定是有把握：「我的福德應該差不多了，頂多我再補修一些福德。」因爲你的本錢夠，你才敢踏進來。口袋裡沒錢（沒有修過許多福德資糧），你怎麼敢進來正覺？因爲正覺是精品店，是稀有難得底法，不是到處都有得買。如果你要到處都有底法，根本不必來正覺，隨便去其他大小山頭混個三、五年，一個冬瓜印就幫你蓋好了；至於那個法印爛不爛？則是另一回事。所以，凡是很普遍的般若波羅蜜，你應該這樣想：「這種般若波羅蜜到處都買得到，當然是淺般若波羅蜜。我要的是精品，我買到以後拿出手，不論去到哪個地方，人家都沒有，才是深般若波羅蜜。」那就得到正覺講堂來呀！

我這麼說，經文裡面也是這麼講，須菩提向 世尊稟白說：「深般若波羅蜜，是誰能夠信解的呢？」佛說：「菩薩要久行六波羅蜜多，並且還要『作諸善本』，再加上已經供養過去無央數佛，」這還不夠呵！還要加上一樣：「並且是已經跟眞善知識相隨底人。」換句話說，如果久行六波羅蜜多，已經行六波羅蜜多好幾劫、好幾劫了，也作了很多很多善事而累積大福德了，然後經歷過很多很多佛，都曾一一供養過了，可惜的就只是還沒有跟隨到眞善知識，那他還是無法信受及眞正理解深般若波羅蜜多，只能夠信受及理解到淺的般若波羅蜜多。

這告訴我們什麼道理呢？這是在告訴我們說：不能只歸依一尊佛，而是要一劫又一劫廣對諸佛勤作供養，也就是要在無量世中歸依及供養無數諸佛；然後，廣行六度時應該作的、應該修的，都已在每一世好好去作、去修；可是這些該作的菩薩行都作完了以後，還要記得一件很重要底事：要跟眞善知識結好緣。如果是只懂得跟一般善知識結好緣，那是學佛以來還沒有經歷很多劫，是初行六波羅蜜多二、三劫，所以還只是在初作種種善本，還沒有供養過很多佛的階段。若是很多劫久行六波羅蜜多，也已作諸善本而且多劫供養諸佛了，就懂得開始尋找眞正善知識而殷勤結下好緣。若是往昔沒有跟眞善知識結過好緣，今世就沒有辦法得聞深般若波羅蜜多，當然更別說是信受而親證，終於可以如實理解深般若。可是想要跟眞善知識結好緣，應該要怎麼結呢？得要相隨。並不是我今天來供養你五千萬元，然後我就走了，永遠不再跟你這位善知識見面。因爲這樣就沒有相隨底功德了，這樣還是沒有辦法得到深般若波羅蜜，無法如實信解，所以還要相隨。

所以《華嚴經》中有一段經文，特別爲大家強調善知識底重要。善財大士這麼說：「善知識者，出興世難。」每一位眞善知識出興於世間都很不容易，世間並不是時時都有善知識出現的。又說：「得值遇難，得見知難。」你想要路上或者哪個場合看見他，都不容易；有時候你看見了，也不知道他就是善知識，想要知道那就是善知識也不容易。這是眞的，有好多大法師在外面午餐，我出外辦事時也剛好在同一家素食店午餐，我坐在他們對面桌子，他們都不知道我是誰；所以「得見知」確實也很難——見了都還不知道。有好多人聚集在一起討論佛法，特別是在素食店裡一面吃一面講，都不曉得我正好在旁邊。他們看見有我這個人在，有時會瞄我一眼，因爲看我的穿著就是一個佛門修行人，他們可能心想：「這個人怎麼都不瞧我一眼？竟然都不來向我禮拜，至少也得向我問個訊，我說得這麼好，又有大名聲。」沒想到我總是充耳不聞，他們可沒想到我就是蕭平實，這就是「得見知難」。

就算得見、得知了，接著是「得親近難」。你要是眞正的能夠遇見善知識了，想要與他一起說話還眞的不容易，這就是因緣的問題。當你看見了，也知道是他了，你不一定能跟他說得上話，因爲他不一定有時間跟你談話，也許當時正好與別人在討論重要底事情，無法和你說話，所以「得親近難」。又說善知識者「得共住難」，你縱使知道某人就是眞善知識了，想要跟這位善知識共住在一起還眞的很難，因爲善知識有善知識自己底住處。他如果住在寺院，你得要跟著他出家，才能跟他共住。如果他沒有出家，妳得要嫁給他，或者你得要娶了她；若不是嫁了他、不是娶了她，只好當他的老爸、老媽；或者你就乾脆投胎作他的孩子，這樣才能共住。因爲你遇見他的那一世他剛好沒出家，你就算出家了也不能跟他共住，那該怎麼辦？所以「得共住難」。

縱使得共住以後，接著說：「得隨順難。」因爲住在一起以後，一般人看見善知識每天三餐也得要吃粥飯，心想：「他天冷了也要添衣，他熱了也會流汗，那他豈不是跟我一樣嗎？」因此善知識講話他就不聽了，所以從此就不隨順他了；善知識講他一句，他反而頂回去三句。然後，善知識教導他說：「法應該如何、如何……」他卻頂嘴說：「不對！你講這個太淺了，我才不相信。」又瞧不起了，所以隨順也很難，共住以後往往又不能隨順了。且不說能不能隨順，還得先說「得其意難」；就算能夠共住了以後，都還不一定能得到善知識妙法中的眞實意旨，他要教導你的是什麼？那弦外之音，你還不一定聽得懂呢。所以，如果有誰告訴我說，我所講的法，他全部都聽懂，宣稱他百分之百聽懂。那我會說：「我該下座了，該讓你上來說法了。」因爲這表示他的層次至少跟我一樣，那我就不必那麼辛苦全部自己講，就把大部分講法的時段讓給他，我也好休息一下。有很多人大多是自以爲懂，其實我講的另外有一層涵義，他們不可能懂啦！所以如果說完全聽懂，我一定得要下座換他來講了，因爲我的弦外之音（有一些都是弦外之音），有時候欲言又止，中途踩剎車，但他竟然也能知道那後面底涵意是什麼，表示他的證量一定在我之上，不在我之下，才可能這樣。因爲我不經意之間簡單幾句話說出來的隱覆底涵義他也知道，表示這些過程他都經歷過了，證量一定比我更高，那我當然要下座，要換他上來講了；這時換我坐在下面聽他說法，因爲我想要「得其意」。能得其意以後才能隨順，但是往往有人得其意以後不能隨順，是因爲智慧不夠或者性障深重而不能隨順，所以說「得隨順難」。

所以，當你「親值諸佛」努力供養，而且於諸眾生、於正法中，已經「作諸善本」，並且已經很多劫以來久行六度波羅蜜了；這時想要信受理解深般若，還是不夠，還要與善知識「相隨」，你要跟著他學習。在同修會外面，有很多人是顧慮面皮（對他們而言，這個面皮非常重要），所以這樣想：「我知道這蕭平實眞的有開悟，但我從他的書裡面去悟就好了，我爲什麼要跟著他學？我不想讓人家知道我是從他那裡證得的。」然後讀過我的幾本書以後就說：「我眞的悟了。」就打電話來出版社要求印證了。且不說我不在出版社裡上班，只在家裡寫書；但他眞的能通過印證嗎？絕對不然！很多人來正覺共修之前就認爲自己眞的開悟了，然後來正覺參加禪淨班共修，才參加兩、三個月就小參，告訴親教師說：「我開悟了。」親教師說：「不管你悟了什麼，你先打包起來，等以後去禪三共修時再講。」他們從此就不來共修了。他們心裡想：「親教師不跟我討論，教我留著去禪三時跟蕭老師講，這樣已經表示我眞的悟了嘛！」等到他的好朋友共修期滿，又被錄取去打禪三而被印證回來了，兩個人一談起來，他的好朋友竟然告訴他說：「你這個根本就不是。」當場，他的臉都黑掉一半了。因爲我們平常共修時，絕對不告訴學員說「是」

或「不是」，絕對不加以否定，也絕對不加以承認，一概都叫他打包；把以前自以爲悟底內涵全都打包起來，繼續修學所有課程直到圓滿。但他們自作聰明，就認爲說：「親教師不否定我，那這樣就表示我是開悟了。」於是就自以爲是而不再修學了。不學就拉倒，因爲還有很多次法必須要跟著修學及實行，然後才能得法；否則得到的都是相似法，不會有智慧生起，也不會有功德受用。

由這段經文中的說法，諸位已經知道了，要與善知識相隨，才能夠信解深般若波羅蜜。自以爲悟而不肯跟隨善知識修學，怎能眞的開悟呢？經文中的意思是說：如果已經久行六波羅蜜多，作諸善本，已曾供養過去無央數諸佛，並且已經與眞善知識相隨底人，「是輩菩薩乃信解深般若波羅蜜」。這就是在告訴我們，眞正的善知識很重要，眞正的善知識可能長得其貌不揚，又正好住在你家隔壁；也許整個夏天之中，你每天看他穿著短褲截，穿著汗衫在庭院打掃；院子裡掃不夠，還掃到圍牆外面來，他還在掃；可是你都去四大名山修學，看不起隔壁這個沒什麼威儀的學佛人，因爲他既不是出家人，也不是什麼很有名氣底大師，根本就不知道他正是大善知識。然後看見說：

「這位鄰居家裡也供著佛像，可是我不想跟他談佛法，因為他看來沒什麼，我看他掃地掃到後來也會流汗。」確實如此呀！

所以我遇見鄰居時，總是絕口不提佛法，不讓他們知道咱家是誰。如果有緣，他在外面看見了正覺底書，聽到了正覺這個深妙法，有一天鑽進同修會來，又有一天來聽週二的講經時，他就會知道我是誰，不然就不會知道。這不是我不想度他們，而是說我觀察他們的因緣還沒有到；因緣若還沒有成熟，我親自送上門去，再怎麼為他們說法也都沒有用。這是我早期作過的事，我常常親自送上門去，為對方講了老半天的深妙法，結果有哪一個想要來正覺修學？都沒有，連一個也沒有。反而是我不曾上門去講法的你們，倒是來了這麼多人，然後一個一個就開始證悟了，這都是因為你們願意與我相隨修習。所以與真知識相隨很重要，因為他會有許多的教導，譬如法的教導、次法的教導，都能夠幫助我們去親證「深般若波羅蜜」。

接著我們再來看經文中說底「無我相」。這「無我相」有兩個法：第一個是人無我，第二是法無我。小乘法只是人無我，而且所證底人無我還不是具足的。大乘法卻是兼有兩種無我，但是大乘法中底人無我與二乘法中底人無我，卻有所不同。二乘法底人無我，在大乘法底人無我中一樣也有；可是大乘法中底人無我裡面，卻另外還有二乘法所沒有底人無我；這個大乘法中底人無我，通常是指三賢位菩薩所證底般若總相智與別相智；大乘人無我中，第二阿僧祇劫所修底習氣種子的斷除，暫時且先不說。當大乘法中開悟明心所得底人無我已經具足修證時，才能夠在發起十無盡願以後，進入初地的入地心中，那時是有能力斷盡思惑而取無餘涅槃的，只是留惑潤生而不入涅槃罷了。至於二乘法底人無我，就是讓你親自現前觀察色陰非我、色陰虛妄、非常住法，受想行陰亦復如是；最後一個識陰能見聞覺知，也是緣生法，因緣所生，緣散則壞，所以五蘊的一一蘊，十八界的每一界都是虛妄法、都是可滅法。這就是二乘法所證的人無我，二乘的見道是這樣證人無我的；二乘的修道則是進而斷除我執，把五個下分結、五個上分結全都斷除了，成為阿羅漢，不能成爲菩薩。

可是大乘法中的初地入地心菩薩，不但具有二乘法中如此底實證，同時還要證得另一種人無我，而且是遠在第一大阿僧祇劫的第七住位中就得實證的，然後歷經以後的二十三心位階，才能通達而成爲初地心。大乘法中這個人無我，就好像咒力起屍，又好像木人機發像起，也就是《楞伽經》講的：「種種身色幻術神咒機發像起，善彼相知，是名人無我智。」（《楞伽阿跋多羅寶經》卷一〈一切佛語心品〉）這菩薩就是證得大乘法的人無我智了。奇怪不奇怪？這佛法怎麼會扯到外道底趕屍法呢？傳說古時湘西有趕屍人，那是傳說：古時有些人出外經商，後來經商失敗或者遇到賊寇強梁把他全部搶光了，貧病交加死在外頭；他家裡也沒錢用棺材裝起來僱車子送回家，因爲那可能遠在千里地之外，又因爲路途崎嶇，費用太貴了，家裡付不起。那該怎麼辦？就用最便宜的方法：趕屍。請人到了屍體的所在，打起手印、唸起咒來，唸了一大堆以後，大喝一聲：「起！」這屍體就站起來了。「走！」它就走了，於是趕回死人的家鄉交給他的家人辦後事，這就是趕屍呀！就是用幻術神咒的力量讓那個屍體站起來走路。你如果能夠證得咒力起屍底功德，你就是剛剛證得深般若根本智的大乘人無我菩薩。這不是開玩笑，這是經上講的，每一位證悟底菩薩都是有能力趕屍的持咒人；你如果沒有辦法唸咒趕屍，那你就不是證得大乘人無我底菩薩。

又說，譬如一個木頭做的人偶裝了機關，這個機關裡的發條上好了，把它一開動，木偶就爬起來走路了。你要是能夠懂得那個機關底原理，造好了機關裝上去，把那個機關扭緊發條就解決了。如果你能夠這樣，你就是眞實義菩薩。奇怪？菩薩還要會這個工巧明呵！眞的就是如此呀！這就是二乘人所不知道的大乘人無我。可是二乘人所知道的人無我，菩薩全都知道，並且講得比他們更深入、更微妙。所以「無我相」，光是見道底無我相，確實就是有三乘底不同。這意思就是說，大乘菩薩所證底人無我，必須要同時證得「此經」如來藏，證得如來藏以後才有能力趕屍，就能轉經；否則就沒有能力趕屍，也只能被經轉。證得如來藏，你才能驅動那個木人，否則你驅動不了，這就是菩薩所證底大乘人無我。

菩薩還有一個「無我相」，叫作法無我，那就是唯識學裡的一切種智。從蘊處界以及所生的每一法去探究，親自證實每一法都是無我性的，也證實所有一切種子全都是「此經」如來藏所含藏而出生的；所以初地滿心百法明門滿足圓證時，他能觀察百法中的每一法都是這樣的無我性。二地也是一樣，千法明門中底每一法都去觀察，全都是無我性，這叫作法無我。這些法無我的無我相，三賢位菩薩就不懂了，得要跟隨善知識繼續修學，那麼二乘聖人就更不懂了；所以大乘人無我底見道——悟後起修的相見道智慧，要到第十迴向位滿足了才算圓滿；這時配合多劫所修底廣大福德、阿羅漢果的實證而起惑潤生，再加上十無盡願，才能成爲大乘見道通達位底初地菩薩。因此證得「此經」如來藏開悟了，並不就是佛法修行結束了，反而只是正式開始而已，還得要再修學相見道位的種種智慧；因爲證得如來藏只是眞見道，眞見道只是找到如來藏，證實眞的有這個心存在，只出生了般若的總相智而已。而這個心確實是無所住心，因爲是無所住心所以不住於六塵，不住於色法而時時生其心，不住於聲香味觸法而時時生其心；所以祂是常住心，祂是眞實住；反過來現觀意識心沒有辦法想住就住，因爲如此實證，所以說是眞見道。

有了眞見道底智慧，才有辦法進入相見道位來進修，否則跳過眞見道而修相見道底種種法，都只會變成想像，都無法眞實親證，那麼相見道位的修學就變成只是熏習而不是實證。這樣看來，好像相見道位眞的不得了，比眞見道還要高，有人就想：「那我專修相見道就好了，我不要修眞見道，因爲眞見道要證如來藏，那麼難。」但問題是，若沒有眞見道，相見道就無法修；

所以眞見道的位次雖然比較低，卻是相見道位的基礎。不能像愚癡人妄語說：「**打那個地基作什麼？地基又不能遮風避雨，我才不要，我只要蓋一樓、二樓就好，不要打地基。**」結果蓋不到一半，全都傾倒了，又要從頭再來蓋，永遠都蓋不好。眞見道就是地基，相見道位則是那些牆壁、門戶、窗牖、一樓頂的二樓地板，以及二樓的門戶、窗牖與屋頂，那就是相見道。可是，這些都要依於地基—眞見道—才有辦法存在，不可偏廢；所以，還是要老老實實從眞見道位開始。然而眞見道的實證，卻不許藉著打聽密意來獲得，因爲聽來的都不會發起智慧，也沒有眞見道時應有的解脫功德。這意思就是說，每個人都同樣是吃六塊半的餅才能飽，前面底六塊餅一定得要一塊又一塊，照著順序一一吃完；不能只想吃後面的那第七塊的半塊餅，就想要使肚子飽。因爲略過前面六塊餅時，單吃那第七塊的半塊餅，其實只是吃第一塊餅的半塊，不會有第七塊餅的功德受用。

這意思是說，「無我相」很難親證。如果想要證最容易證的，那就是二乘法中的無我相。然而即使是二乘法中的無我相，有眞善知識解說，還不一定能證。也許你們有些人還不信，心裡懷疑：「**哪有可能？眞善知識解說了，**

一定馬上就可以把三縛結都斷了。」我告訴你：「就是眞的可能，他們就是斷不了我見。」所以你們看，我去台中講堂演講時，會外來聽講的人（因爲我們台中講堂的學員那時大概只有二、三百人。有沒有超過三百人？現在有了嗎？新班不算），不會超過四百人。那一天有人去算鞋子，將近九百雙。換句話說，當時外面來的將近五百人，因爲是外面來的人，都讓他們坐在我們講堂裡面，不是坐在臨時租底另外兩個地方。這樣算一算，會外來底人，四百人一定有；因爲台中講堂比我們這裡大，將近二百坪；結果新班開課時，有沒有來四百人？沒有，只有四分之一多一點。這表示什麼呢？表示多數人沒有眞的聽懂我說底法。那一天，對於蘊處界和三縛結底內容，特別是我見底內容，我是鉅細靡遺地說到很深入、很詳細、很廣泛，如果他們眞的有聽進去，眞的有斷了三縛結，一定會想：「我眞的遇見善知識了，這正覺的妙法，我非學不可。」他才不會管新班的親教師是誰，他就是非學不可。可是事實上並沒有嘛！新班來報名底，只有一百五十人。

那表示什麼？表示二乘斷我見底見道，遇到善知識詳細解說了，還是無法每一人都能見道，不是每一個人都作得到。那麼回頭來看更難很多倍底大乘見道，你想，大乘人無我的實證，還要會趕屍，還要會製造木人、木偶來玩，那有多難？佛又說這裡面機關製造等等內容，全都不許明說，所以眞的很困難。這當然是難呀！因爲連阿羅漢都作不到，你怎能要求一般凡夫聽了就會呢？所以，深般若波羅蜜，只有精品店才有得賣，不可能到處都有得賣；在一般店鋪裡面，你絕對買不到的，而這家精品店的名稱就叫作正覺。所以，諸位要建立一個觀念：**凡是普遍都懂的法，表示是粗淺底法，是凡夫們都能聽懂的，是淺般若；深奧而勝妙底法絕對是不普遍的，因爲它很難懂，是深般若**。所以你們不應當期待四大山頭的大師和信眾都能夠得這個法、傳這個法；不應該期待，因爲精品店不可能每一條街都有。這樣，諸位就懂得說，你學了這個法以後，悟了這個法以後，爲什麼妳會當皇后、你會當皇帝，永遠都只能稱孤道寡，不會有很多同道；因爲這是勢所必然，你沒有辦法避免的。由此你就知道，深般若波羅蜜不可能普及，只能夠是有因緣底人才有辦法得到。

什麼是有因緣底人？這不能只看表相。一般世俗人都只看表相，所以他們聽到新竹某某寺那些教密宗《廣論》的法師們說：**「居士們都是一壺永遠**

燒不開底水。」那就是只看表相而不看實質。還有，譬如藏傳的假佛教密宗，他們也會講大話：「只有我們喇嘛才眞的會修佛法啦！我們都已經成就報身佛了。」其實那只是外道凡夫，只是抱著女人的那個「抱身」的假佛，不是眞的成佛。他們都是不明白佛法，連三乘菩提間的異同都不懂，連最基礎的我見的內涵都不懂；全都只看表相，然後就否定正覺的勝妙法。問題是，我這個居士寫的三乘菩提全部書籍，喇嘛們全都讀不懂；上從達賴喇嘛，下至一切自稱為活佛底喇嘛，全都讀不懂，這又要怎麼說？我說的可全都是眞話。

所以眞般若波羅蜜、深般若波羅蜜，不是每一個人都能接受。所以，你如果對某些親朋好友，一再度他，竟都度不來，你也不要難過；你儘管努力就是了，成不成功可就只能隨緣；但是你不必難過，只要負責把種子種進他們心中就好了，其他的就是隨緣了。請問：隨緣，是不理他、不管他，是不是？不是！而是不去勉強。但是你要不斷地把深般若底正法種子，種進去他們心中，要常常在他們心裡面不斷地種下種子。至於種子什麼時候成熟？你先不要管，成熟的時間就隨因緣發展吧。但你要常常去多種一些種子，這樣才叫作眞的隨緣。隨緣是努力去作，成不成功就不計較；可不是消極地睡大覺而不理他，那不是隨緣，那叫作隨順懶惰緣，那就不是菩薩了。

這段經文中底事相與理上都說過了，我們再來看看，宗門裡對這一段經文又是怎麼說底。在宗門上，必須要特別強調：慧力不足的人，永遠都是只得皮毛。得皮毛容易，徹骨、得髓可就難了。其實得骨也已經不容易了，有很多人看到骨頭就丟，不曉得裡面有寶貝，所以得髓者稀有；因此請大家接著再看《景德傳燈錄》卷三裡面達摩大師底公案：

【後，孝明帝聞師異跡，遣使齎詔徵；前後三至，（達摩祖）師不下少林。帝彌加欽尚，就賜摩衲袈裟二領，金鉢、銀水瓶、繒帛等；師牢讓三返，帝意彌堅，師乃受之，自爾緇白之衆倍加信向。迄九年已，欲西返天竺，乃命門人曰：「時將至矣！汝等盍各言所得乎！」時門人道副對曰：「如我所見，不執文字、不離文字而為道用。」師曰：「汝得吾皮。」尼總持曰：「我今所解，如慶喜見阿閦佛國，一見更不再見。」師曰：「汝得吾肉。」道育曰：「四大本空、五陰非有，而我見處無一法可得。」師曰：「汝得吾骨。」最後慧可，禮拜後依位而立，師曰：「汝得吾髓。」乃顧慧可而告之曰：「昔如來以正法眼，付迦葉大士，展轉囑累而至於我；我今付汝，汝當護持；并授汝袈裟以

為法信，各有所表，宜可知矣。」】

這是達摩大師很有名底故事，前面與皇帝來往那一段，我就不談它。那麼達摩大師來到少林寺，因為法太深而無人能懂，有人以為他是故弄玄虛；於是他去嵩山少室山後山的山洞裡面，前後總共坐了九年。七、八年後，終於引起注意而有人來學法，最後終於等到有人可以繼承衣缽了。滿九年後，他想要回天竺去了，就命令他的四個門人說：「**我要回西天的時間快到了，你們何不各自都把自己修學的所得講出來給我聽聽看呢？**」那時候他的門下，有一個比丘道副，就回答他說：「**如同我所見的，不執著文字，但是也不離文字，而全部作為修道之用。**」請問：這個見解是落在哪裡？（有人答：意識。）還沒有到意識，還在語言文字上。「**用語言文字，不離語言文字，但是不要去執著它，這樣作為修道之用。**」這還只是在聞熏的過程之中而已，是在佛法文字的表相上去理解而已，還沒有探討自己的心，都還不知道自己底意識虛妄，所以達摩大師說：「**你得到了我的皮。**」這皮，大家都看得見，當然大眾聽聞道副所說底法，都能聽懂。

等他說完了這些話以後，比丘尼總持就開口說：「**我現在所理解的，就**

猶如慶喜菩薩看見了阿閦佛國，見了那麼一回以後，就不再看見了。」這個是落在哪裡？這是落在她所理解底法上面，落入有境界底法中；因爲她所知道的，其實是誤會達摩大師所說眞心離見聞覺知的意思，想要將意識覺知心離開見聞覺知；她靜坐久了以後偶然進入很深的未到地定中；這麼見了一次以後說，原來這境界是離見聞覺知，可是從此以後不能再進入深的未到地定中，所以一見之後就不能再見到這種境界了。那就像某一些人自己努力修，說要離見聞覺知，所以閉眼塞耳；嘴不講話，怕聽到聲音；耳朵也要塞起來，怕聽到聲音；想要離見聞覺知，所以眼睛也要閉起來：「不論是誰來了，我都不理他。他若是硬要與我講話，就是我的敵人；不論是誰，都不許跟我講話。」總持比丘尼也一樣，她就坐在那邊想要離開見聞覺知，她希望入定而離見聞覺知。可是無法每次都如此，所以有一次坐忘而進入深的未到地定中，沒有見聞覺知以後，卻再也沒有機會常常這樣了。達摩大師聽了就說：「妳得到了我的肉。」因爲跟達摩大師每天靜坐在山洞裡的表相似乎是一樣的。

然後，比丘道育接著報告說：「四大本空、五陰非有，我所見底，其實沒有一法可得。」這落在哪裡？這個跟六祖悟前一樣、不一樣？五祖大師爲他說《金剛經》以前，六祖還是個每天在磨坊裡舂米底行者，那時不是請張別駕寫了一首偈嗎：「菩提本無樹，明鏡亦非臺；本來無一物，何處惹塵埃。」星雲法師把這一首偈做得好漂亮，弄在國父紀念館裡吊得老高，還打燈光照著，在那裡演說禪法時就開示說，這首偈講得多好、多好、多好。可是，這首偈卻是還沒有開悟時的六祖講底，不是悟後的六祖講底；我如今還留著他那一套錄影帶作證據，哪天得要拿出來弄成DVD保存起來。我老是忘了，因爲我把它那裡面的東西寫在《公案拈提》裡面，當然得要留著作證據，免得他將來告我說是無根毀謗。我作什麼事情，全都要留證據的，若沒有證據我就不講。「菩提本無樹，明鏡亦非臺」，那是講什麼境界呢？那是落在意識思惟所知的空無裡面，說一切都虛妄、都虛假；眞是落在空無裡面，也就是印順講的緣起性空、性空唯名。原來星雲法師以前讀了《金剛經》所謂的開悟，是悟在無、悟在空虛。古時的道育法師也是一樣，向達摩報告說：「四大本空、五陰非有，所以無一法可得。」原來他是這樣瞭解《金剛經》的，是這樣瞭解宗門的。達摩大師聽了就說：「你得到我的骨頭。」還沒有得髓。

最後是慧可了！慧可大師刻意等他們都說完了，達摩大師問他的時候，他才向達摩大師禮拜；禮拜完了又回到原來的位子站好，並沒有什麼回話。達摩大師卻說：「你得到了我的精髓。」慧可這個境界，這才是悟後的六祖底境界。六祖不是由五祖在半夜裡爲他講《金剛經》嗎？五祖因爲怕人家半夜看見他的方丈室裡有燈光而知道是在爲誰講經，所以拿袈裟把窗戶遮起來，讓人家看不見光亮，就不知道裡面是誰在聽講。因爲他要保護六祖，怕六祖得法以後被害。所以說，古時宗門裡的人還眞恐怖呵！所以六祖才剛得到了法，三更半夜就得要走人呵！他走後三天裡，五祖都裝病，都不上堂，讓人家不知道有什麼事情發生。最後，裝病裝久了，也是瞞不住了，因爲大家都會來請問和尙是患什麼病；後來知道五祖和尙又沒有病，可是卻說是病了，那一定有什麼原因，大家便開始追問，五祖只好說：「我的法已經南傳，佛缽祖衣已經南行了。」說他得自四祖教外別傳密法的信物衣缽，已經跟著所傳底正法往南方去了。所以大家都去追，才會有蒙山道明追上六祖時，六祖急著脫身時所說底「不思善、不思惡」那個公案。

可是六祖聽五祖爲他講《金剛經》而開悟了以後，可就不再講「菩提本無樹」的句子，也不再說「何處惹塵埃」了，他改換了好幾句話來說：「何期自性本自清淨，……何期自性能生萬法。」說了好多句「何期」。因為金剛心底各種自性，全都是他沒有想到過的。「何期」就是沒想到、沒預期到。如果他本來就悟了，為什麼後來五祖為他講經後才又悟一次？為什麼後來悟了才能說出四、五種的「何期」？他沒想到的金剛心功德可多著哩！等到真的悟了，才知道自己從來沒想到的如來藏自性可真是太多了，那時才是真的悟了。那些大法師們真的好奇怪！老是把禪師們悟前的東西拿來在那邊標榜，那等於是在他們自己臉上公開寫著：我還沒有悟。（大眾笑……）就是這樣呀！所以星雲法師那個錄影帶裡，其實都有隱形墨水寫著一些字跡說：我星雲還沒有開悟，我只知道六祖悟前講底東西。只要你拿般若螢光燈一照，就看見他承認自己還沒有開悟，那些字跡可就全都顯現出來了。

所以，宗門裡說的是什麼？真的必須先有實證，然後才能如實理解。慧可大師禮拜後退回原位，就是在說明：「我現前聽到達摩大師說話了了分明，六塵具足，但是我同時也不住在六塵中，卻能時時生其心。」這就是慧可大師要向達摩大師稟白的地方，達摩大師一看，知道他懂了，所以才說：「你得到我的精髓了。」然後就把西天帶來底法衣交給他，也把佛鉢交給他。那佛鉢與法衣是佛陀交給大迦葉，大迦葉再交給阿難尊者，這樣一代一代傳承下來；達摩大師知道教外別傳底妙法必須要東傳，要向東北方傳到中國來，所以從西天而來，現在就交給慧可了。佛陀有四個鉢，有的在天上或龍宮；留在人間的這個鉢來到中土就傳給慧可了，達摩大師同時也把　佛所傳下來的法衣一起交給他，吩咐慧可要好好護持。可是又交代他：「不許馬上傳法，你只能等一個有緣人來受法；每一代都只傳一個人，六傳之後因緣成熟了才開始廣傳。」所以說，到了中國第六代六祖惠能時，開始向民間廣傳，於是「一華開五葉」，就是說禪宗教外別傳妙法，到六祖時才可以開花，而那朵花總共有五片葉瓣，這就是建立出禪宗裡的五個宗派。在禪宗門下，後來法藏法師寫了很有名的《五宗原》，就是在辨正禪宗五個宗派的眞正法源，把離念靈知等錯悟底野狐禪師擯出禪宗；後來招致錯悟底雍正皇帝大力批判，還罵法藏是「魔藏」；因法藏是弘揚如來藏的禪師，而雍正皇帝落入離念靈知之中，認定意識是常住心，是被古人法藏的《五宗原》所破斥的。

言歸正傳，請問諸位，達摩大師這個傳法公案，跟剛剛講的那一段經文：

「菩薩不應住色生心，不應住聲香味觸法生心，菩薩應離一切相，發阿耨多羅三藐三菩提心」，說：「菩薩心不應住色布施，不應住聲香味觸法布施」，有什麼關聯？看來好像是八竿子也打不著，是不是？從文字表面看來，眞的是八竿子也打不到。一竹竿有多長？一竹竿過去再一竹竿……總共八枝竿子那麼長，我想是從我這裡打到對面第二講堂另一邊底牆外去了；可是這八竿子長，似乎還打不著它。可是祂明明是同一個東西，這《金剛經》講的跟達摩大師這個公案，明明應該是同一個東西；但是你從表面上看來，八竿子也打不著。然而《金剛經》這一段經文，你若是眞的想要懂，卻得要從這個八竿子外都還打不著底公案裡去體悟。所以說，深般若還眞的難會，正因爲它是深般若波羅蜜，不是淺般若波羅蜜。

《金剛經》是深般若波羅蜜，各大山頭大法師講的都是淺般若波羅蜜，就看你要選哪一種？若是要選淺般若波羅蜜，一聽就能懂的，可以去各大山頭修學；你若是想要深般若波羅蜜，當然得要來正覺修學。可是你們心裡面先得要有準備，深般若波羅蜜一定不容易得。你們得要先有這個心理準備，可別只是上了一回禪三，沒有辦法悟入，空手而歸，立刻就灰心喪志，從此不敢再報名了。因爲上去那邊打三時，若沒個入處，心裡眞的好痛苦，而且腰痠背痛，腳痠腳踝疼；但這還小事，那心中的痛苦，可眞難忍！那四天裡如喪考妣，不曉得自己在幹啥！所以有好多人怕了，不敢再報名了！但其實不應該怕，應該繼續再報名，要努力不輟，進正覺學法才有可能達到實證之目的。如果報了第一次沒錄取，以後可以再報第二次；一直報名，報到錄取爲止。

如果一直沒被錄取，就自己檢討原因，不斷改進以後，總是會錄取的。十年不錄取，二十年總會錄取吧！總是會有那個因緣，千萬不要怕！我們負責的就是判斷什麼時候對你的因緣最適合，判定你的因緣成熟了沒有？如果還沒有成熟，不要讓你去那邊痛苦四天。那眞的好苦欸！我個人只是腳痠腳痛，因爲我要盤四天腿跟大家小參；如今有些年紀了，晚上睡眠不足，眼睛布滿紅血絲，倒也沒關係！眼藥點一點，眼睛也就不痛了，我還可以熬，因爲只是身上的痛苦。可是打三底人，心裡透不過；明明就在眼前，就是透不過去，那心裡眞的好痛苦，那才是眞的苦呵！可是不要怕，總是要報名。我們會觀察什麼時節因緣對你最好，當你的因緣差不多了，我們就會錄取你。

如果因緣還沒到，去那邊白受四天的煎熬，那又何苦呢？所以你們就儘管報，我就儘管審核，我來決定你的時間恰不恰當。不恰當時，我就讓你等到恰當的時間；所以接到不錄取通知，也不要皺著眉頭，應該高興自己可以省得四天的煎熬（大眾笑…），事實確實是這樣的。接下來，下一段經文：

【「如來說一切諸相即是非相，又說一切眾生則非眾生。須菩提！如來是眞語者、實語者、如語者、不誑語者、不異語者。須菩提！如來所得法，此法無實無虛。須菩提！若菩薩心住於法而行布施，如人入闇則無所見；若菩薩心不住法而行布施，如人有目，日光明照，見種種色。須菩提！當來之世，若有善男子、善女人，能於此經受持讀誦，則爲如來；以佛智慧，悉知是人、悉見是人皆得成就無量無邊功德。」】

講記：「我釋迦如來曾經說一切諸相就是非相，又說一切眾生因此就不是眾生。須菩提！所有『如來』都是說眞話的人、說實相語言的人、說如如之語的人、說不欺騙語的人、說前後不異語的人。須菩提啊！如來所得到的法，這個法無實也無虛。須菩提！如果菩薩所悟底心是住於六塵的各種法中而實行布施，猶如有人入於黑暗之處就沒有任何所見了；若是菩薩所悟底心是不住六塵萬法中而行於布施，猶如人們有眼睛，日光也明朗照耀著，便能清楚看見種種的色塵境界。須菩提啊！到了未來末法之世代，若是有善男子、善女人，能夠對於此經金剛心受持及讀誦，他其實就是『如來』；以諸佛的智慧來看，全都知道這一類人、全都看見這一類人，都同樣可以成就無量無邊底功德。」

這一段經文是〈離相寂滅分〉四段經文中的最後一段了。佛說：「如來說一切種種法相就是非相，又說一切眾生都不是眾生。」這究竟是從現象界的五蘊諸法來說的呢？或者是從金剛心的實相境界來說的呢？大家可要先判斷正確了，才不會誤解 世尊的語意。「須菩提啊！如來是說眞實語而不是說欺誑語底人，是說實相語言而不是說虛相語言底人，是說如如語而非不如語底人。」也就是說，世尊不會誑騙眾生，所說一定依據親證而說；如來所說的法也是實相界的法，不是現象界中的生滅虛妄法；如來所說的般若眞實法也是如如底法，不是常常生起喜怒哀樂變易不斷而不能永遠如如不動底虛妄心。如來也是不誑語底人，如來是絕對不說前後不同、前後矛盾的兩種話底人。

世尊又說：「須菩提！如來所得的法，這個法雖然眞實存在，卻又沒有世間三界有等法所定義的眞實可說。」既不是像三界有一般的眞實法，卻又不可以說祂是虛有施設之法。是說眞實如來、自心如來第八識，並不是三界有等法，也不是有色之法，所以猶如虛空，卻又不是虛無想像而施設之唯名無實、性空唯名的名言法；所以說：「在法身如來的自住境界中，其實是沒有實也沒有虛的。」世尊又說：「須菩提啊！如果菩薩所依的眞實心是住於三界有等六塵境界虛假諸法中而行於布施，就好像一個人進入闇冥之中，他就什麼都看不見而成爲具足無明的人了；如果菩薩所依底眞實心不住於三界有等諸法中，不是住在六塵萬法的境界中而能夠同樣行於布施，這就好比一個人有眼睛，也有太陽光明照耀底時候，他就能夠清楚地看見種種的色相，不會再住於闇冥之中了。」最後 世尊作了一個結論：「須菩提！未來之世，如果有善男子、善女人，能對於『此經』如來藏如實地受持、讀誦，他其實就是眞正的自心如來；以諸佛的智慧來觀察，全部都能了知這樣的人，也全都可以看見這樣的人，可以成就沒有數量可以計算的沒有邊際的功德。」

這是在講什麼呢？「如來說一切諸相即是非相」，好像又在講《金剛經》的公式了。然後又開示說：「又說一切眾生則非眾生。」這還是《金剛經》的公式。但是，這個公式，不論你將來無量世中去到十方的哪一個佛世界，全都可以講得通。這一句「如來說一切諸相即是非相」，好多大師們都依文解義，總是這麼說：「如來所說的一切諸相，因爲都是緣起性空，所以都是非相。」你們以前聽過大師講的《金剛經》都是這樣解釋底，不管你去到哪一個大山頭聽《金剛經》時全都一樣。如果你說：「我沒有去過大山頭。」那麼我問你：「你是不是去讀印順法師的書，才不會去各大山頭聽經？」那麼印順的書，他對般若是不是也這樣解釋的？一樣是嘛！我說的完全沒有冤枉他。他也是這樣解釋說：「一切諸相，因爲都是緣生法；緣生法的體性都是無常，無常所以是空；所以一切諸法都緣起性空，因爲性空，所以沒有眞實相，因此般若只是把阿含經中說的緣起性空重講一遍，所以般若諸經的主要意旨就是性空唯名。」印順難道不是這樣講的嗎？

下一句經文說：「又說一切眾生則非眾生。」諸方大師也都是這樣講的嘛：「因爲一切眾生的五陰都是緣起性空，所以都不是眞實法；緣起性空所以根本沒有眞實的眾生常住，所以一切眾生都不是眾生。」如果像他們這樣講《金剛經》也可以叫作眞實佛法，那麼大家都去自殺就能證得佛法了。對呀！那些不認識字的老人家們，今天看到張三死了，他說：「哎呀！張三也死了，人生無常。」無常，死了終歸於空，所以張三不是眞的張三；因此就解釋說：「所謂張三即非張三，即是般若。」那麼這樣子，這位不識字底老人家，是否也眞的開悟般若了？可是，那只是世俗法的知見，也都是錯悟，不是眞的開悟，跟般若的開悟完全不相干。所以，「依文解義」眞的「三世佛怨」，過去佛說：「明明我們講的意思不是這樣，你為什麼把我們傳的般若眞義這樣子錯誤地講解？」現在佛也同樣會責備依文解義的大師們。而現在學佛的人，後來終於也知道了大師們誤導眾生底眞相了，就說：「你都跟我們亂講，害我們悟不了深般若。」所以未來佛都會這樣說：「你們這些大師們根本都在誤導眾生，所以害我們大家都永遠只能當未來佛，始終沒有辦法成佛；我們因為你，只能永遠都當未來佛，都不能當現在佛。」

後來有個大法師終於有一天遇見了一個善知識，就問：「『如來說一切諸相即是非相』，什麼意思？」善知識就說：「下一句。」他不懂，心想：「要再問下一句喔？」他不懂善知識意在何處，只好又問：「如來『又說一切眾生則非眾生』，是什麼意思？」善知識還是回答說：「下一句。」奇怪？這善知識怎麼老是講同一句話？都是答非所問。「喔！我知道了，原來答非所問就是禪。」所以他回山以後跟大眾開示時，大眾請問：「如何是佛法？」「不是佛法啦！」他就這麼答，就這樣答非所問，就這樣籠罩一切人。如果有一天他上座開示，人家請問：「如何是佛法？」他看見桌上剛好有一枝筆，他就拿起來說：「所謂原子筆，即非原子筆，這就是佛法。」學著把《金剛經》的公式套上來講，大眾也信得一愣又一愣地。可是到底那公式是什麼意思？他自己其實也不會！這眞的是麻煩！

如果哪一天終於找到正覺講堂來了，請問：「『如來說一切諸相即是非相』，是什麼意思？」我就問他：「你會不會唱黃梅調？」他說：「會。」「那你唱給我聽聽看。」他就唱了一句，我就說：「下……一……句！」（平實導師這一句是用唱的。）他說：「你都不告訴我。」我說：「你眞的要我告訴你嗎？」「要呀！要呀！」我就給他五爪金龍。「你怎麼打我？」「你不是要我告訴你嗎？」所以禪宗公案與深般若之間，看來好像八竿子也打不著；然而這八竿子打不著的，那麼遠的禪宗公案，與深般若之間才是最親切的呀！你要怎麼樣有神足通，能夠把那八竿子遠底拉過來呢？你要是眞的有神足通，一步就拉過來了，不再是八竿子遠了！只要一步就夠了，一步拉過來，你就悟了。這才是眞正的神足通，世間凡夫的神足通到了這裡都無用處。

《金剛經宗通》上週講到第十頁最後一行：「如來說一切諸相即是非相，又說一切眾生則非眾生。」接下來 佛又說：「須菩提！如來是眞語者、實語者、如語者、不誑語者、不異語者。」佛說「如來是眞語者」，聽來好像有一點自我標榜，但是如果說法既然全部如實，就不能說諸佛如來是自我標榜；只有說法不如實的時候，還要顯示他眞的有實證，還要高抬自己，才是自我標榜。可是這句話說「如來是眞語者」，在事上當然是說 世尊絕無虛妄語，但是在理上是講什麼呢？那就要先探究「如來」這兩個字是講哪個如來？是說應化佛這個如來呢？或者報身佛？或者是講法身佛如來呢？當然是講法身佛。法身佛就是無垢識，也就是因地的第八識阿賴耶識，成佛後改名爲無垢識；因此這句經文，佛說的這個如來就是指各人的第八識法身如來，同時也是說佛地的無垢識是眞語者，也是說一切有情還在因地的阿賴耶識如來藏是眞語者，就是說「此經」是眞語者。因爲每一位眾生的第八識每天都如實爲眾生說法，而且從來都不說謊話，所以才是眞正的眞語者。又說「如來」是實語者，意思是說佛地的無垢識，下至因地眾生的阿賴耶識，都是說實相語言，祂絕對不會說方便語；只要是有一句的方便語，那就不是「實語者」。這裡的如來，當然講的是第八識，祂是實語者，無始劫以來不曾有一句話是不實。

又說是「如語者」，不論哪一個有情，他的第八識永遠都在告訴眾生，祂永遠是如如而無任何惱亂的，所以祂是「如語者」。一切有情的如來，他的自心如來也是從來都不打誑語；當白天過去了，就如實顯示白無常來過了；當黑夜過去了，就如實顯示黑無常來過了；每一天都這樣在告訴眾生，所以眾生的自心如來也都是「不誑語者」。當出生的時間到來了，自心如來阿賴耶識就告訴你：「**該出生了。**」所以，眾生在母胎中該出生的時間到了，祂就會指示眾生：「**該出生了。**」於是分泌出化學物質來，媽媽就開始陣痛，就把眾生出生了。當眾生該死的時間到了，祂也會指示眾生：「**你來日無多了，只剩下七天、三天了。**」所以，很多人死前七天、三天都會自己知道，只有愚癡而無智的人不會觀察。並且祂也會告訴你，這個時節到來了，不許你跟祂打商量，不通人情；即使你是祂生的，祂也不讓你打商量，所以祂也是「不異語者」。當祂告訴你：「該出生了。」你不能夠在媽媽肚子裡再賴一會兒；時間到了，你就該出生，無法打商量，所以祂是「不異語者」。所以，眞實如來只說一種話，不說二種話。在現象界的諸法中如此說不異語，當祂每天爲眾生說實相法時，也同樣是不異語；假饒三大阿僧祇劫以後，祂也不會改變自己所說的實相法。

佛接著又說：「須菩提！如來所得法，此法無實無虛。」佛特別再交代須菩提說：「如來所證得的法，在這個法的自身境界中，沒有實也沒有虛。」有實有虛，都不是眞實如來的所得法。有實，那就是外道神我、外道梵我，號稱說他可以創造世界，也自稱可以創造眾生，自以爲實；又把欲界天、色界天主的五陰當作是眞實法，說是大自在天神的眞我，矇騙眾生說他是常住不滅的造物主。可是眞實如來從來不這樣說，從來都不說祂可以創造世間，也不說祂可以創造眾生；祂只是這麼默默地作著，使每一個有情不斷地被祂創造出來而又死亡，但祂從來不曾宣稱過，所以說無實。而祂也不是物質，連六塵相都沒有，當然不能說祂是三界有中的實有法；你若想要找到祂有一個像世間法可以讓凡夫眾生領受的眞實法，祂可全都沒有，所以不能夠說祂實。也因爲祂既沒有五蘊性，也沒有十二處性、十八界性、六入性，全都沒有，所以不能說祂是三界有中的實有法。然而，不因爲無實，就可以說祂虛無；因爲祂有眞實的體性，能出生五蘊、六入、十二處、十八界等萬法；而且祂常住、清涼、不變、涅槃，而可以時時生其心，使三界有情及山河大地持續運作而能讓有情生死不斷；並且祂可以讓證悟底菩薩們現前體驗，所以祂不是蘊處界空掉了以後的空無，因此祂也不是虛無，就說這個自心如來無實亦無虛。這個「此法」二字，講的就是一切有情蘊處界中底自心如來，祂確實「無實無虛」。

接著 佛陀又吩咐須菩提：「若菩薩心住於法而行布施，如人入闇則無所見；若菩薩心不住法而行布施，如人有目，日光明照，見種種色。」意思是說，假使菩薩所證悟底心，是會住於任何法中而實行布施，這個菩薩就像是世俗人進入闇無所見的境界中，他對於深般若的眞實義，其實是什麼都看不見的；雖然他看見了世間一切法，但其實他在佛法中是無所見的，他並沒有眞的看見了佛法。如果有一位菩薩，他所悟底眞實心是不住於任何一法中而行於布施的話，就能看見了深般若；就好像世俗人有完好的眼睛，並且有日光明照而能夠見種種色塵境界一般，他在佛法中是可以看見諸法實相的，就看見了深般若波羅蜜。這應該也可以拿來作爲你的開悟是否眞實，或者虛假的檢驗標準。

所以近代好多人自稱爲悟，然後他們在作布施的時候，一直都住於六塵諸法中而行布施。比如說，他布施的時候，常常心中起了一念：「我在布施，我正在修福，未來世福德很大。」等而下之，起了念：「你是受施者，是我布施給你。」如果再下之，那就是心裡面會想：「這個人應該對我有感恩之心。」這都是住於六塵諸法中而作布施。如果等而上之，心想：「我都不起那一些妄想，我就只是布施；可是我布施的時候，我心中是了了分明而不分別的。」那叫作等而上之，但依舊是落在六塵諸法中而作布施，就不是懂得深般若底人。不過，從「此經」來講，不論這個等而上之，或者方才說的等而下之、下下之，都還是不入流，因爲都還在大乘菩提門外，因爲他們都住於六塵諸法中。住於六塵中布施，就是住於法中而行布施，這樣的人在佛法底實證中，佛就稱他們為「如人入闇則無所見」。

應該要找到一個心，依止那個心來布施的時候，那個心是不住於法的，才能眞懂深般若波羅蜜。方才所說的等而上之、等而下之、等而下下之，那些法都是只能懂得淺般若波羅蜜，只知道般若波羅蜜的表相意思。如果有人證得「此經」，不住於六塵中而作布施，這樣底菩薩才像是一個人有眼睛，並且是在日光明照之下，能見種種法、種種色，了了分明而沒有無明黑暗。這種人在大乘法中，才能夠見種種大乘法了了分明而無差錯，才是能懂得深般若底菩薩。也許有人想：「這段經文到底對不對？明明學禪就是要了了分明，不可以昏沉無記，怎麼經典會教人要離六塵而布施，為何會這樣講？如果布施的時候離六塵離諸法，都不住於六塵中，那豈不是什麼都不知道了？不就跟呆子一樣了嗎？」那應該比呆子還要呆，因為呆子至少還能看見六塵，還能了知一些法相。然而這部經明明是 佛陀金口所講的，「喔！我知道了，一定只有一個原因，才會講出這種不合理的法。就是說，這部經是佛入滅後的菩薩們創造出來的，不是佛親口講的。」他所能想到的就是這一點，才會主張「大乘非佛說」。可是，等你找到了「此經」如來藏，果然這個第八識就像阿含部諸經中 佛講的一樣，說祂住胎所以能出生名色，名色是祂所生；正好就是因爲祂入胎出生了名色，所以我們才有覺知心可以住於諸法而行布施；但是我們有覺知心住於諸法而行布施之時，祂卻跟我們五陰十八界同時在作布施行，可是祂布施時卻不住於諸法之中。

所以，《金剛經》的文字並不深，可是其中底內涵眞的不容易懂。古來那麼多人註解《金剛經》，有幾個人註解正確呢？絕大多數註解錯了。有流傳下來而被載入大藏經中的尚且如此，至於每一代都有很多人註解而沒有流傳下來的，就更不可計數了。所以，諸位在外面道場聽過人家講《金剛經》，或者讀過人家註解《金剛經》時，都是告訴你說：「你在布施的時候，不要去想著人家要感恩你，也不要想著你正在布施的財物多麼珍貴、多麼巨大，也不要想著自己正在布施，也不要想對方有在接受布施。你什麼都不要想，你只要布施就好。」我想諸位應該有很多人以前讀過的《金剛經》註解，以及人家演說《金剛經》時，大約都是這樣的，都逃不出這個範圍。可是他們那樣講，都只是依文字的表相而說底，只能稱爲文字般若、表相般若。

可是，眞實般若、實相般若是深般若，絕對不是這樣依文解義的內涵；

而是說，當你找到的心是離六塵底，那當然更是離開種種心想底實相心，因爲連六塵都不住了；然後無妨意識心中知道有自己正在布施，知道有人正在接受布施，也知道當時正在布施，無妨意識覺知心中三輪了了具足；但是布施時同時還有另一個心，祂是不住於任何法中，是三輪體空的，祂卻正在跟你一起布施。當你找到了這樣一個心，依止於這個心，就是親證「此經」了，就可以說你親證《金剛經》，說你找到了眞實的菩薩心；然後以這樣底菩薩心來布施的時候，你就眞的沒有住於法中而行於布施。這樣行於布施，在佛法之中就說你有佛法的眼目，不再是佛法中的無目人了！然後也有佛法的慧日光明照耀了，你就可以見到大乘法中的離語言文字的實相法。這樣才是眞正《金剛經》的宗通。否則依文解義講出來，縱使自己稱之爲《金剛經宗通》，也都只能稱爲「金剛經不通」；因爲都沒有通達，都是誤會了，只是想像思惟依文解義而已。像我們這樣講《金剛經》，我想：諸位在外面不可能聽得到，但是你如果去尋找古時候眞悟的大菩薩們註解底《金剛經》，可都是這樣講的。如果有菩薩不是這樣講，他那個《金剛經》的註解一定錯了。

接著 佛又說：「須菩提！當來之世，若有善男子、善女人，能於此經受持讀誦，則為如來；以佛智慧，悉知是人、悉見是人皆得成就無量無邊功德。」佛又向須菩提交代：「在未來末法的世代中，如果還有善男子、善女人，能夠在這一部經中來受持，」也就是在這個如來藏心的妙法中來受持，「並且也來讀誦」，也就是為人誦持出來，「他就是如來。」大家要檢討一下看看，當代有那麼多人講過《金剛經》，他們敢不敢說他是如來？都不敢。因為他自己的如來在哪裡，全都不知道。只有一位印順法師，他敢自稱成佛，說他是如來。但是檢查了他的書中所說以後，發覺他那個如來，是自己睡夢中亂封的；因為他把常住底第八識如來否定了，又承認他是佛陀（如來）在人間示現，那不是自打嘴巴嗎？人家自己掌嘴以後，還會知道打錯了，因為會痛；印順卻是麻木而沒有痛覺，都不知道已經自己掌嘴了。

末法時代於「此經」能夠受持底人，才能夠說他是善男子、善女人；能夠受持「此經」——如來藏——底人，他就是如來，指的是已經證得自心如來。在《大方等如來藏經》不是有講過嗎？說每一位有情身中都有一尊如來坐在寶蓮華上，可惜的是那朵蓮華都已經枯萎而臭爛了。有沒有呢？所以佛學研究者就簡稱這個譬喻為「萎花如來」，說那朵蓮花是枯萎而沒有辦法開敷底。

何時能開敷呢？當你找到了那個如來，然後智慧開始出生了，能爲人解說了，就表示這尊如來的蓮華開敷了。以前有人讀過《大方等如來藏經》，然後他就很努力去找他自己身中的如來，找來找去，有一天起了幻覺，看到自己身中有一尊如來閃閃發光，還有寶蓮華，他就說：「我開悟了。」然而，經中所說蓮花中的如來只是一個譬喻，並不是說眞的有一尊有形像底如來，坐在已經枯萎的寶蓮華裡面，更不是藏傳佛教密宗講的坐在女人的蓮花（女人性器官）裡面。所以，經中所說凡夫眾生身中凋萎臭爛蓮花中底如來，只是一個譬喻，才會稱爲萎花如來。要是能夠眞正找到自心如來，也就是找到你自己底第八識；當你找到了以後，就會明白那個萎花如來的譬喻。因爲你雖然找到了，禪宗祖師底公案大部分通了，可是你發覺還有許多是不通的；因此，即使想要爲別人教禪，心裡面都還覺得有一點虛虛地，覺得腳跟還不太站得穩；而且還有許多習氣種子沒有修淨，也還有許多第三轉法輪底經中所說佛法，依舊不很懂；這表示那個萎花如來譬喻底蓮花，還沒有完全活轉過來，還是枯萎的，才剛剛準備要開敷而已，但畢竟已經是找到了。

如果悟得「此經」如來藏以後，能夠受持而不退轉，時間久了漸漸地就會觸類旁通。觸類旁通以後，表示你已經能夠讀誦此經了；所謂讀誦此經，就是為人宣講如來藏妙法，這就是讀誦此經，就是自心如來這朵蓮花開始有一點點活過來了。有能力讀誦此經底人並不多，一般人總是依文解義說：「我會課誦《金剛經》，所以我是會讀誦此經的。」但問題是，佛講的讀誦不是在文字上讀誦的意思。佛講的讀誦，是你自己能夠去閱讀這部經——如來藏。誦，就是為別人說；閱讀，就是自己深入去觀察祂，這才叫作讀此經；能夠為人解說了，就是能夠誦此經。所以，能夠於此經受持，那是自己確定安住下來而不退轉了，這才是眞的受持；進而能夠於「此經」讀、誦，那就是能夠觀察以及為別人解說。當菩薩能夠讀誦時，他就是如來，那叫作自心如來。換句話說，當他能夠為人誦出「此經」時，就表示說，他已經能夠運用他的自心如來，一面現觀而同時為人說法，這時候他當然就是如來；因為他時時刻刻在為眾生誦出此經，顯示及解說如來。那麼這樣的人，他既然能把如來顯示給你看，當然是如來；能夠如此，他就是眞正的善男子、善女人。這都是可以實證的，都可以作得到的，不是口號，也不是想像。

接著佛陀又開示說：「以佛的智慧來觀察，可以全部了知、全部看見這樣的人，都可以成就無量與無邊底功德。」也許你有一點懷疑說：「老師啊！你印證我找到自心如來了，可是我怎麼沒有發覺，我有無量、無邊底功德？」那麼我請問你：「假使你悟了以後——我說的是假使，假使你悟了以後就可以飛行，有神足通，請問你，這個功德是有量還是無量？」（眾答：有量。）有量！你們很有智慧。請問：「這個功德是有邊還是無邊？」（眾答：有邊。）有邊嘛！因爲大不了就是從台灣飛到美國去，算是很厲害了。但這些都是有量有邊，那你應該求什麼無量無邊底功德呢？到最後才弄清楚說，原來自己所謂的無量無邊功德，都是有量與有邊的。「請問老師：什麼是無量無邊底功德？」那不然，我就告訴你：當你遇到了佛弟子，悲憫他們被大法師誤導，想要救他們，就爲他講《金剛經》；不管你是用禪宗的方式，或者用教門的方式來講，你可以滔滔不絕，口若懸河，對方卻聽得目瞪口呆，心想：「才三年不見，這個人變成這麼有智慧！」怎麼猜也猜不透你的智慧，怎麼樣想也想不通你爲什麼能這麼講佛法。有一天，他終於問你：「你的智慧爲什麼變成這麼高超？」你告訴他說：「哪有？我這個智慧，還是才剛入門不久，還很差。」他說：「不！你的智慧，我無法想像，眞的沒有量也沒有邊。」

請問：「智慧有沒有邊？」你找不到邊，它無形無色，哪來的邊？「它有沒有量？」它又不能用體積來計算，又不能用重量來秤，怎麼會有量？那不就是無量無邊功德嗎？那何必要去追求有量有邊的功德呢？縱使悟了，發起你的天眼通了，它還是有量與有邊。你這一聽，終於懂了：「原來我以前認爲的無量無邊功德，都是在世間法上來講功德。」結果自以爲是無量無邊功德的那一些施設和構想，原來都是有量有邊的功德。這一回終於信了：「我還是要這個無量無邊底功德。」因爲那五神通得到了，很可能捨報以後來世就會失去了。譬如說，在人間有五神通，可是藉著五神通聚集錢財，眼根又不清淨，老想亂看；捨報了以後，跑到畜生道裡去，五通全部不見了。結果神通只有一世，原來它是有量與有邊的。

可是這個《金剛經》的智慧，你只要得了，下一輩子你聽到人家亂講《金剛經》，就會知道人家講的不對，雖然因爲胎昧而暫時不知道他哪裡講得不對，但心裡就已經先認定他所講的不對。一直到有一天，遇到有個人講出來，跟人家都不一樣；那個被人家罵成是佛教中的異類講者，你卻說這位異類講的才對。然後你一頭栽進去修學而悟了，又把往世所悟底智慧種子激發出來；這一悟，繼續再學上幾年，又比前一世捨報時的智慧更好，這智慧種子是可以帶去未來世的。但是五神通不可靠，五神通也不值得羨慕；因爲打從過去無始劫以來，諸位都曾經很多世有過五神通了。每一個人過去世都曾經有過五神通，可是爲什麼到現在還要求悟？如果過去無始劫來就已經悟過了，早就成佛了，今天不必再來求悟，成佛後難道沒有五神通嗎？所以這樣看來，五神通不可靠。

假使你不相信，心想：「人家有五神通，難道還不知道你悟個什麼嗎？」那你就去找一個有神通底人，問問看：「你悟了沒有？」他如果敢說悟，你就檢驗他，就問他：「如何是佛？」他就會告訴你：「佛就是解脱果已經圓滿具足親證了。」一句話還沒講完，你就給他五爪金龍；他要是反問你，你就說：「你這樣講，就是沒有悟，所以你該打。」他如果問你：「那你到底悟了沒有？」你就換過來給自己五爪金龍，他奇怪地問你說：「你爲什麼打自己？」你回答說：「因爲我悟了，所以該打。」你且看他懂不懂？根本就不懂。兩大卡車的黃金當面倒給他，他都沒看見，他都只看見滿地的砂礫。而你這個智慧種子還是會跟隨著你去到未來世的，這種子一定繼續存在，只要一個因緣激發起來又會開悟，繼續進修以後就比上一世更進步，就這樣邁向佛地。

可是，他這一世有五神通，可能用來造惡業，下一世墮入三惡道中又沒有了；下下世可能又跑到鬼道去而有五神通，然後再來懊悔：「**當初為什麼錯過那個善知識？**」懊悔前世遇到你的時候，不懂得求法。他把你錯過了，然後懺悔了，終於從鬼道回到畜生道來，然後報完了再回到人間時，又忘了五神通，連一通也沒有，所以說神通是有量有邊底功德。但是，智慧無量也無邊；這個無量無邊，不是一般人想像的，把有量有邊的功德累積了很多種而叫作無量無邊，意思是完全不同的；是因爲般若智慧是不可量的，不可秤重的，沒有體積的，所以它沒有量也沒有邊。你不能夠說，你這個智慧有幾噸？也不能夠說，你這個智慧總共幾材？更不能夠說，你這個智慧是有多麼寬、多麼窄？沒有辦法計算的，所以不要誤會了佛的意思。

那麼這樣子把這第四段經文中的眞實理解說完了，我們再來從事說上面講一講，請大家看補充資料：「**對於諸佛不應該取相。**」如果對於諸佛取相，就會有過失，而且會離開佛道越來越遠。取相，譬如說佛陀有一位弟子，他也有三十種大人相；又譬如轉輪聖王，也有三十二大人相，只是不像佛陀那麼明顯；所以如果取相分別，只看三十二大人相，就會造成問題。世間學佛人那麼多，他們在佛法上之所以無法證悟，問題都出在取相。世間學佛人最喜歡追隨的，是表相作得很成功的那一些大法師。譬如說：「我們蓋的寺廟世界第一高，這表示我師父的證量是世界第一。」有個大山頭的法師就曾經在電視新聞記者採訪時這麼講，所以被電視台的電視新聞評論者唐先生評論說：「如果將來有一個人又蓋了一個寺廟比他更高，那是不是別人的證量就比他更高？」終於把那個法師的嘴巴塞住了。因爲眞的有可能呀！假使哪一天有人籌了一、二百億或一、二千億元蓋出來，也許比台北一〇一大樓還要高，我看他是永遠追不上的，永遠要屈居老二。可是眾生卻吃這一套。

也有人怎麼看表相呢？他們說：「我們寺院玻璃上都有法輪，我們那個磁磚也都會顯現出法輪。」可是這都很容易作，哪一天也許錢財太多沒地方花，我就來搞搞怪。我來請人家設計，用橡皮雕出千輻法輪；人間還沒有看過千輻法輪吧？我們來創造一個，然後就拜託製造玻璃吸盤底公司照那個模樣去雕；雕好了以後，再弄上了吸玻璃時用的油，每一片玻璃都把它印一印、吸一吸，然後拿掉；過三、四天以後用乾布擦一擦，只要裡面夠潮濕或者外面夠潮濕，玻璃起霧了，吸過的地方都會有法輪出現。若是不夠潮濕呢，把嘴巴湊上去呵一呵，也會有法輪出現，都是可以創造的；並且是眞正佛教中底法輪模樣，跟玻璃公司吸盤留下的印記不一樣。那用普通的清潔劑是洗不掉的，要用特殊的溶劑才能洗掉。至於那法師說的玻璃上法輪，大家看都不用看；像那種法輪我搬家前的舊家，三樓舊佛堂的玻璃上面也有；每一片玻璃的同一面都有兩個，上下各一個，只要嘴湊上去呵一呵就有了。什麼都可以僞造，所以看那些表相都沒有用，不能代表佛法中的實證，還是要從法的實證上來看。

有的人看的是什麼表相？看人家的排場夠不夠大。有的人看的是，大師出場時的氣勢夠不夠大。有的人看的是他的寺廟夠不夠多。有的人看的是，徒眾夠不夠多。正因爲執著這些表相，所以錯追隨了錯悟的大師，因此死掉自己的法身慧命。藏傳佛教密宗的學人們，以及某些初機學人，那就更執著了；所以新竹有個專門弘揚密宗應成派假中觀六識論的寺廟裡，他們的法師們有一句很有名的話說：「居士們都是一壺燒不開的水，永遠也燒不開。」只有他們那些專弘《廣論》六識論邪法的法師們，才有可能是燒開的水；可是他們的智慧都被《廣論》的邪教導給燒乾了，並沒有燒開，他們寺院裡每一位法師都是這樣。

台灣南部有一些南傳佛法的法師們就說：「居士們都不要想悟道，門都沒有啦！只有出家的法師才有辦法悟道。」然而問題是，他們都受了菩薩戒，都住在大乘佛教中，結果竟然說出這樣的話；他們都沒有想到的是，自己每天課誦時，不論是早課、晚課時都很虔誠地禮拜華嚴三聖，文殊與普賢二位大菩薩聖像就坐在那邊，有沒有留著長髮？有的是供奉西方三聖，也看到觀音與勢至聖像坐在那邊，到底是有沒有留長髮？有沒有佩戴瓔珞莊嚴？有沒有身穿漂亮的天衣？他們都沒有觀察到，都只崇拜聲聞相的法師們。有的法師每天很努力禮拜說：「我下輩子不要住在人間了，我想要去彌勒內院，我要見彌勒菩薩學法，要依止彌勒菩薩，要隨同他來人間成佛。」問題是，彌勒菩薩現在住在兜率天宮，他那個寶座雕得很漂亮，他卻是戴著天冠，留著長髮，佩戴瓔珞，身穿天衣，他並不是示現出家的聲聞相呵！他們也沒有想到 維摩詰居士到底是個在家人、還是出家人？都把他當作是在家人，他們不知道 維摩詰大士才是眞正的出家人，是眞正的大乘勝義僧。

正因爲落在這些表相裡面，所以那些只看重聲聞相的法師們才會死掉了法身慧命。所以禪師們常常罵這些人「迷己逐物」，說這些人都落在物質表相上面，而迷掉了自己底本心，這樣就是「取相分別」。「取相分別」的問題很大，這不但是在禪宗裡面這樣強調，在淨土宗也是一樣，所以淨土經中不是講嗎：**念佛人如果取相分別、情執深重，他就沒有辦法出離輪迴**。當然更不可能得到好的品位往生極樂。「取相分別」而情執深重，中品、上品往生都沒有機會，全都是下品往生。因爲這類人多多少少都會爲了維護凡夫師父的名聲而造惡業，乃至像下品下生是造下五逆十惡的大惡業。連淨土門中持名唸佛、觀想念佛法門，都開示不應該「取相分別」的，何況是追求禪宗心地法門的宗門實證？所以最怕的是「取相分別」，因此千萬要離開「取相分別」。

因爲在大乘法中是不管各人表相的，它只管你修證底實質，實質才是最重要的。所以大乘別教五十二個階位的成佛順序，從來都不管你什麼在家相或出家相，也不管你是人身或龍身，只管你「**心有沒有出家？**」如果你的心出家了，無妨穿天衣、戴寶冠、佩瓔珞、臂上還有臂釧，也許腳上還戴著黃金、鑽石做的腳鍊，目的不是炫耀，而是讓眾生看一看：菩薩就是這麼有福德。哪一天也許人間出了這麼一位菩薩，請了司機幫他開勞斯萊斯名車，你可別覺得奇怪，他可能是個等覺菩薩。我就算有錢，我也不敢這樣；因為我不是等覺位，離那個境界還差得那麼遠，不該作怪。但是等覺菩薩可能就如此，而他說出來的佛法是你無法想像的，所以千萬不要「取相分別」。我們接著要引述《小品般若波羅蜜經》第四卷的說法：

《小品般若波羅蜜經》卷四：**【佛言：「若善男子、善女人取相念諸佛，隨所取相皆名為著。過去、未來、現在諸佛所有無漏法皆隨喜，隨喜已，迴向阿耨多羅三藐三菩提，即亦是著。何以故？須菩提！諸法性非過去、非未來、非現在，不可取相，不可緣，不可見，不可聞，不可覺，不可知，不可迴向。」】**

這段經文中這樣子講，好像很絕情呵？眞的很絕情呀！它告訴你說：「如果有善男子、善女人取相來念諸佛，隨著他所取的諸佛法相都稱為執著。」取相念佛，我們可以數數看，最有名的是持名唸佛，持名就是執持佛的名號。持名唸佛久了，他的主觀上就認為說：「我所唸的這個佛號一定要唸出來，才能叫作念佛。」若是沒有佛號的念佛，他就不能信受、不肯接受，這就是執著於佛的名號。然而念佛是要以名號來念的嗎？或者是要以想念、憶念時的淨念來念佛？《觀經》在下品往生中，有這麼一段經文說：「假使這個人被業風所逼，痛苦驚惶而沒有心情念佛了，善知識就告訴他稱唸佛名，以稱唸佛名十句的緣故，就可以往生極樂。」這意思就是告訴我們說，造惡業的往生者臨命終時稱唸這十句 彌陀聖號，當他稱唸佛名時仍然不是念佛，全都是因爲他心中並沒有在憶念著 阿彌陀佛；正是因爲他那時沒有辦法念佛，所以教導他唸十句佛號。所以，即將往生者嘴裡唸出佛號時，那已經不是念佛了。這表示說，心中憶念於佛、想著佛，才是眞的念佛；嘴裡在唸著或在唱誦佛號時，不等於是念佛。所以，如果執著一定要有名號唸出來才叫作念佛，那就叫作執著名號；這就是「取相」，「皆名爲著」。

有的人說：「名號不是佛，那我就觀想。」因此他就觀想 阿彌陀佛的三十二大人相多麼莊嚴、多麼廣大；但這也是取相，這正是這段般若經文中說的「取相念諸佛」，這樣也叫作執著，因爲那個影像並不是眞的佛。縱使當面見了應化身佛，然後閉起眼睛來觀想著佛，那仍然不是眞的佛，只是看見自己的內相分。縱使他當面見了應化身佛在眼前，那也不是眞佛；因爲那是佛的眞佛無垢識應化而顯現的，也不是眞佛。所以如果遇見了釋迦牟尼佛在世，當場供養，並且每天這樣念釋迦牟尼佛，也是「取相分別」，「皆名爲著」。有的人說：「如果這些都是執著，那我不要取這些相，我就來思惟諸佛有什麼功德，那總該不是取相了吧？」這也還是取相，因爲諸佛有種種功德相，所以「皆名爲著」，還是執著。所以念佛時不要落在相上，落在相上都叫作「取相分別」，都是執著。

佛又說：即使是對過去、未來、現在諸佛所有的無漏法都隨喜（也就是繫念思惟念佛），繫念過去諸佛、現在諸佛或者未來諸佛將會有什麼樣的無漏法的功德，心中隨喜歡喜，用這個方法來繫念思惟念佛；當學佛人這樣思惟而隨喜了以後，把這個隨喜功德迴向自己將來可以成就無上正等正覺。佛說，那也是執著。爲什麼呢？因爲他把所繫念的諸法和所行的諸法都用來迴向，其實全部都是屬於自心如來所有；而自心如來所顯現的種種法性，不是過去、不是未來也不是現在，不在三世諸法中；但是他所迴向的是未來，以現在種種諸法來迴向未來成佛，這也都是取相。但是，諸法性不在三世中，也不可取相，並且「**不可緣，不可見，不可聞，不可覺，不可知**」，甚至於「**不可迴向**」。你能教如來藏迴向嗎？祂從來都不迴向；會迴向、能迴向的，永遠都是你五陰自己。你說：「**那我迴向給如來藏行不行？**」祂也不需要你迴向；你迴向給祂，祂不會接受，也不會說祂不接受，根本不會對你回應，那你迴向作什麼？

這樣看來，大乘法的深般若波羅蜜多的實證境界中，好像很絕情。我告訴你：「**祂還眞的絕情。**」你對如來藏說：「**我這麼努力修行，我死的時候，你總該拉我一把吧！**」祂才不理會你說的拉一把或不拉一把，臨命終時祂該怎麼樣，祂就會怎麼樣，祂完全無情。可是套一句話說：看似無情，卻有情。祂每天都照顧你，每天護念你，怎麼可以說祂無情？所以，說似無情卻有情，祂就是這麼一回事。所以，證深般若的所有人，一旦落在見聞覺知裡面可就全都錯了；因爲祂不可見、不可聞、不可覺、不可知，你所證的眞如心不應該是有見聞覺知底心，你也不可以叫如來藏來生起屬於祂自己的六塵中底見聞覺知，祂永遠離見聞覺知。既然這樣，怎麼能取相呢？又怎麼可以分別呢？所以，祂永遠不取相，祂永遠不分別；你悟得祂了，就應該轉依於祂這個法性而不取相，才能說是證得深般若。只有在利樂眾生或學道時，才繼續以意識心取相而判斷眾生的根性與資糧，以此取相判別而廣利眾生或學道，不會像學佛以前那樣在世間法上取相分別了。如果你想要找到祂，你就不要對善知識取相分別，應該只看善知識所說的法正確與否。當你學佛的知見是要證得取相分別的意識離念靈知時，你參禪時將會找出來的眞心，永遠都是會取相分別的妄心六識，那你就永遠找不到「此經」如來藏了。這樣，總算是爲諸位指出一個方向了，你如果目前還沒有找到祂，現在就已經知道該往哪個方向去尋找祂了。

接著再從理上來解說深般若的實證境界裡，無實亦無虛。在《佛說大乘菩薩藏正法經》第十五卷裡面有一段記載：

【佛言：「舍利子！又復如來於捨法中無高無下、亦無所住。已得不動，離於二法，無出無入。依時而捨，不越於時；無動搖、無別異、無分別、無所觀、無和合、無表示，無實無虛，無誠無妄，亦無領納。如是如來捨法具足，即以是法爲諸眾生廣大宣說，令捨法圓滿。此是如來第六不共佛法。」】

佛陀這麼說：「舍利子啊！並且如來於捨法之中沒有高下，也沒有所住。」

眾生正因爲不肯住於捨法之中，所以迷己逐物。學佛者也因爲不肯住於捨法中，所以一直把離念靈知自己抱得緊緊地，不斷地在攀緣六塵中的一切法，不肯住於捨法中。如來藏這個自心如來，永遠都住於捨法中；所以六塵中的任何法，祂從來都不取，根本就不領受。如果能夠建立這樣的正確知見來參禪覓心，才有可能開悟而找到眞實心，那才是眞正的如來。如果一直都落在見聞覺知裡面，不斷地想要執取六塵諸法，想要在六塵諸法中了了分明而不生起語言文字，其實是落在六塵諸法中，正是不肯否定見聞覺知的自己，那就是　佛所講的：不能安住於捨法，不願意認定捨法中的自心如來。那麼他就會依見聞了了的覺知心而對六塵萬法了了分明，雖然離開了語言文字，心中永遠是有高有下，永遠有所住而妄稱自己已經無所住。

凡是與六塵相應的法，一定都有高下，一定都有所住。住於六塵中的法，當然就是意識覺知心，藉著前五識在作種種的高下分別。即使學佛二十幾年了，遇到一個初認識的人，離念靈知之中就會先打量一下：「**他的境界會不會比我高？**」雖然那時心中沒有語言文字，可是當他在這樣打量而了了分明時，其實已經在分別了，自己卻不知道打量就是分別。都是這樣呀！那不是已經有高下分別嗎？這樣的人永遠都住於六塵中，因爲他以意識覺知心、以離念靈知爲常住的自己，所以他當然要作自己，也要把握自己，自然就不離六塵，因爲這個覺知心自己永遠是在六塵中才能存在的。所以任何人想要當自己，想要把握自己，想要作自己，永遠都可以當得成自己；也就是永遠拿蘊處界我當作眞實的自己，所有人都一定可以如願，但卻是常見外道法。

所以，如果他想要把握自己、要作自己，一定可以如願，時時刻刻都會如他的所願；他如果反過來想要不把握自己、不作自己，那才是難呢！所以，把握自己、當自己，作自己的主宰，那都是世俗人；這樣的大法師或大居士，他們心中一定會有所住，因爲一定要住在六塵中才能把握自己，不然他要如何把握自己？若是離開六塵時，離念靈知就不存在了，連當自己都不行了，何況能夠把握自己？離念靈知是要有六塵才能存在的，六塵若是不在時，祂就跟著不在了，那他又如何能把握自己？因爲當他把握自己的時候，同時就在把握六塵了，正是把六塵中的自己牢牢地抓住，所以他就斷不了我見。佛又說：這樣的人，叫作可憐憫者。可是，他們那些被佛說爲可憐憫的人，總是在憐憫別人，都不知道要憐憫自己。所以那些教導人家要把握自己的大師們，全都在憐憫說：「這蕭平實變成邪魔外道了，好可憐呵！」他們都不知道應該要被憐憫的人正是自己。

所以，凡是有見聞覺知就是取法，不是捨法。捨法的如來並不住在六塵中取相分別，因此是無所住心。既不住在六塵中，當然就沒有高下可說了。「如來」正是因爲於捨法中無高無下、亦無所住，所以才能夠不動其心，才能夠離於高下，不住於諸法，因此就可以無出亦無入。凡是離念靈知心，於所有境界中永遠都是有出亦有入。當身體不疲累了，意根就讓離念靈知再出現。一般情況下，剛醒過來時都不會有語言文字；除非剛醒來時正在作夢，才會有語言文字。如果作夢，那已是等而下之。眞正修行人常常保持在無念狀態，所以剛清醒的時候，也是沒有語言文字而醒過來的，那時其實已經入了六塵中；因爲醒來時一定是入於六塵中，不可能不入於六塵中而能夠醒來。不信的話，你們去問問那些醫學家們，看有誰在意識離念靈知出現的時候，可以不接觸六塵的？你們去問問看。當然也可以去問問證嚴法師設立在各地慈濟醫院中的所有醫師，看有沒有遇見過哪一個人，醒來的時候是不在六塵中的？證嚴法師一定也找不到這麼一個人，可是她卻出來主張說：「意識卻是不滅的。」那表示說，她證嚴睡著無夢的時候，還是繼續有六塵在領受。那麼就要請問她：「您有沒有睡熟過？」得要問問她呀！有沒有睡過覺？妳證嚴到底睡過覺了沒有？妳這一世是不是都沒有睡過覺？問題是她都沒有想到這個，就說意識是不滅的心，所以她比慈濟醫院的醫師們更沒智慧。

現在說，醒過來就是入於六塵中，然後到晚上很累了、撐不住了，眼皮合起來、睡著了，這才能說是出於六塵。然而這樣子出於六塵，其實是意根出於六塵，也還有一小部分法塵在領受著，只是意識斷滅了，因此眾生都是這樣在出入於六塵。只有永遠不動其心的，並且永遠都不在二法中的心，永遠不黑亦不白，不死亦不生，不斷亦不常，不增亦不減，不垢亦不淨；只有這個永遠都是離兩邊的此經，才是眞正無出無入底心。這個心是永遠住於捨法中的，永遠都不住於六塵中。因爲證得這個心，證得這個如來，住於捨法中，心中全無高下分別，心中也不住於六塵中的任何境界，所以說：「已得不動，離於二法，無出無入。」所以能夠「依時而捨，不越於時」。

有好多人希望長壽不死，秦始皇統一了中國，他想：「我統一了中原，希望長生不死，可以永遠統治中原。」儘管他的兒子很不希望他可以長生不死，希望他早點死。他還是希望長生不死，才會派徐福去日本，要去找什麼海外仙丹；可是捨命底時間到了，他的如來藏就「依時而捨，不越於時」，所以他還是得要死。彭祖活了八百歲，時間到了，他還是得要死；四王天的天主那麼長壽，時間到了，還是得要死。不是他們願意死，是因爲自心如來「依時而捨，不越於時」，所以時間到了，他們就得要死。這就是自心如來，這才是菩薩藏所講的正法。菩薩藏裡講的正法都是第八識法，從來沒有在爲人家解說：「意識要如何安住、如何修證。」都告訴人家：「意識要去修證如來藏、要依止如來藏、要去尋找如來藏，然後依如來藏而安住，這才是菩薩藏的正法。」自心如來正是如此，能夠「依時而捨，不越於時」。假使他修得四禪八定，生到色界諸天、無色界四天，時候到了，照樣是「依時而捨，不越於時」。

而這個自心如來永遠是「無動搖、無別異、無分別、無所觀、無和合」，可是祂也不會對你有所表示，不會在你一出生就告訴你，你該活多久；也不會在你活著時告訴你，說你將來何時會捨壽，祂從來都不表示，所以佛說「無表示」。可是如果要像秦始皇那樣自作孽逆天行道，並且還要吃很多紅汞煉製底仙丹，這當然會使他提早死，可是他的如來也不會跟他表示說：「你這樣會提早死。」祂就讓他提早死，所以祂也是「無表示」。這樣的自心如來又是「無實無虛」，祂有眞實底體性，可是眾生都捉摸不到祂究竟在哪裡，也沒有一個物質可以給眾生去觸碰到祂，而且也沒有一種形色可以讓眾生看到祂、觸摸祂，所以祂是「無實」。但是祂卻畢竟眞的存在，出生了眾生的名色，而且祂不可破壞，所以也不能夠說祂是虛無，因此說祂「無虛」。

這個自心如來「無誠無妄」，你要求祂誠實告訴你一些業種的內容，不許隱瞞，祂也不會告訴你，因爲祂沒有誠實或隱瞞的事情可說。凡是誠實、誠意或者隱瞞，都是意識的事情；對自心如來而言，沒有誠實與誠意可言。既然沒有誠實與誠意，當然也就沒有虛妄，所以祂也不會跟你打妄語。而且祂在六塵萬法中，從來不領納任何一法，當你在這裡聽講《金剛經宗通》時，心想：「哎呀！我以前都沒聽過這樣的《金剛經》，如今領受了這些法了，眞是太棒了！」你有妙法領受了，可是祂也沒有所謂的領受，所以祂也沒有所謂佛法妙不妙、棒不棒底問題，所以說祂「亦無領納」。凡是會領納的都是你的有念以及無念底靈知心，自心如來從來都無領納。這些聖教都是在說明，自心如來面對六塵時都是捨性，祂不住在六塵萬法中，所以不會對六塵萬法去作取捨；全都因爲對六塵萬法有取，才會對六塵等法有捨，都是先取了以後才捨。可是如來本來就是一切捨，無量劫以來就對六塵中底一切法從來不取，祂是無始以來就是捨性，所以就沒有後來對六塵諸法的取，當然也就不會有後來對六塵諸法的捨了。佛說：「像這樣的眞實如來，是捨法具足的；就以這個法爲諸眾生作很廣泛而且非常廣大的宣說，想要讓眾生在這種無始的捨法中得到圓滿的親證。這就是諸佛如來所擁有的第六種不與聲聞、緣覺相共底佛法。」

接著再從理上來說說看，看經中的教理是怎麼講的？我們的本師 釋迦如來，往昔無量劫前曾於五百世中，依深般若而修習眞正底忍辱行，所以身體被割截的時候，心中無瞋也無恨，這樣才能夠滿足三賢位的持戒行。在三賢位中持戒很不容易行，因爲無生法忍還沒有發起。但是祂在因地能夠這樣持戒修忍辱行，這樣當忍辱仙人而被節節支解的時候，都不生起瞋恨，才能極快速滿足三賢位的持戒行，所以這是很不容易的。只有像祂這樣精進才能夠超越別人而提前成佛，否則沒有辦法超越時劫來成佛的；由於依深般若而這樣忍辱五百世，都不退失，所以稱為精進。始終轉依無住心如來藏，而一直都遠離四相，心得決定而不移動，所以才能圓滿靜慮；如此現觀無住心如來藏離開四相，永遠不住於四相中，所以能夠有般若智慧；依這樣的智慧來行於無住相的種種法布施，所以能成就大施；像這樣依於深般若而修的六度修行，已經不是六度修行了；因為根本沒有六度可說了，這樣行於六度時才是眞實行於六度波羅蜜多。

再從另一方面來說，菩薩被凡夫們否定的時候，心中無瞋亦無恨，所以才能夠滿足三賢位的持戒行；能夠如此安忍於這個無所得法，永遠不會再迴轉退墮於意識心中，世世都能夠如此，所以叫作精進。每一世都依於無住心如來藏而安住，心得決定，永離四相，不會退轉，所以說圓滿靜慮。能如此現觀如來藏永遠無所住而離四相，不斷地以各種外門、內門六度萬行去修行，歷經一大阿僧祇劫以後，心無退轉而滿足賢位的深般若智慧；用這樣的法來廣泛地一世又一世，不間斷地施與有緣佛弟子而不曾厭倦，所以說賢位的布施般若波羅蜜已經圓滿。

那麼，這樣來作一個總結說：三賢位中的六度實修，要依於般若實相智慧來廣泛地修學六度萬行，才能夠圓滿三賢位的福德以及智慧。如果不能獲得實相般若的智慧來修行大乘法，全都屬於外門廣修六度萬行，沒有辦法進入內門廣修六度萬行，他就永遠沒有圓滿三賢位功德的時候。如果已經進入般若實相智慧中，但是卻不能夠發大心，不肯廣修六度萬行的人，他也沒有辦法圓滿三賢位功德，永遠無法進入初地證得大乘別教的聖位果地。

這一段話雖然說起來蠻嚴肅的，但這一段話卻是如實語，沒有一點點欺瞞諸位。所以，你們若是想要趕快進入初地，就得要像這樣努力地廣修六度萬行；但不是要在外門廣修，而是要進入內門來廣修六度。可是如果有力無處使，可不要怪任何人，要檢討爲什麼自己有力無處使；一定是有一些因緣造成了遮障，才會使自己在證悟了以後，明明是很有智慧可以度人，偏偏就沒有因緣可以被派任出來度人。那就要去檢討看看，問題出在哪裡。這個問題不可以來問我，要問你們自己。如果能夠去檢討出來，把它滅除了，三賢位的過程，你就會走得很快速；也許十生、百生，最多不過千生、萬生，你就超越了第一大阿僧祇劫。至於能不能眞的超越，可都要看自己有沒有能力、有沒有智慧來作自我檢查，來加以改進，否則一定不可能化長劫入短劫。

這些理說已經講過了，我們再來看看宗門裡怎麼說：

【問：「『如我昔爲歌利王割截身體』如何？」黃蘗禪師云：「僊人者，即是你心。歌利王，好求也。不守王位，謂之貪利。如今學人不積功累德，見者便擬學，與歌利王何別？如見色時，壞卻僊人眼；聞聲時，壞卻僊人耳；乃至覺知時亦復如是，喚作節節支解。」】（《古尊宿語錄》卷三）

黃蘗禪師這是在罵誰？罵那些落入離念靈知中的人，說他們都不能修忍辱行，當不了忍辱仙人。有學人來，引述《金剛經》中的話來問：「『如我昔爲歌利王割截身體』如何？」黃蘗禪師就說：「那個忍辱仙人就是你的心，歌利王就是一直往外攀緣，好於追求的意思；不肯住在王宮中，不守王位，向外去追求，就叫作貪利。如同今天你們這些學人一樣，不肯積功累德，一見到禪師就想要學禪師幾句話就開悟了，那你跟歌利王有什麼差別呢？就好像看見色塵的時候，是壞掉了忍辱仙人底眼睛，猶如忍辱仙人眼睛被歌利王挖掉一樣；譬如說聞聲的時候，那就是壞掉了仙人底耳朵，就好像說你一天到晚在學佛努力修行，卻攀緣著外面的聲塵，那就是你的耳朵被割掉了；乃至像嗅、嚐、覺、知的時候也都是一樣，一一毀壞，那就叫作節節支解。」

黃蘗希運禪師這意思在告訴我們什麼呢？在告訴我們不要落入色聲香味觸法裡面，也就是不要落入意識的境界中。要當忍辱仙人，就是要能夠忍於色聲香味觸法，就不要去攀緣色聲香味觸法；當覺知心都不攀緣了，就會想要去找一個眞正不攀緣六塵的忍辱仙人。那個忍辱仙人在哪裡？不要向外去找，不要像達賴喇嘛書中說的在虛空中，往虛空去找；那樣去找，就變成虛空外道了。這意思在告訴我們，忍辱仙人其實每天都在接受歌利王的節節支解。每一個人學佛，其實都是在當忍辱仙人。這個忍辱仙人的過程過完了，才能夠發起第一分的無生法忍，才能進入初地。所以，你證得如來藏以後，不要再一天到晚攀緣六塵了，要學著像如來藏一樣向內心安住；猶如國王守在宮中穩居王位一樣，別老是去作小官員應該作的各種雜事，把自己變成小官員而不是國王了。國王要能安忍，安居王宮穩居王位；要學著像忍辱仙人一樣，把向外追求底心滅掉；所以眼見色時不該繼續貪著見，就如同眼根被挖掉一樣；耳聽聲音時不該繼續貪著聞，要如同耳根被割掉一樣。六根面對六塵時都應該遠離而不要再對六塵生起見聞覺知的貪著，否則六根就是這樣被支解掉，這就是理上被歌利王節節支解的意思。

所以悟了以後，不要說：今天來了一部好電影，一定要去看。也不要說：現在又新開張了一家正覺素食餐廳，好好吃呵！又要去享受味塵了。千萬不要去，雖然那家餐廳也許叫作正覺，你也別去；因爲你若是去享受美味了，那就是被節節支解了。那時眼睛也被挖了，耳朵也被割了，鼻子也被割了，舌頭也被人家拉出來斬了；並且身根也被節節支解，因爲你吃的時候有觸：這個好脆，這個好軟好滑、入口即化，那就是身根也被節節支解了。「哎呀！忍辱仙人眞的不好當，能夠整整五百世修這個忍辱仙人行，離開節節支解的境界，而心中都無瞋恨，教我要這樣修忍辱仙人行，好痛苦呵！」於是心裡恨起來了，就想要回去聲聞法中求離三界生死，那就不對了！要能夠離開這些境界，要轉依於遠離六塵境界的如來，卻也要再迴心入於六塵境界中，眞正去當忍辱仙人，每天都在六塵中被節節支解時，心中都無瞋恨；不再想著遠離三界生死，一心只想在一切種智上面努力修行，一心只想在利樂眾生上面努力去作。

當你這個福德圓滿了，六度萬行就成功了，不再恐懼被六塵萬法給節節支解了，這時候就是入地的時候到了。換句話說，你是不是要歷經將近一大阿僧祇劫來修內門六度萬行，或者只要五百世這樣修忍辱仙人行，就能完成將近一大阿僧祇劫而進入初地；那就看你個人能不能好好地修忍辱仙人行而提前入地，都在自己一念之間。如果放不下，這個好漂亮，那個好好聽，這個好好吃；這些都是我的眷屬，別人都不許來親近他們；那就不能修忍辱仙人行，就不可能忍受節節支解而無瞋恨，那就得要將近一大無量數劫才能進入初地。《金剛經》中世尊以自己往世的忍辱仙人故事，解說出來的深般若波羅蜜多，就是這個道理，因爲已經完全轉依於自心如來離相寂滅的無境界的深般若境界了。所以你若是能夠五百世中接受這種歌利王的節節支解，而且心中能夠無瞋無恨，你就可以很快進入初地了。

接著再來看宗門中又怎麼說。這段經文中說：「如來是眞語者、實語者、如語者、不誑語者、不異語者。」是因爲如來永遠不會有第二種的語言，也永遠不說第二種法。如此證得不二語的人，就是眞正證悟的人。《景德傳燈錄》卷十九：【長慶稜和尚有時云：「寧說阿羅漢有三毒，不說如來有二種語。不道如來無語，只是無二種語。」保福曰：「作麼生是如來語？」曰：「聾人爭得聞？」保福曰：「情知和尚向第二頭道。」長慶卻問：「作麼生是如來語？」

明心了，看這個公案可就親切了；我這邊唸完了，你那邊就會心一笑；還沒有明心，聽我說是「會心一笑」，就只好咧著嘴苦笑，這也是笑：眞是一樣笑，兩樣情。長慶慧稜和尚有時這麼說：「**寧可說阿羅漢有三毒，也不要說如來有二種語。**」阿羅漢怎麼可能還有三毒現行？不可能有。如果有兩種說法，說「阿羅漢還有三毒現行，如來有二種語」，不得不選一種來說，那麼寧可選前面那一句說阿羅漢有三毒。因爲如果被逼了，不得不造口業時，可以只選其中的一種而造口業，那該怎麼選？那就選前面的那一句說「阿羅漢還有三毒現行」，千萬千萬不要去選後面那一句而說「如來有二種語」；因爲如來從來不說二種語，一向都無虛妄語，從來都是前後無異語。可是你看到阿含、般若、唯識種智的三轉法輪經典中，有時如來那麼講，有時如來這麼講，表面看來明明是有二種語呀！怎麼能說沒有？那麼顯然長慶慧稜和尚說的如來，不是講應化如來，而是講自心如來、法身如來。

保福曰：「**喫茶去。**」

可是他講了這兩句話說：「**寧說阿羅漢有三毒，不說如來有二種語。**」卻又附帶一句說：「**我不是說如來不曾講話，只是說沒有講過兩種話。**」請問：法身如來什麼時候講過話？禪門中常常有這樣講：「不道如來無語，只是無二種語。」可是徒弟剛悟的時候就問師父說：「師父！這法身如來明明是離見聞覺知、離語言道、斷語言道，師父您怎麼說祂還會說法？」師父就往他腦袋上一敲：「豈只說法？而且祂是熾然說、常常說，永遠都在說，不曾間斷過。」所以禪門裡面的問答，還眞是令俗人不能夠想像。長慶慧稜禪師也是這麼講：「不說如來沒有開示，祂只是沒有兩種開示。」

他的兄弟保福禪師就說：「那到底怎麼樣是如來底開示？」長慶慧稜禪師就說：「耳聾的人怎麼可以聽得到？」他到底是什麼意思？一般人總是想：對呀！耳朵聾了，當然聽不到。問題是：哪個是耳朵聾底人？這才是重點：「阿誰是聾者？」耳聾底人當然是聽不到，哪個是聾者？雖然聾者聽不到，你卻可以聽到；離念靈知可以聽到如來說法，可是耳聾的人聽不到。誰是耳聾者？如來聾了，所以你不能要求你的眞心如來聽你說法，祂聽了也是白聽。雖然祂聽了白聽，但你卻沒有白聽；可是一定有一個白聽的，其實是祂在聽；祂聽完了，祂白聽；然後轉給你，你就不白聽。這得要眞悟了，才能聽懂我在說什麼。

長慶說：「聾人怎麼可能聽得到？」這保福禪師就說：「我早知道和尚您是向第二頭講的，您不是直接在講自心如來。」因為「聾人爭得聞」，這才是向第一頭講，往向上一路說來的；那前面講的寧說阿羅漢有三毒，這些全都是向第二頭來講。保福這麼講，長慶慧稜禪師卻問保福禪師說：「那你倒說說看，怎麼樣才是如來說的開示？」保福就回答說：「喫茶去！」他倒是把長慶給摎上壁去了！這保福還眞厲害，把他的兄弟給摎上壁去了，叫長慶慧稜下不得語，因為只能認同他。請問「喫茶去」裡面，哪個是實語者、不誑語者、不異語者？哪一個是從來不講第二種話底人？

再來看看深妙實相般若底宗門裡又怎麼說：《佛果圜悟禪師碧巖錄》卷八：【他因浴僧時，隨例入浴，忽悟水因云：「既不洗塵，亦不洗體。」且道洗箇什麼？若會得去，中間安然，得無所有；千箇萬箇，更近傍不得。所謂以無所得是眞般若，若有所得，是相似般若。不見達磨謂二祖云：「將心來，與汝安。」二祖云：「覓心了不可得。」這裏些子，是衲僧性命根本。更總不消得如許多葛藤，只消道箇「忽悟水因」，自然了當。「既不洗塵，亦不洗體」，且道悟箇什麼？到這般田地，一點也著不得；道箇佛字，也須諱卻。】

我們先來作文字上的解釋，克勤大師是舉起《楞嚴經》裡的公案來講：「跋陀婆羅在爲眾僧準備洗澡水的時候，隨例跟在眾僧後面一起進入浴室中洗浴，忽然悟得水因，就說：『這水既不是用來洗塵，也不是用來洗這個身體。』他就這麼悟了，諸位倒是說說看，到底他這麼服侍眾僧洗浴時，大眾沐浴洗澡是洗個什麼？如果能夠這樣會得去，自然在這中間是安然自得的；然而在安然自得之中卻又沒有所得；這麼一悟，一千個衲僧來了，一萬個衲僧來了，也都靠近他的身邊不得，都沒辦法靠近他身邊來跟他對話。這就是經中所說以無所得的緣故，才是眞正底般若；如果有所得，全都是相似般若。你沒看見達磨大師向二祖慧可說嗎：『你把心拿過來，我就爲你安心。』二祖說：『我要找心來讓您安，可是都找不到心。』這裡面有些蹊蹺，這可是出家人披起僧衣服來，最重要的性命根本所在。可是若從根本上說來，其實全都用不到這麼多葛藤，只要跟他說一句『忽悟水因』四個字，自然就了當了。經中記載說他：『既不洗塵，亦不洗體。』你們倒是說說看，他是悟個什麼？到了這般田地，一點點都讓你攀緣不得；若還想要執言取義，一句也沒有辦法。到這個地步，你有時若是說個『佛』字，也都要滅除掉；連個『佛』

字，你都說不得。」

繼續講《金剛經宗通》，上週講到補充資料，十七頁第三段，宗說的第三個部分，最後引述的是《佛果圜悟禪師碧巖錄》記載，最後一段是說：「『既不洗塵，亦不洗體』，且道悟箇什麼？到這般田地，一點也著不得；道箇佛字，也須諱卻。」這個是講《楞嚴經》裡面二十五種圓通之中，跋陀婆羅比丘因爲是主管僧寮浴室的熱水，有一天他燒了熱水，燒好了，洗浴的眾比丘也剩下沒幾個人了，不用再燒水了，所以他就隨例入浴，跟著最後一批人也進去沐浴了，然後他忽然間悟出一個道理來：「這水是以什麼爲因？有水才能沐浴，能沐浴這個水是洗什麼？水當然是洗身體、洗灰塵，可是水因是從哪裡來底？什麼是水因？」突然間他就悟見了，然後就悟出一個道理說：「水因既不洗塵、也不洗體。」克勤大師就問大家：「諸位倒是說說看，這僧人是悟個什麼？」假使哪一天誰來問我說：「水因既不洗塵又不洗體，到底悟個什麼？」我就告訴你說：「他既洗塵，他又洗體，且道悟個什麼？」怪不怪？怪呵！明明經上說，當他悟得水因時，就懂得說「既不洗塵也不洗體」；我偏說「悟得水因的時候，無妨既是洗塵又是洗體」。眞的懂了，你就知道什麼才叫作沐浴，這才叫作眞實浴僧。

浴僧如是，浴佛亦復如是；不然，浴佛節時你們來講堂浴佛，是浴個什麼道理呢？爲什麼經中的說法跟我的言語好似截然不同、正好顚倒，卻是同樣一個水因？這卻是同樣底一種開悟，內容是完全沒有差別的。如果自己覺得悟了，倒可以藉今天講的這些法來琢磨琢磨看：自己是不是眞的悟了？若是眞的悟了，自然會聽懂呀！不該不懂的。爲什麼經中說那僧悟得時既不洗塵亦不洗體，我卻說我悟得時是既洗塵又洗體，結果竟然是一樣的？人間若還眞的有衲僧，他們如果來問我，我就說：「你悟得沒錯，既不洗塵亦不洗體。」我還是沒有錯說。這樣顚三倒四，從證悟者來看，卻是一般無二，請問佛法的厲害在什麼地方？這裡面眞的有淆訛，但是你如果悟了，卻都沒有差別，這兩個答法其實都是一樣的。這就是佛法厲害底地方，三明六通大阿羅漢聽了也是茫茫然，這樣才是眞正的佛菩提證悟者。到這般田地，當然是轉依祂了。轉依了祂以後，什麼執著也不會有了，剩下的就只是你的悲願，怎麼樣幫助眾生同樣悟入這個實相。這時就是以悲願來運作，不是以個人的私心欲望來運作了。

所以眞正轉依以後，究竟轉依了，縱使只講出一個「佛」字都不允許，所以古人說：「聽到人家在我面前講個『佛』字，我可得要去河邊把耳朵洗三天。」你可別當他是開玩笑呵！他去洗三天是什麼道理呢？這也是跟水因有關哪！也許有人因此就說：「你們禪師家，講話總是顚三倒四，沒個道理可說，咱家要何年何月才能悟得呀！」其實也不難，只要肯依照古人說的：凡是聽到誰講個佛字，你就去河邊把耳朵洗一洗，不然就取水漱口也行，哪有悟不了水因的道理呢？可是我這麼說了，你那邊聽了，究竟能不能像那僧一樣眞的悟得水因呢？那就要看你的時節因緣了。假使時節因緣還沒有到，你再怎麼洗，還是洗不出個所以然；洗來洗去就是耳朵濕了、手也濕了，把一條河水都給弄髒了，依舊洗不出個所以然。可是一旦時節因緣成熟了，才剛到河邊沾起水來，都還沒洗，你就弄清楚水因了，這就是佛法厲害的地方。所以，一個大乘法中初生之犢，才剛剛破參沒幾天的菩薩，那些阿羅漢們也不敢去招惹他，所以才說佛法很厲害。

到底是什麼樣的時節因緣，使你能夠到得這般田地，使你能夠拍胸脯說大話：「道箇佛字，也須諱卻。」當然有道理呀！如果這個道裡沒有弄清楚，莫說洗一輩子耳朵，洗上三大阿僧祇劫以後，還是在凡夫位中打混。這個時節因緣就是說，要有福德、要有慧力，心也要夠細，也就是要有動中修來的定力；然後還有一個最重要的，就是要有正知正見。假使沒有正知正見，其他條件都具足了也沒有用，證悟底時節因緣還是不會出現。你看，天下寺院有那麼多的僧人，那些比丘、比丘尼們並不少，可是爲什麼每天浴僧的結果都浴不出個水因來？浴僧是平常事，只有在那個不毛之地的古時雪域西藏，浴僧才會是大事；所以他們一年到頭髒兮兮的，難得浴僧一次。可是在平地浴僧是平常事，每天不都在沐浴嗎？可得要端詳端詳看看：「**爲什麼我每天浴僧，結果竟然浴不出個水因？**」人家那僧不過是爲眾僧燒燒熱水，隨例入浴，他就把水因給沐浴出來了。

問題就是出在不具正知正見，既不具正知正見又想要浴僧，不如先從基礎開始沐浴：就一面沐浴，一面把六根相洗掉；六根相洗掉了以後再把六塵相給洗掉，六根六塵相都洗掉了，六識相接著再洗掉；這十八界都洗掉了以後，不悟水因也難。六根相裡面五色根是很容易洗掉的，最難洗的是意根；因爲不知道意根在哪兒，找來找去，始終找不到，如何能洗掉？那印順老法師有一篇文章甚至說意根就是腦神經。那可就麻煩大了！因爲意根是要去投胎的，是世世不中斷的。印順法師前世並沒有帶著腦神經來投胎，而他這一世死了也沒有把他的腦神經帶去投胎。我不相信他有帶走，證嚴法師也不敢打包票說他師父印順法師有把腦神經帶走。印順被尊稱爲台灣佛教界的「導師」，竟然連意根是什麼都弄不清楚了，何況是一般大法師與學佛人？所以，光是要洗掉六根中的意根就已是困難重重了。

這六根洗掉了，六塵也就容易洗了，因爲不必管他智慧好不好，反正六塵就是六塵，就當作錯把外六塵來洗掉也可以，有智慧底人再進一步當作內六塵來洗掉也可以；當他把對六塵眞實不壞的貪著洗掉了，剩下的就是六識常住不壞底邪見。問題是，六塵中的定境法塵很難洗掉，就好像一個在爛泥裡面打混好幾年，不曾一刹那離開爛泥底人，突然間叫他爬出來好好把身子洗清潔；可是再怎麼樣沐浴，耳朵裡總是有一點泥巴，鼻子裡總是有一點泥巴，手指甲、腳趾甲總是有那麼一點，就是洗不掉，皮膚看起來就是土土底顏色；因爲微塵太細了，所以就是有那麼一絲絲的不淨留在身上。這一絲絲的不淨就好比意根，又好比定境中底法塵，一般學佛人都洗不掉它們；因此，叫他要洗掉六識，那就更困難了。

有一些人有時自以為把六根六塵都洗掉了，他們想：接著洗六識吧！每天洗時觀察說：「這個是眼識、這個是耳識。把祂洗掉，不要留著。」洗呀！洗呀！最後剩下意識，他就想：「我如今正在思惟，這也是妄想意識，這也要洗掉。」洗了很久，終於好不容易洗掉，一念不生了，他認為說：「這樣就是眞如了。」結果去到方丈室裡說：「我悟了，離念靈知就是了。」一句話還沒講完，他師父早就一棒打下來了，就被趕出門去了。進了方丈室，待不了十幾秒就被打出來了。原來他是把意識心割成兩半：「這一半是有念的，是妄心；另一半清楚明白、了了分明底離念靈知，永遠寂照分明，都沒有妄想，永遠是離念的，這一半就是眞心了。」原來他還沒有把這個意識給洗掉，還留下一半意識在，兩分之中還留下一分，那還是不行呀！因此就被師父打了一棍，等到晚上沐浴的時候，心裡想：「好痛啊！好痛啊！」也許這一痛，就讓他悟了也說不定，這時才終於知道什麼是水因。

所以最難的是洗掉一切我，這十八界要洗掉是最難的。四大之相當然也要洗掉，可是這個比較容易洗，問題都是出在正知正見不夠，所以把六根留下一小部分，六塵也留下一小部分，六識也留下一小部分，於是根塵識都各有一小部分洗不掉；因為洗不掉，就悟不了水因。人家那僧隨僧入浴，「忽悟水因，既不洗塵，亦不洗體」，就這樣悟了。一般就是洗不掉十八界我，所以他們所謂的水因，是跟著經文依文解義說：「既不洗塵，又不洗體」，可我平實為什麼卻反過來說「既洗塵，又洗體」呢？一般人或許會跟師父抗議說：「可是那蕭平實說，悟了也可以既洗塵又洗體，師父您為何說不洗塵也不洗體？你們兩個人，一定有一個人不對。」沒想到這師父說：「我們兩家說法不同，但是都正確。」這徒弟就問：「那到底是什麼道理呀？」於是師父又一棍打來，打了以後卻把棍子拈起來說：「水因在這裡。」

所以，一定要先洗掉十八界相、五陰相，要洗得淨盡，不許留下一絲一毫；否則永遠悟不了水因，永遠都落在塵與體上面。如果眞的能洗掉了，才會有悟處。等到悟了以後可就會說：「豈只水因在這裡？地因、火因以及風因，全部都在這裡。」這裡是哪裡？也許有人答：「就是如來藏。」對呀！我也告訴你：「就是如來藏。」「如來藏在哪裡？」「在這裡。」所以必須要證悟如來藏以後，才有實相般若智慧。有了實相般若智慧，就知道隨僧入浴時，那跋陀婆羅到底是洗個什麼。當他知道是在洗什麼的時候，就知道《金剛經》這一品〈離相寂滅分〉底眞義。這個時候悟了，大踏步走進和尚方丈室，兩手一拍：「**師父！水因是洗這個。**」師父只好說：「**今天沒空打得你，下去。**」這就是《金剛經》厲害的地方，此經的厲害就在這裡。

所以，五祖弘忍大師才特地要爲六祖惠能大師講《金剛經》，因爲達摩大師交付的《楞伽經》對不識字的六祖大師而言，確實太深了！斗大的字識不了一籮筐，給他那部直譯底經典，對六祖而言眞的太難理解了。而且它又是依梵文的語體法直譯過來的，六祖又沒學過梵文，不知道那個文法，他怎麼會讀懂；就算是有人誦給他聽，也不可能聽懂。《金剛經》倒是翻譯得像中國的文法，而且遣詞用字又不很深，他聽了就會懂密意，所以就用《金剛經》爲他講，就這樣悟了。悟了以後，混在獵人隊伍裡面十五年，自己慢慢消化；教外別傳衣缽南來的消息傳遍了嶺南，六祖惠能的名聲已漸漸被人所知；這十五年來也培養出他的別相智與膽識了，終於可以現身了，於是現身正式成爲六祖和尚。

可是「此經」能生萬法，本自清淨，祂有種種的自性，所以跋陀婆羅才能夠從水因悟入。也許哪一天，你從火因悟入，也不奇怪呵！那就看你是什麼因緣，所以「此經」很厲害，因爲「此經」是三界一切萬法的根本，遍於一切法中。所以如果有人問你：「所有佛經，哪一部最殊勝？」你就說：「《金剛經》。」他也許跟你說：「不！不！那是第二轉法輪的，第三轉法輪的經典才最殊勝。」你說：「不！《金剛經》最殊勝。」「那《金剛經》講什麼？」「《金剛經》講此經。」「此經是什麼？」「《金剛經》。」「那到底《金剛經》又是什麼？」「是此經呀！」因爲「此經」不是在講那些經文，是在講各人本自具足底如來藏。家家都有這一本難唸底經，多少人唸不會。有人不信：「這《金剛經》家喻户曉，大部分的家庭都有一部《金剛經》鎮宅，不怕他鬼神來，你怎麼說大家都不會唸？」但是大眾其實都不會唸「此經」？也許有人說：「我會呀！」「怎麼唸？」他就唸起來：「如是我聞，一時佛在舍衛國祇樹給孤獨園……。」他們眞的誦出來呵！你卻說：「原來你不會唸。」他說：「不然，你怎麼唸？」你就說：「此經很殊勝，你若是想要會唸此經，就跟著我來。」你就走了，別管他跟不跟來。

所以，家家都有一本難唸底經，因爲祂眞的難唸，連佛門底大師們都不會唸，何況是初機學人誰會唸？以往大家都說：「《金剛經》？我會呀！我二十幾分鐘就背誦完了。」「你二十幾分鐘背誦完，還是太慢了。」「那不然，你誦給我聽聽看。」我說：「我不用一秒就誦完了。」「請你誦給我看，我才不信。」於是一巴掌給他，就誦完了，還要在那邊跟他誦什麼「一時佛在舍衛國」？講個「如是我聞」，都已經是多餘的。眞懂「此經」了，你就知道什麼是「離相」、什麼是「寂滅」，才會知道以前所以爲的離相：「我不論遇見了誰，都不管他是男人或是女人，也不管他是美或是醜。」並沒有眞的離相，當你知道對方是個人，就已經有相了，還要談什麼無男人女人、無美醜等相。但是無妨住在有相之中卻是同時離相，從來沒有出現過一相。

可是這個離相，你得要證得如來藏，才會知道，否則都得要依靠想像。以前都誤以爲說：「我要打坐，坐到五塵都不進來，那就是寂滅。」其實那根本就不寂滅，縱使證二禪而使五塵不進來，也還有定境中的法塵一直在起起滅滅，生滅流注都沒有停過。等到有一天悟得水因時：「啊！原來『此經』是如來藏。」這時候再來看看如來藏，祂有沒有一點點的六塵相？一絲一毫都沒有，連定境中底法塵相都沒有，何況是五塵相。這時候才知道眞正底寂滅：「原來如來藏那樣的境界，就是無餘涅槃的境界，沒有十八界、沒有六塵，所以才說涅槃寂靜，原來這才是《金剛經》講的離相與寂滅。」這一下終於懂了。懂了以後，有一天師父見了就說：「可喜！這個憨弟子終於可以學法了。」這時才是眞正懂得〈離相寂滅分〉中經文眞義底人。

〈持經功德分〉第十五

【「須菩提！若有善男子、善女人，初日分，以恒河沙等身布施；中日分，復以恒河沙等身布施；後日分，亦以恒河沙等身布施；如是無量百千萬億劫以身布施，若復有人聞此經典，信心不逆，其福勝彼，何況書寫、受持、讀誦、爲人解說？須菩提！以要言之，是經有不可思議、不可稱量無邊功德，如來爲發大乘者說，爲發最上乘者說。」】

講記：「須菩提！若是有善男子、善女人，在每天的早上，以恒河沙數那麼多的身體內財布施；在中午時刻，又以恒河沙數的色身布施；到了傍晚，也同樣以恒河沙數的色身布施；每天都像這樣子經過無量百千萬億劫以色身布施，若是另外有一個人聽聞這一部經典，產生信心而且不違逆這部經典所說的道理，他的福德勝過那個以無量色身布施無量百千萬億劫的人，何況是能夠把此經書寫、受持、讀誦、爲人解說呢？須菩提啊！我扼要的說明這個道理，這一部經有不可思惟議論、不可以重量體積來稱量的無邊際功德，我釋迦如來是爲發起大乘心的人演說此經，也是爲發起最上乘心的人而演說此經的。」

受持這一部經必定是有大功德的，因爲這一部經很難懂；大乘菩提是依這一部經而成立，二乘菩提也是依這一部經而成立；下至三界六道一切有情、山河大地、三界世間，也還是依「此經」才能成立；如果沒有這一部經，三界世間及三乘菩提就都不存在了。可是擴而大之，一切三界中法，十法界之中層次最低的法界就是地獄法界，也莫不依此經而成立。如果沒有這一部經，地獄法界也不可能存在；依此眞實正理，所有其他五趣眾生的世間，也都同樣不可能存在，所以這一部經是一切法的根本。既是一切法的根本，能夠確實受持「此經」，功德就非常廣大，所以當然要講持經的功德。

佛說：「須菩提！如果有善男子、善女人，在早上，以恆河沙數的色身內財來布施；到了中午時分，繼續以恆河沙數的色身內財布施；到了傍晚，同樣以恆河沙數的色身內財來布施；不但一天之中如此布施，而且是每天如此，歷經了無量百千萬億劫，每天三時各以恆河沙數的色身內財來布施；但是另外有一個人聽聞了『此經』，具足了信心，絲毫都不懷疑，他的福德勝過前面無量百千萬億劫，每日三時以恆河沙數內財色身布施的人，更何況是能將『此經』書寫、受持、讀誦、爲人解說底人？須菩提！簡單地說，『此經』有不可思議、不可稱、不可量底無邊功德；然而『此經』，如來是爲發起大乘心的人而演說的，也是爲已經發起最上乘心的人而說的。」

從字面上底意思來看，就只是這樣。那麼我們再來看看，聞此經典該怎麼聞？請問你們：把大藏經請出來以後，是用什麼來聞？大藏經請出來以後，你是用耳朵聞嗎？是這樣聞嗎？我想不是吧！你當然是用眼睛來聞法。如果你眞的能用眼睛來聞此經，並且能夠信心不逆，那麼你這一悟，可以出來當人天導師了。問題是，你悟得太輕易了，會不會退失？這才是重點，所以才要告訴你說：聽聞此經的人，得要信心不逆。如果不信而逆，就絲毫福德都沒有了。如果你懂得用眼睛來聽聞這部經，你把祂聽聞好了以後「信心不逆」，那麼你的福德絕對勝過那個無量百千萬億劫中，每日三時以恆河沙數內財色身布施的人。

這到底是什麼道理呢？他能眼聞，聞出此經來，就怕他不肯爲人書寫、受持、讀誦、解說。他可能會自己一心努力深入經藏，不斷提升自己的智慧，卻不肯出來書寫給人家讀，受持給人家讀，讀誦給人家聞，或者為人解說，他都不肯。他每天「鑽故紙」，經典就是故紙，現在印的經典都是新紙。以前經典都是故紙，因為以前經典都是手抄的，難得遇到一套是由國家印出來的，全都要供在藏經閣裡面，等閒人不許進去閱讀，所以能夠閱讀的人沒幾個，往往保存很多代，所以是故紙；也只有少數幾個人可以每天閱讀，把它讀到經紙都故舊了。所以每天讀經的人，我們就說他每天鑽故紙，往故紙堆裡面一直鑽進去。他要鑽到什麼時候才會死心呢？鑽到他無法再鑽，發覺到自己若不出來為人書寫、受持、讀誦、解說，可能是沒有辦法再進步了，才終於肯死下心來，終於肯出世教人家怎麼書寫此經。

於是他就開始出來教人家寫經，然而那是個吝嗇鬼；這個吝嗇菩薩專門教人家書寫此經，都不傳授正知正見，只是叫人家寫；所以跟著他學《金剛經》的人，寫經寫了一輩子，終究寫不出個所以然。有一天忍不住了，請問說：「師父！您多我沒幾歲。弟子如今七十好幾了，您也快八十了；我跟著您學法，從年輕寫到現在已經老了，但我還是寫不出個所以然，您也教教我吧！」師父回答說：「那好！你寫給我看看吧！我看你會不會寫。」他就拿起筆來，把筆潤好了，很工整地寫起《金剛經》來。師父一看就說：「原來你不會寫。」「師父！那麼應該怎麼寫？」沒想到師父老歸老，動作好快呵！突然間把他的筆抓了丟掉，他就走了，也不教他了。你看，禪師很苛刻呵！哪有那麼容易就教你會書寫「此經」？書寫「此經」沒那麼簡單的，因緣還沒有到時，就讓他繼續寫吧！寫到有一天，終於寫出來了：原來「此經」說的是這麼一回事。得要這樣才是懂得書寫「此經」，這時他終於懂得師父爲何把他的筆抓了丟掉就走了，也知道那時爲何不教他了，因爲已經是不教而教了。所以能書寫「此經」底人，若肯出來教人家寫「此經」，他的福德絕對比那個「聞此經典，信心不逆」的人更有福德。

如果能夠進而「受持」呢，福德當然更大了！也許哪一位禪師突然想起來：「我就開始教人家也能受持此經吧。」終於風聲傳出去了，有人來求學了。聽大眾說某某大禪師要教我們受持此經，大家聞風而來。這某甲比丘來了，要求受持此經，禪師就叫他：「你去把那一方田開出來。」這某乙比丘來了，禪師說：「我們這個山頭剛才草創，還欠個儲水池，你去挖個儲水池吧！」某丙比丘來了，說要來受持此經，這禪師就說：「某乙比丘在挖蓄水池，可是還沒有水來，總要有個源頭，那麼你就去山上負責引水，去把那些泉水引過來吧！」不管誰來了，都有工作派出去，就是不教他們怎麼受持「此經」。啊！看來這些禪師們心腸眞不好，一個個都是吝嗇鬼，沒像我手頭這麼奢。然後，終於有一天某甲、某乙、某丙、某丁、某戊……比丘們把工作都作完了，共同商量起來說：「奇怪！師父都不教我們如何受持此經。」於是一起上方丈室抗議去了。沒想到師父劈頭一頓棍棒打下來，大家奪門而逃，師父卻在背後大罵：「我哪一天沒教你們受持？」這位師父可比前面那位師父老婆多了。所以他的福德一定比那個教人家書寫的禪師福德更大。

然後也許看到徒弟們還是不懂如何受持此經，乾脆自己寫了個疏文，逢年過節上堂時唱將起來；後來看看逢年過節唱誦來受持此經還不夠，不管有什麼小事故，他就上堂唸起一些詩句來受持此經。他可不是神經病，他眞的是在受持及讀誦此經。不要以爲必須唱誦「如是我聞」等等才算數，禪師這樣以許多種方式來自己受持及爲徒弟們讀誦，那也是夠老婆了。最後終於還是沒辦法，只好更老婆一些；因爲這些徒弟太鈍了，沒一個伶俐底；所以禪師只好開始經中所說底「爲人解說」，於是就上堂把《金剛經》請起來唸：「如是我聞。」才剛唸完一句，「啪！」往供桌上一丟，下堂了！《金剛經》已經講完了，禪師已經「爲人解說」完畢了。徒眾們說：「師父這樣講『此經』，我們也沒辦法懂。請師父您明天再上堂開示，好不好？再爲我們解說《金剛經》吧！」好！明天上堂，從第二句開始唸：「一時佛在舍衛國。」才唸完這一句，又將經本往供桌丟下，又走了。大家依舊不懂「此經」，再請師父：「您只說得一句『如是我聞』，就下座了。第二天又只唸一句『一時佛在舍衛國』，也一樣下座走了，那您到底要到什麼時候才開始爲我們講解呢？」才剛說完，師父劈頭一棒又打下來：「汝道什麼是『如是我聞』？」徒眾們不懂，請師父開示：「請和尚明示。」「好！告訴你們吧！『如是我聞』的意思，就是『一時佛在舍衛國』。」於是又下座回方丈室去了。

所以，各家門庭的宗風都不一樣，所有證悟底禪師，各人有各人的宗風。可是咱們正覺的宗風又不同，叫作雜貨鋪的門風；我這裡什麼都有，你想要「聞此經典」，咱們有；想要「書寫經典」，咱們也有；「受持」、「讀誦」、「爲人解說」此經，咱們全都有；不但有，還奉上「果皮三、兩片」給你；如果覺得三、兩片還不夠，多給幾片都沒關係；我全都有，因爲我們正覺開的是雜貨鋪，有的是雜貨。但是講了老半天，這到底在說什麼？這可不是跟大家幽默、講俏皮話，這是有深意的。您若是初來乍到，沒聽過蕭平實講經，今天第一次聽了，心裡面難免會想：「他講的還眞幽默！可是幽默歸幽默，到底講個什麼東西呢？我又聽不懂，眞是難會。」當然是難會呀！「此經」哪有那麼好體會的？要是很容易體會的話，你們也不用來正覺了，台灣四大名山、五大名山大師們早都悟了，你們都可以去那裡修學了，還用得著辛苦到正覺來學嗎？就是因爲難會，所以你們才要到正覺來。既然是很難會的，當然不可能讓你太輕鬆就會；因爲太輕鬆會了，你們回去會毀謗我、罵我。

所以 佛陀才會說：「須菩提啊！簡單地說，這一部經有不可以思惟討論底功德，有不可以稱、不可以量、沒有邊際底功德。」既然這一部經有這樣的功德，當然不能隨隨便便就放手給你們。你們看那船子德誠禪師，證悟之後，日復一日、月復一月、年復一年，不論寒暑，都在華亭縣河邊擺渡；只要看見有人呼喚或者招手，他就把棹高高舉起來（棹就是船槳），大聲問人說：「你要渡河嗎？」人家說：「是。」他就搖呀！搖呀！搖過來，就把人家搖過河去了；不論人家給不給錢，他都不管。就這樣擺渡好幾年，他的目的是爲什麼？是爲了釣大魚。所以夾山善會禪師悟前，被道吾禪師指點來找他的時候，他說了一句話：「垂絲千尺，意在深潭。」說那個水潭很深，超過一千尺，他把釣絲往下垂了整整一千尺；因爲他不想要釣潭面的小魚，他要釣最深的特大號的大魚；這回終於釣到了夾山善會，他想：「我爲人讀誦解說此經的福德已經夠了。」就不再度人了，連船都不要，就走人了。究竟到哪裡去了，也沒人知道，他就這樣「棄舟而逝」離開了。船子德誠只度一人就覺得福德很廣大而不再度人了，夾山善會則是千里行腳來見他，然後被他捅下水才悟得深般若；那你們想想看，「聞此經典，信心不逆，其福勝彼」，遠勝過那個無量百千萬億劫以身體布施的人，何況是書寫、受持、讀誦、爲人解說？船子德誠可不只是這樣，他爲夾山善會讀誦、解說而度他悟了，所以他的功德很大；大到怎麼樣呢？大到不可思議、不可稱量、無邊無際。

假使哪一天有哪位同修來問我說：「老師！你有沒有誇大其詞？你說那個功德不可思議、不可稱量、無邊無際，可是我也沒有感覺到什麼功德？」那就當頭給他一棒：「你摸摸看，有沒有？」他摸了說：「沒有呀！」我說：「既然沒有，就是無邊，你還要什麼功德？」這就是沒有眞懂「此經」呀！

《金剛經》中明明已經白紙黑字告訴你：「沒有量。」既沒有量，你要找一個什麼具體的東西叫作功德？既然告訴你「無邊」，你還要想什麼有邊際底有爲功德？有邊底功德，譬如五神通，都是有邊的。五神通之中，有哪一個是無邊底？全都有邊。「此經」已經告訴你是無量也無邊，意思就是說它純粹是智慧，不是世間有爲功德。你既悟得「此經」，能夠聞到此經，你已知道此經在哪裡了，你也能書寫此經，能「受持、讀誦、爲人解說」此經，那純粹是實相智慧的功德，不是有境界法。

實相智慧底功德，不可能有量，不可能有邊。無量，是因爲它不可測量。也許有人覺得說：「我打禪三剛剛開悟回來，可是我覺得好像就只是這樣而已。」可是，單只是這樣，三明六通大阿羅漢們就不能測量你了。如果你繼續再進修，你將來成佛所得的一切，也都是從「此經」無量、無邊底功德來，它怎麼會是有量、有邊的？它是無量的，也是無邊的，所以凡夫遠不如三明六通大阿羅漢，當然更無法思惟也無法論議祂，因此 佛說：「此經是爲發大乘心的菩薩們講的，不爲聲聞人講。」聲聞人必須要捨棄聲聞性迴入大乘，發起了菩薩種性，而且心得決定，絕對不會再退轉回聲聞道以後，佛才會爲他「解說」此經。一定要像須菩提等人這樣迴入大乘，才有可能被 佛勘驗到大乘種性，然後才會爲他們解說此經。

如來又說這是「爲發最上乘者說」，這意思是說，世尊在《金剛經》中所教導的並不是漸教；此經的悟入只有頓悟，沒有漸悟，是最上乘人才能悟入的。要是哪一天，什麼人把十牛圖拿來送給你，告訴你說：「這一本是古本呵！目前世界上剩下沒有幾本。咱們交情太好了，所以我把這個古本的《十牛圖》送給你。」你拿起書來就說：「謝謝你！你對我眞的不錯。」然後一把撕成兩半，他罵你說：「這麼珍貴的眞本，你怎麼會輕易就撕了？好像我一點人情都沒有了。」你就告訴他：「正因爲你送我這個眞本，很有人情，我才把它撕了；等閑人送我書，我還不肯爲他撕呢。」因爲那十牛圖本來就該撕，什麼眞本不眞本的；可是你也對他夠好了，只不知他會不會此經？

世界上學佛人號稱有一、二千萬人，其實有誰眞的在學佛？有誰眞懂得學佛？也許有人抗議說：「老師！你講的不對呵！因爲光是南洋，那可能就有一、二千萬底學佛人。」我說：「你錯了！那些人是學羅漢，不是學佛。」學佛者目前只有台灣海峽兩岸比較多，然而說到眞正學佛底人，眞的有一、二千萬人嗎？沒有啦！都只是讀讀經典、誦誦經典、作作法會；只是用一些法器敲敲打打、唱誦唱誦經典中底文字，說這樣就叫作學佛了。所以，這些人不可能懂得什麼頓教與漸教；連印順老法師都不懂頓教與漸教的眞義，何況那些只讀印順著作的大法師們呢？中國禪宗正是標準底頓教，可是頓教底開悟也只是佛菩提道中的入門，入門之後才有漸教可說。開悟明心這回事，自古以來就沒有漸教，也就是說開悟這回事就是那麼一剎那之間，對於如來藏的所在忽然知道了，只是一個念頭一閃而過就知道了，所以也說是電光見道。從來沒有眞悟底祖師向人說：「**我找到『此經』如來藏時，是先悟得一點點，然後再悟另一點點，接著再悟一點點，最後很久才終於找到全體如來藏眞如。**」絕對沒這回事！有誰找到如來藏時說是先找到祂的尾巴，然後才找到後腿，漸漸找到全身的？有沒有？都沒有呀！找到時就全體分明顯現了，是一時現全身，哪裡還有從尾巴再慢慢去找到牛頭的？

只有落入離念靈知意識心的錯悟者，才會有這種緩慢漸進的漸漸離念過程，才會編造出十牛圖來宣稱漸悟這回事。所以，那十牛圖的作者眞的該打，假使他流轉很多世以後也混進正覺同修會來了，連他自己也忘了！哪一天我若知道是誰，就得打他好幾棒，幫他把誤導大眾參禪底惡業消了。因爲這叫作遺誤蒼生，人家父母把孩子生養拉拔大了送去出家修行，他畫出個十牛圖來誤導人家，這眞是可惡欸！正因爲他不懂得開悟底內容是什麼，才會去畫那十牛圖。如果他懂得開悟就是找到如來藏，懂得開悟時找到的如來藏是一時全體現前的，他就會知道自己畫出來、寫出來底十牛圖眞是錯得很離譜。

開悟明心，不會先看到一小部分如來藏，然後再看到另一小部分；當你跟某一個人相見的時候，他會不會說「我先給你看到手」？（大眾笑⋯⋯）不可能嘛！一見的當下全身分明顯現了。所以那個十牛圖的作者，他就是不懂禪宗開悟底內容是什麼；他若是眞的知道，就會知道找到大白牛時就是一時全體都找到了，怎麼會有一點又一點漸次找到的事？所以禪宗這一門純是頓教。如果從整體佛法底教理上來講，華嚴就是頓教，一時之間把三乘菩提，把天上天下及諸佛世界全部講了；包括成佛的次第也全部講了，所以依教門而言，華嚴就是頓教。

可是，從大乘底證悟來講，沒有漸悟這回事；所以禪宗底開悟沒有漸悟的事，只有頓悟。也許有人不信，我就請長沙的岑大蟲跟諸位講一講吧：「百尺竿頭須進步，十方世界現全身。」長沙禪師說：學禪已經到了百尺竿頭，再上去就是虛空了，然而還得要再進一步；若是能夠再進得這一步，然後就能十方世界現全身。只要再進一步而開悟了，就全體顯現了，他可不是先現腳給你看，然後再慢慢地現出小腿、大腿、肚子，然後才現兩隻手，最後才顯現頭部。眞的沒有！而是一時就顯現全身呵！所以大乘佛法的眞見道開悟，只有頓悟，沒有漸悟這回事。可是頓悟很難，因爲就只是一念相應而已，無門可入，而且沒有次第；所以這只有最上乘者才能頓悟，確實是難。

諸位想想看：我們還每年辦四個梯次禪三，我在其中三天之中都有很多開示、很多的機鋒，才終於有人悟入。可是在這樣的情形下才能開悟，還得要有個大前提：先有每一班的老師整整兩年半義務奉獻，全心全意教導諸位正知正見及參禪功夫，先幫諸位打下基礎。否則去到禪三道場時，你只會覺得我這個禪師眞像是精神病患，然後你自己覺得什麼都聽不懂；那時想要頓悟，不要說門，連窗戶都沒有。所以，能夠自己悟出來的人，確實不簡單。古時 佛陀光是把《金剛經》這樣講過，而且祂都不解釋，只是這樣講過而已；這樣就能夠悟入，那當然是已經發最上乘心的菩薩才有可能悟入，所以這兩句的意思在告訴諸位：開悟是不容易的事。

你可別說：「可是在我看來，開悟也沒什麼難啦！因爲我到同修會兩年半來，雖然我作了很多義工，也很努力護持錢財讓同修會可以買道場讓大家來共修等等，可是畢竟也只是兩年半就悟了，所以也不算怎麼難啦！」但是，如果沒有同修會給你作義工、給你有機會護持修集福德，再加上我在禪三時每晚底普說，還有每一個人單獨小參以及過堂時的許多機鋒，你能開悟嗎？如果不是先有兩年半的課程幫你打下基礎，你能夠開悟嗎？我看是五十年也悟不了，就別說兩年半了。因爲 如來說此法是「爲發大乘者說，爲發最上乘者說」，就因爲「如來爲發大乘者說」這一句，所以你們的禪三報名表來到我手裡時，我把照片一看，直覺到某人是個聲聞人時，我就先把他打掉；我可不管各組組長是怎麼審核的，我就先把他打掉了！因爲「此經」是「如來爲發大乘者說」，不是爲發聲聞小乘者說。

所以，必須要是無私心的，願意爲眾生付出的，並且不是自了漢，我們才願意幫他悟入此經。可是想要悟得「此經」，畢竟很困難；因爲只有最上乘者才有辦法悟入，所以千萬不要因爲我們給了許多知見，幫你建立參禪功夫，又在禪三裡給你許多開示與機鋒，每晚又普說了一大堆，然後悟了就覺得好像很容易；其實眞的不容易，若不是我們施設二年半課程及禪三時底種種方便善巧幫助，根本連門都沒得入。佛在這裡就是在告訴我們，這是「爲發大乘者說」，也是「爲發最上乘者說」。換句話說，「此經」如來藏並不是一般菩薩所能學底；你們先得要對法有信心，對佛有信心，對善知識有信心，對自己也有信心，最重要是已經發起了大乘心，這時候你才可能成爲發最上乘者。

這一段經文說，「此經」有不可思、不可議底功德，有不可稱、不可量底功德，祂的功德是無邊的；然而祂的功德到底是怎麼回事？剛悟底人會覺得這好像沒什麼，可是繼續進修下去，慢慢地就會瞭解，「此經」的法性永無窮盡。這一部經的法性沒有終止的時節，祂的法性不斷地在流注出來；祂不會說太陽太大了，天氣乾旱，所以祂就枯竭了；你都不必擔心祂，祂也不擔心祂自己，祂也不擔心你。當你需要什麼種子，祂就不斷流注出來給你；你這一世享受、造業夠了，祂就流注死亡種子給你，不管你要不要。這一死了，你想說：「**我乾脆入涅槃算了，把自己滅盡了。**」但是你若還沒有斷除我見，還沒有斷盡思惑，祂就繼續流注中陰身的種子給你，不讓你入涅槃；即使是三果人，因爲你的我執最後一分還沒有斷盡，所以祂就不讓你入涅槃，再流注受生種子給你，結果死後在中陰階段時又醒過來，開眼一看：「怎麼我又在了？」

不管什麼種子，祂都有，法性無量、無邊、無際，永無窮盡。所以如果持五戒，祂就讓你繼續生在人間，該享福的就享福，該作事的去作事，該賺錢的去賺錢。如果加修十善業道，有業也有道，祂就流注欲界天的種子給你，讓你下一世去欲界天享受去。如果你很努力修禪定，抓到要領了，證得禪定了，祂就流注色界天底種子給你，讓你的色界天身跟你這個肉身同在一起，於是你的胸腔裡就快活起來擁有樂觸了。不管什麼種子，祂都有；祂那個雜貨店比我開的更大，我的雜貨店裡可沒祂那麼多；而且說句老實話，我這雜貨店裡的東西還是從祂那裡搬過來的。

所以祂有許多的法性，包括你將來怎麼成佛，成佛時該如何，祂都有；因爲法性無盡的緣故，所以說祂的功德不可稱量、無邊無際；連剛悟的菩薩都不能思不能議，何況是悟錯以及未悟底凡夫們。這樣一聽，諸位應該有信心了：「原來我找到祂的時候，覺得好像沒什麼，如今看來祂還眞的有那些功德。」這意思也就是說，祂有一個使你證得以後必定可以成就佛道底功德。成就佛道靠什麼成就呢？大家都知道佛地四智圓明；但四智圓明底根本是什麼？是一切種子；由於「此經」中的一切種子具足證得了，才有一切種智，才會有四智圓明來利樂眾生。可是一切種子全都附屬於如來藏，附屬於此經；如果不是此經，就不會有一切種子可以讓你體驗親證，你便無法成就一切種智，就不可能成佛，所以此經如來藏具有讓你悟後圓滿成就佛道的功德。因此說，此經有不可思不可議、不可稱不可量、無邊無際的功德，阿羅漢無法思更無法議，剛悟的菩薩無法稱、無法量祂的功德，所以祂的功德無邊無際。如果要講最基本的功德，那就是說，除了有成就四聖六凡法界的一切功德以外，正因爲有祂，才能夠使你進入正覺以後，悟得那個不說而說底人，那個人就是「此經」如來。你證悟了此經以後，遲早一定會成佛的；就算是退轉十劫以後，重新再悟了就不會再退轉了，就開始邁向成佛之道。

不過，要把此經送給別人時，可得要小心琢磨，不能隨便亂送，否則就會像我剛出來弘法時那幾年一樣，把正法給送壞了；好好一部經送給他們，個個都棄如敝屣，當作是破鞋子丟棄了。可是他們丟了，此經卻還跟著他們，他們將來還是要再把此經撿回來；他們將來撿回來時也不用他補補綴綴，此經仍然完好無缺。所以於今之計，想要把此經送人時，先得要愼選對象；因爲這是每一個學法者盡此一生的長久事，終身大事可不能不小心。你送給他，他這一生永遠都會記得此經；即使退轉而開始毀謗時，也還是會記得此經，謗得就更嚴重了，所以千萬不要所送非人。所以如何善護密意，就是眼前最重要底事；一旦所送非人，一不小心就成爲虧損法事、虧損如來；你的衣服下襬再怎麼大，絕對兜不了，何況能兜著走。這些「理說」講過了，再從另一方面來說這個理，請看補充資料：

爲什麼此經有不可思議、不可稱量無邊功德？這是說萬法從心生的緣故，而心是指第八識如來藏！在古時宗門裡面，當然也常常有禪師會從理上來講的，所以《景德傳燈錄》卷十八，玄沙師備禪師有一天特別老婆，就爲人解說「此經」：

【「汝今欲得出他五蘊身田主宰，但識取汝祕密金剛體。古人向汝道：『圓成正遍，遍周沙界。』我今少分爲汝智者，可以譬喻得解。汝見此南閻浮提

日麼？世間人所作興營、養身、活命種種心行作業，莫非承他日光成立。只如日體還有多般及心行麼？還有不周遍處麼？欲識此金剛體，亦如是；只如今山河大地十方國土色空明暗及汝身心，莫非盡承汝圓成威光所現，直是天人群生類所作業次、受生果報有性無情，莫非承汝威光。乃至諸佛成道、成果、接物利生，莫非盡承汝威光。只如金剛體還有凡夫、諸佛麼？有汝心行麼？不可道無，便當得去也！知麼？汝既有如是奇特當陽出身處，何不發明取便？隨他向五蘊身田中鬼趣裏作活計，直下自謾卻去。忽然無常殺鬼到來，眼目譸張身見命見，恁麼時大難支荷。如生脫龜殼相似，大苦！」】

這叫作老婆心切，就像拉著兒子的耳朵跟他耳提。耳提還覺得不夠，還當面再數落一番——面命。玄沙就像這樣子。他意思是說：「你們如今想要能夠超出於那個五蘊身田主宰，只要識取你自己本有底祕密金剛體就可以了。」在二乘法中要斷我見，得要從思惟下手：要一面觀察、一面思惟，再一面觀察、一面思惟，這樣去斷我見。可是在大乘法中，如果信心足夠，我見還沒有斷底人，只要他悟得如來藏，這一比對就發覺：原來蘊處界等我全是假有的，十八界中沒有一界是眞實常住底法，都是虛誑法，我見也就跟著斷了。我們近幾年是希望你們可以悟得更容易，所以先把你們的我見殺了再來求悟。若論禪宗的宗門，古來總是不先殺你的我見，只教你找到這個祕密金剛體，我見自然就會斷滅；就怕你不敢承擔，所以斷不了我見，老是住在凡夫的離念靈知裡。你如果承擔祂確實是常住法，如果找遍了一切方法都沒有辦法滅祂，就能承擔下來了，那麼我見就不得不斷除了。凡是悟後會退轉的，都是沒有眞的承擔起來，就是觀行內容還作得不夠。

這個祕密金剛體找到了，你就可以說你是金剛菩薩。將來遇見了西藏密宗喇嘛，就說：「**你的智慧不堪一擊，你沒有資格當金剛菩薩。**」他們自稱是金剛乘，都說是金剛行者，但他們的金剛都只是用鉛作的，看來好像很堅硬底樣子，卻不堪槌子一擊。可是我們這個金剛法，你拿鐵槌子怎麼打也打不壞，因爲祂根本無形無色，你怎麼打得到祂？既沒有一個法可以打得到祂，你怎麼能打壞祂？這才是眞正底金剛。合十方諸佛一切威神之力爲一最大威神之力，也無法壞滅一隻小螞蟻的祕密金剛體；那麼「此經」如來藏心，當然是金剛。

玄沙接著講，古人說：「**圓滿成就正遍知覺這個祕密金剛體，是遍周沙**

塵界的。」有很多人說：「我知道了，這個祕密金剛體、這個祕密金剛心，祂就是遍滿虛空的。」月溪法師不就開大口說話嗎？他捨報底時候還先寫了一首偈，其中一句好迷惑人：「遍滿虛空大自在。」哪一天見了他，我就說：「你根本就不自在，你也沒有遍滿虛空，你連這個祕密金剛心都沒找到，還能遍滿虛空嗎？」哪一天也許他來問我說：「那麼這樣子，好像只在眼前呵？」我說：「眼前也對。」「既是這樣子，經文說遍周沙界，那又怎麼說？」我說：「在眼前也對，經文也對。」他說：「那你這樣，不是自相矛盾嗎？」我說：「不矛盾，當你找到了祂，祂確實遍周沙界，可卻不是遍滿虛空。不信的話，等你悟後，你就一世一世去檢驗看看。因為你現在還沒有神足通，你還沒有輪寶，不可能這一世遍到其他世界去檢驗。」也許有人說：「那好，我就來試試看；我現在提前捨身，我要往生去極樂世界看看那裡有沒有祂。」當他自殺捨報了，坐上金剛臺跟隨阿彌陀佛去了，當然是上品上生；如同屈伸臂那麼短的時間，去到那邊一看說：「原來我的金剛心也在極樂世界。」也許他想一想又說：「我還沒有實驗夠。」就向阿彌陀佛稟告說：「請您加持一下，因為您的願力說，我們可以到十方世界去供佛，明天早上我要去十方世界諸佛淨土，去看我的金剛心—此經—是否也在諸佛淨土中。」結果去到不動如來那邊去，也在；去到寶生佛、須彌佛、焰肩佛，什麼佛土他都去，結果一一檢查以後發覺都在。十方佛世界，不論你去到哪個世界，全都可以找到祂，那祂不是遍周沙界嗎？恆河沙數的佛世界，不管你到哪裡去，你都能夠看見祂，那當然可以叫作「遍周沙界」。可是絕對不要像月溪法師講的：「既然遍及十方世界，當然是遍滿虛空，不然怎麼可以遍十方世界？」你如果也像他這樣想，那你就誤會大了！但是誤會在哪裡？我可不便明講，等你悟了，你就知道誤會在哪裡，那時也不用我跟你說破。

此經確實是「遍周沙界」，也確實不是遍滿虛空，但祂可以圓滿成就一切萬法。而且不管你想什麼，一切想法都瞞不了祂，祂是你的正遍知覺。你沒有一法瞞得了祂，包括你所不知道的許多法，祂都繼續在運作；祂都知道，就只是你不知道。不信？那我問你：「你哪一天會死？」你不知道，可是祂知道，祂都知道。你死的時候，你知道要怎麼把中陰身弄出來嗎？你不知道，祂知道。祂沒有不知道的，所以說祂叫作正遍知覺。如果要稱爲事相上的正遍知覺，就是成爲究竟佛了，那你就是要完全證知祂所知道的一切，都沒有遺漏，那你就是究竟成佛，你就是正遍知覺了。

玄沙禪師說：「我今天少分爲你們這些有智慧的人，可以用譬喻得解。」這句話是引述自《阿含經》的，特別是從童女迦葉菩薩那部經典中引出來：智者以譬喻得解。於是玄沙禪師就用譬喻來說：「你們沒有看見我們南閻浮提的日頭嗎？」因爲這個日頭很重要，要是沒有這個日頭，人類都要死光光，所有生物也都要死光光；可是竟沒有人感謝過日頭，只有一種外道，他們每天禮拜太陽神，他們還算懂得感謝。可是我們佛弟子不感謝，特別是在悟後一樣不感謝日頭，而是感謝此經如來藏，因爲那日頭也是共業眾生的如來藏共同變出來的；所以說到底，還得要感謝自己，要感謝自己的如來藏，感謝所有有緣眾生底如來藏，同住在一個地球就是有緣。

這玄沙師備說：「世間人所作的興營、養身、活命種種心行等作業，全部都是承蒙這個日光才能成立。」這日光就譬喻作如來藏，就告訴你：不論作什麼，你都要靠祂；若是沒有靠祂，人間有情什麼都作不了。也許有人不信：「那請你告訴我，爲什麼作不了？」我告訴你，明明白白告訴你：「因爲如果沒有祂，你連命都沒有了，還能作什麼？」這樣我解答了，眞實密意也沒有洩漏。可是，這日頭自身每天東邊起、西邊下，好似鑽過大地下面，明天早上又東邊起、西邊下，它從來都沒有停過，它到底有沒有種種的不同呢？你每天看來，這個日頭都是同一個，又不是有兩個日頭輪流來，它就是這麼一個。然後你可以觀察它，看它有沒有起個念頭說：「我現在照到你們亞洲了，你們亞洲人可得要感謝我。」它也沒有說：「我接著要照到歐洲了，歐洲要感謝我吧！」它從來沒有任何的心行，它也沒有說：「這非洲底眾生都不感謝我，所以我不要照他們。」它都沒有這些心行。它遍處普照，所以它就是這樣直接去運作，不會起眾般心行。

說完了，玄沙師備又講：「你如果想要認識這個金剛體，道理也是一樣的；眼前山河大地、十方國土、色空明暗，以及你的色身、你的覺知心，莫非都全部承蒙你這個能圓滿成就諸法的自己祕密金剛體底威德光明所顯現出來。乃至於天人之類、群生種類，不管在作什麼事情的時候以及受生果報，也不論是有性或無情，統統都是承蒙你身中這個祕密金剛體底威光來成就。乃至諸佛成道、成果、接物利生，全都是承蒙身中這個祕密金剛體。可是這個祕密金剛體，祂還有凡夫與諸佛的分別嗎？還有你這樣想東想西底心行嗎？可是你們卻不可以跟我說：『我沒有這些心行、沒有凡夫與諸佛，說這樣就算是悟了。』其實不可以這樣呵！知道了嗎？你們既然也有這樣奇特底，並且就像在大太陽底下，分明顯現的悟處，爲什麼不要發起你的光明直接就認取祂呢？爲什麼要隨著別人向五蘊身田中那個死人所作的事業裡面去幹活呢？全部都是把自己給欺瞞了去。有一天忽然無常殺鬼到來，眼睛睜得大大地，耳朵也撐得好大，想要繼續見、繼續聽，也想要維持身見、命見，到那個時候可是很難支持負荷得了的。如果認爲可以支持負荷得了的，一直要保持著覺知心、保持著身體，到那個時候就好像烏龜活著就要把牠剝殼一樣，那可眞是痛苦呀！」

諸位！玄沙禪師這一段話是在罵什麼人？正是在罵那一些落在離念靈知中的人。凡是落在離念靈知中的人，你只要讓他生上一場大病，他就知道錯了。如果讓他一直都很健康，他是不會知道錯在何處的。所以假使你有能力，應該讓那些離念靈知的人都生一場大病，那時離念靈知就再也不能離念、再也不能靈知了，因爲昏沉了、中斷了，那時他們就不會再大妄語了，你便成功救得他了。所以你如果有大神通，就去幫他們捉弄捉弄，讓他們病上一個月、兩個月，每天昏昏沉沉地作不了主，他們就知道自己悟錯了。因爲那是意識心，意識心是要靠五色根以及六塵爲緣，才能生起、存在以及正常運作；當他昏昏沉沉一直要睡去的時候，眼睛一直努力想要張開，想要繼續保持著能見；耳朵一直撐開，希望繼續能聞，結果還是漸漸地不能見了，慢慢地不能聞了，還是撐不過去，終於還是悶絕了。只要讓他們每天悶上一次，悶上一個月，他們再笨也會知道自己悟錯了；那他們就懂得懺悔，就不會再大妄語了，那你不是就把那些人給救了嗎？所以，有時候害人還能救人，害他們生一場大病，你反而救了他們未來無量世。

凡是落到離念靈知裡底人，凡是落到六識自性中底人，生了一場重病時都會自我檢討；只有笨到身體癢了都不懂得抓的人，才不會檢討，否則都會檢討的。因爲他會想：「當無常殺鬼來到的時候，我還能作得了主嗎？」他會思考這個問題，想一想：「我現在這麼一場病，都已經抵抗不了；無常殺鬼來底時候，我還能怎麼抵抗？」根本沒辦法呀！可是咱們不必抵抗，無常殺鬼來了，我就走；我爽快地走人，他可抓不著我，只要我主動走人就沒事了。這一走，十方世界隨你得生，無常殺鬼還去不了呢；他想要去到不動如來的世界，不動如來的世界在哪裡？他又看不見，他想要感應不動如來又感應不到；因爲他一天到晚胡思亂想，沒辦法感應，他能怎麼去？所以眞實的證悟，不跟無常抵抗。無常來了，我換一個更年輕的色身再來，這不就行了嗎？爲什麼要在這邊拖拖拉拉無謂地抵抗呢？只有愚癡人才會去當拖死鬼。我們才不要當拖死鬼，在那邊要死不活地，多可憐！乾脆就走了，去換個全新的好用身體就沒事了。

所以，玄沙禪師責備的就是落在離念靈知心中的錯悟者，當無常來的時候，猶如生脫龜殼相似，所以他們腳步邁不開；明明該轉入中陰身了，他們卻在那邊一直撐著，老是不肯走。我以前講過，桃園縣有一位比丘，即將捨報了，人家來幫他助唸；白天助唸完了，晚上又有人來接著助唸；晚上助唸完了，他還沒走，白天又有一批人再來助唸。這樣子助唸了整整三天，連著三天三夜他都不肯走，後來大家就說：「看看是走不了了！回家了！回家了！」大家都不爲他助唸了，都回家了；可是才剛回到家裡，電話來了，說他走了；因爲沒有人要陪他了，沒有人要幫他助唸了，他覺得孤單，乾脆走人了。這不正是拖死鬼嗎？人只要悟了，懂得生死無常底道理，就不必這樣拖拖拉拉；該走就走，換個全新底色身再來，不也是很好嗎？這一世應作底事情也作了，那不就是所作已辦嗎？該修底清淨法如來藏也修了，不是梵行已立嗎？這個時候不走，更待何時？難道還要等無常殺鬼來跟他戴上手銬腳鍊，再加上個枷鎖才要走嗎？多麼愚癡！其實你只要悟了，無常殺鬼就沒資格找你，他們也不敢找你。所以，趕快把你的祕密金剛體直下認取，還有何事可以憂愁呢？

上一週《金剛經宗通》補充資料講了第一段，現在第二段是宗說。這個宗說，請看補充資料。這是從《教外別傳》裡面摘錄出來的，目的是在顯示持經的功德。要知道如何正持，如果是錯持了此經，就沒有功德了。《教外別傳》卷一裡面記載：

【世尊昔因文殊至諸佛集處，值諸佛各還本處，唯有一女人近彼佛坐，入於三昧。文殊乃白佛云：「何此人得近佛坐？而我不得？」佛告文殊：「汝但覺此女，令從三昧起，汝自問之。」文殊遶女人三匝，鳴指一下；乃托至梵天，盡其神力而不能出。世尊曰：「假使百千文殊，亦出此女人定不得。下方過四十二恒河沙國土，有罔明菩薩，能出此女人定。」須臾，罔明大士從地涌出，作禮世尊；世尊敕罔明出，罔明卻至女子前鳴指一下，女子於是從定而出。（翠巖芝問僧：「文殊是七佛師，為甚出女子定不得？罔明菩薩下方而至，但彈指一聲，便能出定？」莫有對者，乃自代云：「僧投寺裏宿，賊打不防家。」五雲和尚云：「不唯文殊不能出此（女人）定，但恐如來也出此（女人）定不得。只如教意，怎生體解？」）昭覺勤頌云：「大定等虛空，廓然誰辨的？女子與瞿曇，據令何調直？師子奮迅兮搖蕩乾坤，象王回旋兮不費餘力。孰勝孰負？誰出誰入？雨散雲收，青天白日。君不見：馬駒踏殺天下人，臨濟未是白拈賊。」徑山杲頌云：「出得出不得，是定非正定；罔明與文殊，喪卻窮性命。」】

大家來看看：這裡面到底在講什麼？看來禪宗門下講的，好像比經中講的還要深呵！事實上真是這樣嗎？不然！其實禪宗祖師只是太老婆了，真的叫作眉毛拖地，爲了要大家瞭解《般若經》中的宗門妙義，才有這麼多含沙射影、血口噴人，要教你看清楚。所以祖師這些話都不是沒來由的，也不是故弄玄虛；你若還沒找到如來藏，尚未親證般若，這些公案可就全都不通。但是，假使悟得如來藏，讀了這些公案，那就叫作九竅通了、還欠一竅，只剩一竅不通。這好像講俏皮話——不是！我說的可眞是九竅通了，只剩下一竅不通，那就是還欠修學禪門底差別智了。不過，因爲跟世俗用法的一竅不通是一字不異，難免誤會。世俗人講一竅不通，可是罵人底話；我這裡講一竅不通，則是說你已經通了九竅。

我們且來看看《般若經》中引申出來底《教外別傳》公案。有一天 世尊因爲 文殊到諸佛會集之處，恰值諸佛已經各還本處了，卻還有一個女人，在本佛坐處旁邊入定了。諸佛、諸菩薩都離開了，剩下這個女人在佛座旁邊，竟然入定了，文殊就問 佛陀：「這個女人到底是什麼人？竟然可以在佛座旁邊坐著入定，我卻不可以。」因爲 文殊如果在 佛陀座旁入定，可是要挨罰的；這個女人竟然可以，佛也沒有罰她，所以覺得很奇怪就提出來問了。佛就告訴 文殊菩薩說：「你只要把這個女人給警覺了，使她從三昧中出定了，你自己去問她吧！」佛陀有時候也不講，這就像以前 克勤大師也是一樣；有時候你問他是什麼，他乾脆告訴你說：「我也不知道。」其實他早就知道了，然後等你參出來了去向他報告，他卻說：「倒還不錯啦！你終於知道了。」他就是這樣子。因爲那些東西是地上菩薩底境界，那不能解釋；得要你自己去參詳，自己體會出來底才會有功德。

現在 佛陀告訴他：「你自己把這個女人警覺出來吧！讓她從定中起來，你自己問她吧！」文殊菩薩奉 佛之命，就在那個女人身旁繞了三圈，又鳴指一下，可是這女人還是不出定；文殊就把這女人往上托到四王天上面，再來彈指一下，看她出不出定，結果還是不出定。就這樣次第往上托，都彈指到初禪天、梵天去了，也很努力、很大聲地彈指，這女人還是不出定。看看是沒辦法了，世尊就說：「假使有一百個『千』的文殊菩薩，」也就是十萬個文殊菩薩，「同時把這女人托上梵天來彈指，也無法使這個女人出定。可是下方超過四十二個恆河沙國土，有一位罔明菩薩就能夠出這個女人於定外。」話才剛說完，就放光往下方照耀，不久罔明大士從大地中涌出來，然後向 世尊禮拜了以後，世尊就命令罔明把這個女人出定，罔明只是走到這個女子面前彈指一下，這個女人就從定中出來了。這是《教外別傳》的典故，當然 世尊有解釋說各人的因緣不同，這裡先不跟諸位解釋爲什麼是這樣。

我們且來看看禪宗裡面，翠巖芝禪師舉出了這個公案，就問座下底僧眾：「想那文殊菩薩是七佛之師，爲什麼他想要出這個女人於定外，竟然作不到？那罔明菩薩從下方四十二恆河沙國土以下的世界來到這裡，他只是彈指一聲就使這個女人能出定，那是什麼道理呢？」這樣一問，座下的那一些僧人，沒有一個人能答覆。且不說那些僧人，問問我們會裡面這些已經明心底人：「爲什麼文殊是七佛之師，出女子定不得？下方來底罔明菩薩，只彈指一聲就出來？誰要上來講一講？我這個麥克風借給你，法座也借給你。」所以教意裡面其實函蓋了許多的宗門密意，只是其中有正有偏，也有很明白的地方，可是又夾雜著許多淆訛之處；所以在宗門之下，並不是悟了就沒事，悟了反而更多事，因爲還有許多差別智要學；這些差別智如果不學，悟了歸悟了，遇到悟得深底禪師一句話，就被撂倒了，空有十八般武藝，一樣都使不出來。現在遇到了翠巖芝禪師，縱使你悟了，你要怎麼答他？還眞的難呵！所以這不是那麼容易的事。

談到這裡，我們上週搭火車的人趕時間先走了，我隨後倒是講了幾句話，有人建議我說：「有些趕火車的人都走了，都沒聽到，很可惜呵！應該要跟他們講一遍。」那我就再講一下吧！宗門或者教下都一樣，假使覺得自己悟了，千萬不要覺得一定是眞的，因爲十個人裡面大約有九點九個人是悟錯的。假使以古代祖師標準來說，縱使算是悟了，在正覺同修會中還是無法被印證的，因為我們現在是超高標準，得要保證智慧生得起來，得要保證不會退轉。所以如果正好是那零點一個，應該是不錯的了，去到禪三道場時還不一定是能勘驗過去的。所以假使正好是那九點九個之一，恐怕就有大妄語之嫌了！到了一生結算功過底時候，那可不好玩呵！所以千萬要小心，自己以為悟是可以啦！但是只能放在心中，還沒有勘驗通過之前，還不曉得自己到底是那零點一個還是九點九個之一，最好還是謹慎一點好。這是我們上週講經結束後講的幾句題外話。

現在回到翠巖芝禪師的這個問題來，他提出來問了眾僧，眾僧之中沒有人能應對，他就只好自己代答說：「出家的僧人向寺裡面去投宿，賊人則是專門打劫不防備的人家。」到底他是解答了沒有？到底解答了沒有？所以這還真的不容易懂。他這兩句話都是一語雙關，其實只要答其中一句就夠了，不過他怕人家不容易會，所以同樣的語句就多誦了一句。他說出家行腳底僧人晚上都向寺裡面投宿，又說賊人總是去打劫沒有提防底人家。他究竟意在何處？這跟文殊出女子定不得，而罔明一彈指就出女人定了，到底有什麼關聯？當然是有關聯。這個公案傳了出去，古時候的公案，因為很多道場都有證悟的禪宗祖師，所以現成公案都傳得很快。可是我出道以來弄過很多的機鋒，講過好多機鋒一類的言語，也沒有一個機鋒、一句言語流傳到各道場，真是好奇怪，顯然已經是末法時期無疑了。可是那些大山頭反而都說：「那個蕭平實是個乩童。」這一卡車灰塵，他們捧著到處去散、去揚，可是我那些灰塵裡面埋了好多底黃金，他們全都不要；全都把黃金留在我的卡車上，只帶走一堆灰塵，真奇怪，這些人！無怪乎說現在叫作末法時期。

在古時候，真悟禪師的現成公案都傳得很快，所以五雲和尚聽到了，就向徒弟們說：「不單單是文殊沒辦法出這個女人於定外，我恐怕連如來也出這個女人定不得，」一樣也是作不到的。「可是這個深般若裡面的教意，大眾要怎麼樣來體會領解呢？」這樣有沒有點得白一點了？不但 文殊無法出此女人定，恐怕連 如來都無法出此女人定呵！可得要罔明菩薩來，才有辦法出定。會了沒？既然沒有人說會，我們就繼續來看看，我師父 昭覺克勤禪師，他怎麼誦的呢：「這個大定等同於虛空，可是祂卻非常明顯都無遮蓋地顯現出來。有誰能夠從其中把祂分辨出來呢？女子跟瞿曇，」瞿曇就是 佛陀，「根據這樣的一個教上的意旨來作，到底哪個人彈出來的調子是正確底？」明明一個是在定中，明明佛陀不在定中，還在跟文殊講話，也在跟罔明講話，爲什麼卻將他們兩個拈在一起，來問大眾說：誰彈的調子比較正確或者直接呢？請諸位斷斷看。

然後接著又說：「這其實就是獅子奮迅，」就好像獅子奮迅一樣，那獅子看見了獵物，一下子彈跳出去就撲住了；「正當獅子奮迅的時候，哪個眾生不害怕呢？眞的是搖蕩乾坤。當獅子搏取獵物的時候，都是盡全力而撲，從來不會故意留下一分力氣的」；當牠撲出去的時候，是全身之力一撲而出呵！可是「象王回旋兮不費餘力」，那象王轉身的時候，卻又是輕輕鬆鬆就轉過來，一點都不費力氣。這又是在講什麼呢？你們看，一個禪師一個調，好像八竿子都打不著，好像都與經文中底教意無關；目前三個禪師講的，看來互相之間一樣是八竿子也打不著，這到底是什麼意思？這就是從不同的層面、不同的方向來指示；因爲佛陀告誡說，深般若的密意不能明講，所以禪師們只好學國畫家在畫山水時一樣，他們畫明月時都不畫圈圈，只是預設一個無形底圓圈，把外邊塗黑了，中間預設底明月就顯現出來了。如今三位禪師已經顯現八分了，明眼者看取！

接著　克勤大師又說：「到底是誰勝了？誰負了？誰贏了？誰輸了？是誰出定了？誰入定了？如今雨已經散了，雲都收起來了，正是青天白日朗朗乾坤。」說得夠白了罷？眞的夠白了。如果還不會，他再加送一卡車黃金給你（那時候沒卡車，應該說一牛車）：「你難道沒有看見嗎？那馬祖道一，這匹千里駒奔馳起來，可就踏殺了天下人，教天下人個個喪身捨命。」這叫作死得什麼、活得什麼呢？七、八年前的寺院禪堂裡常常寫著：打得「什麼」死而許法身活？那叫作愚癡人。他們常常這樣說：「打得念頭死，許汝法身活。」那叫作活什麼？活得離念靈知意識，哪裡是法身？人家禪師說要死卻孫猴子，就是要死掉這個意識心，才能夠「活卻窮性命」。爲什麼活卻性命時卻又說個窮字？因爲祂都無所有。這樣會了沒？他說的「馬駒踏殺天下人」，在告訴你這個呵！可是雖然告訴了你這個，還是偏中去。

那麼他底正中來又是在哪裡呢？還有一句「臨濟未是白拈賊」。說臨濟禪師—臨濟義玄—咱們東山禪也是由臨濟沿襲弘揚出來底。這臨濟義玄剛出道底時候，是因爲他的師父黃檗希運禪師沒把他勘驗好，只用機鋒勘驗，就授給他禪板出去開山了。那時他其實還是眞妄不分，並沒有很正確底智慧；所以他出世弘法早期所說底法，就被當代其他證悟禪師給拈提了，說他腳後跟還不穩。他後來心中有疑，又回去參見他的師父黃檗希運，才解決了這個眞妄不分的大問題。可是克勤大師卻說他後來弘法時可都不是白拈賊呵！雖然他剛出道那幾年眞妄不分、含糊籠統，人家說他叫作籠統眞如、顢頇佛性，正是講他。可是爲什麼克勤大師說他後來不是白拈賊？白拈賊，古時候就很多了，現在則是漫山遍野。

有一天臨濟義玄回到臨濟院，那個臨濟院本來是普化跟另一位克符禪師，是師兄弟兩個人合建起來的；這個臨濟義玄膽子也太大了，直接到人家院子裡就說：「你們兩個把院子讓出來，由我來弘法。」普化二人也大方，直接就讓出來給他。有一天，他回來看見那普化禪師在廚房裡面吃生菜（我們現代人說生菜沙拉是一道好菜，古人可不吃生菜的；可是普化禪師不管生熟，拿了就吃），臨濟義玄進來看見了就說：「你這個普化倒像一頭驢。」因爲動物驢子一類才會吃生菜，古人吃的都是煮熟的。如果是一般人，你若是罵他像一頭驢，他管保會跟你瞪眼，甚至於粗魯一點還會把兩邊的腰扠起來：「你說什麼！」準備要跟你打架了。沒想到普化禪師聽到臨濟這麼說，反而學驢子叫，然後臨濟義玄就走了。當初因爲臨濟眞妄不分，所以很多證悟禪師，譬如玄沙師備等幾個禪師都拈提他，連捐院子給他的普化禪師也拈提他；意思是說他自己連腳跟都還沒站穩，就想要度人，還要說別人的不對，那豈不是個白拈賊嗎？可是 勤大師這裡卻說他不是白拈賊；不但他不是，連外面底狗子、貓兒都不是白拈賊。會了沒？會了就開悟了，《般若經》就讀懂了。

後來 勤大師的徒弟徑山宗杲，也把這個公案拿來作個頌，這樣是第幾位了？是第四位拿這個《教外別傳》的公案來作偈了：「**出得出不得，是定非正定；罔明與文殊，喪卻窮性命。**」這就是一筆全部抹掉。不要管他什麼出得出不得，什麼能出她定或不能出她定，都不必管他；因爲這個定也不是正定，罔明大士跟文殊大士全部都必須要喪掉窮性命。這公案，且問問看已破參底同修們，到底這些禪師們意在何處？當然正中來底，你們是知道了；現在問你們偏中去，他們底意思在哪裡？所以要知道禪門三關，每一關都不好過，沒那麼容易的事；何況是那些根本就沒有開悟，都還落在離念靈知心中，都還落在意識心中未斷我見底大師們，還敢出來講他的什麼三關。

有的甚至講：「沒有三關啦！三關就只是一關。」諸位看看，你們明心了，這個公案能通不能通？還是很難通的。

現在就回到經文來，說下方過四十二恆河沙國土，有一個罔明大士；從這個世界往下一直飛，過了四十二個恆河沙數國土，罔明菩薩住在那裡。請問罔明的意思是什麼？（有人答：無明。）對嘛！那不就結了嗎？叫作無明菩薩嘛！為什麼又是下方的四十二恆河沙國土？這是什麼意思？請問菩薩成佛共有幾個階位？總共五十二個階位，從最高的位階往下扣掉四十二個位階，剩下的是什麼位階？正是具足無明底人，還在十信位中修，每往上一個恆河沙國土就超過一個階位了。十信菩薩每往上一個恆河沙數國土，就過一個階位；這樣從妙覺位往下過了四十二個恆河沙數的國土，是什麼位？是等覺、妙覺大士往下數，由初地菩薩罔明帶來他與十信位凡夫相處的境界，拿來這個女人面前一彈指就解決了，那女人就出定了。這樣「教意」懂了沒？所有的世間定都只要一彈指就解決了，再不然引磬拿來耳朵邊跟他猛敲，也可以把他喚出定來。

可是問題來了，文殊是七佛之師，為什麼出此女人定不得？因為他用等覺、妙覺大士的智慧要叫她出定，那不是妄想嗎？等覺大士的定是什麼定？且不說等覺大士，剛明心的諸位就好了，那叫什麼定？（有人答：那伽大定。）對嘛！那個大定是沒有出也沒有入底，所以說能出定與入定是什麼定？能出定的就不是正定，只是凡夫所證的世間定；所以說這個女人的定不是正定，只是世間禪定底深定。大慧宗杲已經告訴你了：「是定非正定。」說句老實話，如果罔明大士用等覺、初地的智慧想要出此女人定，也是出不得的；他得要把下方四十二恆河沙土所住的那個凡夫才有的無明煩惱，拿來應付這個女人，這時只要一彈指就使那女人出定了。

所以，假使你說：「我也可以出這個女人定。」我告訴你：「你出不了她，因爲這女人也常在那伽大定，你怎生出得了她？」因爲，這女人既有無明大定，可是也有那伽大定，你出不了她的那伽大定。這個奇怪吧？但是等你悟了，都不奇怪。因此，如果你要用等覺、妙覺大士的境界來警覺她出離那伽大定，那是不可能底事。可是現在的眾生，一個個都跟這個女人一樣，都有無明大定；你若想要用如來藏妙義，怎麼樣去警覺他們出定？可都警覺不了。只有你們諸位才能被警覺。你們看佛教徒那麼多，我們不斷地宣講著：

只有能夠出生了名色、出生了離念靈知的這個第八識，祂才是眞實法；而祂永遠住於那伽大定中，這個定永遠無出無入。可他們大多數人還是不信的，當然不能與那伽大定相應，只能與世間定相應，就跟這個女人一般無二。

禪宗所悟底心，永遠是制心不動底，無始以來不曾一剎那動心過，這才是大定；不論出了世間禪定，或者你正在打坐時，祂都同樣是在定中；行走也在定中，唱歌也在定中，跳舞也在定中，這就是大龍 世尊所教給菩薩們的大定。你說爲什麼會這樣？我說因爲不必修定就這樣，這才是無修之法；無修之法就永遠不會壞，有修之法終究會壞，而這個那伽大定是本來就在的。可是你看現在普天下那些佛弟子們，一百人倒有九十九點九個都是住在無明大定中，你若是想要以第一義諦出他們的世間定，還眞的不可能呢！必須要弄盡許多的方便善巧，在世間法上去弄他，他才終於出了無明大定，才願意進入正覺同修會裡來。

是不是這樣呢？事實上眞是這樣。你如果開始跟他講：「你必須要證悟如來藏，悟了如來藏以後就會有般若實相智慧。」他們住在無明中，根本聽不懂你講的這些話，也不想聽。可是你如果告訴他：「你一旦明心，公案看得懂，你也可以出來度人。大家都會說你是大師。」他才剛聽你說他將來悟了會是大師，於是就出定了。這就出定了，出了什麼定呢？出了無明定。你得要告訴他世間法：「你眞的可以開悟，將來可以成爲大師。」他才會出離無明之定。你如果跟他講說悟了會有什麼般若智慧，他是出不了無明定的。所以說，文殊菩薩用那種智慧要使女人出定，出不得。罔明大士雖然只是初地，但他從下方四十二位階把十信位的無明拿來應付這個女人可就通了，一下子就出定了。這樣的「教意」懂了沒？終於懂了！懂了歸懂了，可是這其中的宗門之意在哪裡？那可就要讓你們自己費思量了。我該講的也已經講了，弦外之音也彈給你聽了，有沒有聽到呢？那就是你家的事，不干咱家底是非。

有好多人每天晚課要誦《金剛經》，這還不夠，有的人還要去佛教文物店買人家印製底，很精緻而且裝訂成很小的《金剛經》，掛在脖子上或者拽在口袋裡，可以保平安、避鬼神。有的人誦了二十幾年《金剛經》，名爲讀誦此經；有的人把迷你版的《金剛經》戴了二十幾年，也稱爲受持；等你問他說：「你持此經有什麼功德沒有？」「好像沒有，又好像有，因爲都沒發生過橫難。」有的人這樣子還不滿足，他就說：「我要的不是這個，我要的是功德，你問的那個都是世間法。」想一想，他說的也對，可是等你問他說：「你持經難道都沒有功德嗎？」他說：「沒有呀！功德是佛法上的事，我又不是要世間法上的事。」那你就問他：「那你持經時是怎麼持底？」他說：「我每天晚上都有課誦。」「你怎麼誦？你誦給我聽聽看。」「如是我聞，一時佛在舍衛國，祇樹給孤獨園……」他誦得飛快呵！你說：「原來你不會持此經，所以你才沒有功德。」他當然要問你：「那你教教我，我要怎麼持才有功德？」那可簡單了，你就拉著他的耳朵：「聽清楚了：如是我聞。」他想一想，隨即問你：「你怎麼只有唸四個字？你又沒有教我怎麼持。」你說：「笨蛋！持經不在口。」懂了沒？我這樣講，機關這麼明白了，還看不出來嗎？另外一個說：「我又不是用課誦來持，我都把它佩戴在身上。」那你問他：「你怎麼佩戴？」他說：「就這樣呀！你看，就戴在這裡呀！」你說：「原來你不會持經。」他問你：「那我該怎麼持？」你說：「拿來！」等他拿過來，你把經本塞進他底口袋就好了；若是會，就要這麼持。

所以，如果錯持「此經」就如同那個女人，那麼想要求得「此經」的功德，可就永劫都不可能。那個時候他出定了，還會怪說：「我悟得這《金剛經》也沒什麼功德。」因為錯持「此經」，想要藉此經獲得有量有邊而可思議的功德。所以，當代台灣四大山頭、五大山頭，一天到晚要徒弟們靜坐求離念，那都是以定為禪的無明女人。眞的是無明女人！這種無明女人，你們要用無明來對治他們，所以只好用無明之法來度。怎麼度呢？寫《阿含正義》告訴他們：這些都是無明，對治了無明以後就可以證果。讓他們知道這些都是無明，讓他們知道自己原來都落在意識裡頭、從來都不離識陰；如果能把三縛結、五下分結、五上分結斷除了，就可以證果了。等他們把七輯都讀完了，觀行之後確定可以證果了，並且肯下死心去用功，重新再讀上兩遍、三遍、四遍以後，終於懂了：原來我以前還眞的是住在無明大定中。當他們懂了自己住在無明的時候，他們就出定了；出定了就會來找「明」在哪裡，找來找去沒個道場可以幫他們，最後只好到正覺同修會來。所以說，錯持「此經」就沒有功德。

所以，出此女人定，四大山頭任何一位堂頭和尚來都出得；可是我若是想要出這個女人定就出不得；不是因為我證量高，而是因為那個女人眞的是無明。我該要怎麼樣出她的定呢？我就只好學著十信位底菩薩，附在耳朵邊告訴她：「妳兒子被車子撞死了！」管保她馬上出定。會了沒？如今普天下看著，都是那個無明女人，所以正教眞的沒辦法廣傳。你們若是想要用實相智慧度他們，就會像大慧宗杲講的：「罔明與文殊，喪卻窮性命。」其實罔明也根本出不得這個女人定，他是因爲把下方四十二恆河沙數國土的十信位的無明拿來用（初地菩薩總是要與十信位裡的菩薩們廝混，這是正常事），所以才剛把無明用上了，就叫她出定了！這樣《金剛經》這個持經功德，有沒有顯示出來？（有人答：有。）持經功德就是這樣顯示的。

再來看一個宗門的公案怎麼說。我們經文裡面不是說「如來爲發大乘者說，爲發最上乘者說」嗎？沒有斷除我見的人，沒有發起菩薩種性的人都無法持此經；必須要放捨了身見、放捨了我見，並且發起了菩薩種性，這樣才有辦法持此經。《佛祖綱目》卷三的記載：

【世尊因黑氏梵志獻合歡梧桐花，佛召：「仙人！放下著。」梵志放下左手一株花。佛又召：「仙人！放下著。」梵志又放下右手一株花。佛又召：「仙人！放下著。」梵志曰：「吾今兩手俱空，更教放下箇甚麼？」佛曰：「吾

非教汝放捨其花。汝當放捨外六塵、內六根、中六識，一時捨卻；無可捨處，是汝放身命處。」梵志於言下，悟無生忍。】

你看人家外道悟得這麼輕鬆，我不但撒土又撒沙，又入泥又入水，今晚眉毛還拖到地上去了。已經破參底人可以爲我證明，我今晚眞的眉毛拖地呀！問題是，爲什麼還會不了？有的人常常會講：「禪宗祖師都是弄一些神頭鬼臉，故弄玄虛籠罩天下人，盡是一些無頭公案；他們講什麼開悟，都是自由心證，他講對就對、講錯就錯，就全憑他。」問題是，爲什麼自古以來，禪宗叢林中偏偏就有那麼多出家人、大官，願意當禪師們的弟子，奉事禪師們一輩子，問題又在哪裡？難道那些人都是笨蛋嗎？那些徒弟們個個都是在教下很精通以後才投入叢林來的；只因爲教下通了，卻又覺得不是自己的智慧，老是透不過禪師手裡，才投入叢林中來參禪。還有那些在家弟子們，有的人是位極人臣當到宰相了，那可不是阿斗一類的人；宰相以下的大官可就太多了，都投入禪師座下當弟子，都是人間頂聰明底人，他們爲什麼願意這樣當禪師底弟子？所以這裡面當然是有蹊蹺的。而這種公案並不是禪宗祖師才有，佛陀在世就弄出很多的公案來了，所以才會有教下別傳底事流傳下來，我們後面漸漸還會舉出來談。

這個黑氏梵志，是外道法中的一個出家修行人；因爲佛陀出現在人間，非常難得，所以他拿了兩株合歡梧桐花來，想要供養佛陀；可是沒等他正式供佛，佛陀就告訴他：「仙人！放下著。」他就把左手那一株花放下了，佛又叫他：「仙人！放下著。」他又把右手那一株花也放下來，兩手空空如也。佛陀還是召喚：「仙人！放下著。」這黑氏梵志可就想不通了，便請問說：「我兩手都空掉了，世尊爲什麼還叫我放下？我到底要放下什麼？」佛陀看他沒聽懂弦外之音，只好幾乎跟他明講了說：「我不是叫你放掉手中的花，你應該要放捨外六塵、內六根，以及六根六塵中間的六識；當你把這十八個法，一時全部都放掉以後，再也沒有可以放捨的了，那時剩下的無形無色的如來藏就是你放身捨命的處所。」也就是說，放捨十八界以後剩下的那個，就是他無論如何都放不掉的，就是他應該放身捨命之處，也就是他應該歸依之處。人家黑氏梵志就這麼悟了，那麼他到底悟在何處？你如果想要進入菩薩數中，成爲眞實菩薩中的一分子，你可得要好好琢磨琢磨了。

所以，佛陀其實是很慈悲的，怕人家知見不夠，把那十二分教講了又講；

又怕人家悟不了般若，先花了十幾年時間來講聲聞解脫道，教大家把我見、我執都斷盡了。當我見、我執都斷盡了以後，剩下什麼東西是不能斷的？那就是你的放身捨命處。如今我把世尊說的講得更清楚，你看，我們正覺同修會開出這樣的法會出來，把許許多多的東西都拿出來給你們；你們若是看了這個不相應，我便再換一個；就是這樣一直換，想要換到你們相應了才算數。你看，這《金剛經宗通》裡面，我換了多少不同底方便善巧給你們了？所以即使每週二晚上坐在這裡打瞌睡都沒關係，只要有一次你聽到其中一句話，剛好能跟你相應，那你就會開悟明心，這不就夠了？可是你如果去到四大山頭，參加他們辦的禪七（其實都只是定七又修不好定），每天努力打坐，坐到腿快要斷了都不打瞌睡，也不能喊痛，但我告訴你：「即使像這樣精進辦道想要悟得般若，還是一點機會都沒有。」所以祖師說：「寧在大廟睡覺，不在小廟辦道。」請問：「哪裡是大廟？」大廟、小廟，不看山頭大小，不看建築大小，只看你法大或者法小。如果這樣講了，還聽不到弦外之音，我們就進入下一段來，換別的東西給你看，請進入第二段經文來：

【「若有人能受持、讀誦、廣爲人説，如來悉知是人、悉見是人：皆得成就不可量、不可稱、無有邊、不可思議功德。如是人等，則爲荷擔如來阿耨多羅三藐三菩提，何以故？須菩提！若樂小法者，著我見、人見、眾生見、壽者見，則於此經不能聽受、讀誦、爲人解説。須菩提！在在處處若有此經，一切世間天、人、阿修羅，所應供養；當知此處則爲是塔，皆應恭敬作禮圍繞，以諸華香而散其處。」】

講記：「如果有人能受持此經、讀誦此經、廣爲其他有緣人宣說此經，如來全都知道這個人，也全都看見了這個人：都能夠成就不可以測量、不可以稱重、沒有邊際的、不可思惟也不能討論底功德。像這樣的人們，他就是在荷擔如來的無上正等正覺。爲什麼這樣説呢？須菩提啊！如果是喜歡小法的人——喜歡聲聞解脱道的人，那就是執著於我見、人見、眾生見與壽者見，這種人對於這部《金剛經》就無法聽受、無法讀誦，更無法爲人解説。須菩提啊！不論是在什麼地方，如果有這部《金剛經》，一切世間天、人、阿修羅，都是應該要供養的；應該知道這個地方就是佛塔，所有世間天、人、阿修羅，都應該恭敬禮拜而圍繞它，並且要用種種花與香來散置於這個地方。」

這樣依文解義講完了，大家知道佛在講什麼嗎？在我還沒有開講《金剛經宗通》之前，只要是沒有來聽過我講《金剛經宗通》的人，你若是問他說：「《金剛經》講什麼，你知道嗎？」「知道呀！」他回答得很爽快。等到來這裡聽我講這部經聽久了，可就不敢這樣回答了；因爲已經知道以前所說的那個「知道」，其實只是知道文字表面意思。經文中的字，每一個字都認得，當然知道表面意思，可是其中眞正的意思又不知道了。因爲現在知道每一段經文中的每一句話，裡面一定有弦外之音；所以現在已經知道自己其實還沒有聽懂弦外之音，而不敢再說自己知道此經了。

「若有人能受持、讀誦、廣爲人說」，這句在上一段已經解釋過了，我就不再重複演繹。「如來全部都知道這個人」，所有如來都看見而知道這個人。爲什麼都知道這個人？爲什麼都看見這個人？也許你說：「我都有受持《金剛經》，我每天有讀誦，我也都有隨緣爲人解說，可是爲什麼如來都沒有知道我，如來都沒有看見我，所以都不幫我開悟？」如果你眞的這樣抱怨，那麼將來有一天等你悟了，我會叫如來打你三下屁股。你一定質疑說：「你哪裡能夠命令如來？」我說：「我就是可以請得動，我就請如來打你三下屁股。」你說：「你要請哪一尊如來？」我說：「到時候你就知道，現在不告訴你是哪一尊如來。你到時候眞的會出乎預料之外，不必我打你，我就請如來打你。」所以，不管誰在「受持、讀誦、廣爲人說」《金剛經》的時候，如來都知道他，也都有看見他。

這個道理，其實在《維摩詰經》裡早就講過了，只是你們沒有辦法把它逗起來。我這麼一提示，破參明心的人就知道：「原來就是《維摩詰經》裡面那一句，我知道了。」這時你可就知道了。眞的，只要你有眞的受持、讀誦、爲人解說，如來都知道你，如來也都看見了你。假使你知道如來確實知道你，你也證明如來確實看見了你，你便可以成就不可量、不可稱、無有邊、不可思議的功德；因爲你雖然沒有辦法像人家神足通飛來飛去，也沒有辦法像天眼通，看看別人老婆在家裡煮什麼；不過你這個深般若智慧，人家五通神仙可都搞不懂，三明六通大阿羅漢也不懂；那你想，這個功德是不是不可量、不可稱、無有邊、不可思議？因爲連大阿羅漢都沒有辦法稱量、思議你的智慧。所以當你「受持、讀誦、廣爲人說」時，如來都知道你，如來都看見你。問題是你沒有證明這個事實，你如果證明了這個事實，你便成就了不可量、不可稱、無有邊底不可思議功德。

像這樣講解《金剛經》，你們沒聽過吧？眞的叫作聞所未聞。然而這個才是正法，你要是不信；等我講經完了，你可以留下來，拿個筊杯到佛陀聖像前面丟丟看，問問看是不是這個道理？確實就是這樣。所以我還是說，如來都知道你，如來也都看見你，怕的是你不肯持「此經」。可是等你悟了以後，我告訴你：叫你不要持此經還眞的很困難。等你悟了以後，叫你不要持《金剛經》，你絕對不接受。即使拿了利刃、刀槍威脅要殺死你，叫你放棄身中的《金剛經》，你也不肯放棄，你一定會堅持要執持「此經」，絕對會受持到底，誰都逼不了你。也許你問說：「蕭老師！假使有一天遇到個惡人，叫你要放棄此經，不然你就得死，可是你還有很多的事要作，那你怎麼辦？」我說：「那還不簡單，我就叫他砍砍看，當他刀子才剛一舉起來，我轉身就跑了。我還是照樣持我的《金剛經》，我跑給他追；我一面跑著，還是一面持此經，看他能奈我何！」

你當作笑話嗎？這不是笑話！鄰座的師兄姊在笑，是因爲他們聽懂我的弦外之音。所以你們得要趕快來求悟，悟前該修的動中定力，該修的福德，該修的信心，該除的性障，全都要好好去作；禪淨班教的正知見也一定要好好吸收，這樣條件具足了，你就能聽出我的弦外之音了。只要聽得出來，你說：「原來不必去到禪三，我就可以開悟了。」那你就是「發大乘者」，就是「發最上乘者」。

再回到經文——其實剛剛也是在講經文，佛說：「像這樣的人，他就是在荷擔如來的無上正等正覺。」這確實是如實語，佛陀沒有一絲一毫的誑語，完全正確，百分之一千的正確；因爲當你發現了「如來」知道你，也發現了「如來」確實都看見你的時候，你就已經把「如來」的無上正等正覺承擔起來了，確實是如此。有很多人說：「我們夫妻根性不夠好，所以我們雖然很早就親近廣欽老和尚，可是他都沒有爲我們說法。去到那邊跟他禮拜了，他就說：『口渴了，去喝茶吧！』然後我們朝山完了，他說：『很累了，去廚房喝粥吧！』可是都沒有跟我們說法。」廣老有些出家弟子說：「我跟了他一輩子，他都叫我老實唸佛，不然就叫我說：『如果要開悟，多多爲別人工作就好了。』都不跟我們開示妙法。」後來進入正覺同修會，開悟了以後，才知道說：原來他早就開示了，只是自己沒聽懂。

廣老的手頭食物都很鹹，你要是能夠從他手頭拿到那麼小小一顆吃下去，眞的會鹹死你。我的手頭很甜，讓你滿嘴都是糖味，但你也不會覺得太膩。但那不能怪他，因爲他那個時節因緣就必須要這樣，而在這個時節因緣也必須要像我這樣。他是適應那個時代，我是應合這個時代，眞的不一樣。如果我也學他那樣，那我一輩子會很好過日子，將來正覺寺蓋好了，拿把搖椅在那邊搖呀搖；看見誰來了，禮拜過了，我就說：「好！好！好！去喝茶吧！口渴了。」那日子可就太好過了，可是佛教的未來可就沒什麼大希望，所以我今天不能這樣作。如果我今天再像他那樣，佛教再不久就沒得救了，因此我們的作法就必須要改變。而他有他的背景，不得不然；他如果把「此經」放手給弟子們，可知他的那些徒弟們個個會跟他造反？你們要是看見林覺非記錄的廣老一生，你們就會知道，他手頭的法食爲什麼必須那麼鹹，讓人無法吃得下；否則密意早被洩漏光了，而且他的徒弟也早就把他推翻了。他又不識字，也無法引述經教來講解，無法引證，當徒弟們生疑而開始毀謗正法時，他該怎麼辦？假使你們讀過他的在家第一弟子林覺非寫的廣老年譜，你會爲他掉眼淚。但我們今天跟他的背景不同，我們要用完全不同的方式來弘傳，才能使佛教正法久住而且要廣利人天。

廣老早就證明說：如來都知道他、都看見他，所以他有不可量、不可稱、無有邊的、不可思議功德。所以他捨壽時，才會教徒眾們把所有藏經都請下來，吩咐徒眾們說：「總誦。」叫大家要把每一部經全部誦起來，可惜一眾全部錯過，還怪廣老手頭吝嗇，那回他可是大方極了。而釋迦如來也這麼開示我們說：「像這樣的人，他就是在荷擔『如來』底無上正等正覺。」佛陀不是說這樣子叫作荷擔如來家業，而是說荷擔無上正等正覺；這二句是有差別的。佛陀又解釋說：「為什麼這樣說呢？」接著就提出條件來了：「如果是愛樂小法的人，」也就是喜樂於修學聲聞解脫道底人，「他們都是執著在我見、人見、眾生見、壽者見之中，他們對於『此經』就沒有辦法聽受、讀誦、為人解說。」有人也許覺得奇怪，明明四阿含諸經都說，阿羅漢們已經斷了我見、斷盡我所執，也斷盡了我執，完全無人也無我了，怎麼還會有四相呢？心裡面就懷疑說：「這部經有可能是後人編出來的，可能不是佛陀親口講的。我看印順法師主張大乘非佛說，可能還眞有一點道理。」可是我告訴你：「眞的——沒道理！」因為這眞是 佛說的，佛這個說法沒有一絲一毫誑語，我解釋一下，大家就懂了。

請問：「阿羅漢是不是很害怕又生起我見的習氣種子？」是呀！所以阿羅漢從來不跟你說：「我呀！你呀！他呀！」因爲他們很怕落在我裡面。如果有一絲絲落在「你」裡面，就落在「我」裡面、落在「他」裡面，就有我與他、我與你了，全都有了，那不就有眾生與壽者了嗎？而他們修的法是在什麼上面作觀行？在五蘊、十二處、十八界裡面。他們是面對五蘊、十二處、十八界來修斷的，所以他們心裡面一直都有一個作意存在：不想未來世再有我、再有人、再有眾生與壽者。所以當他們這樣作意時，一心想要入滅。請問：這時他們心中有沒有這四相？當然就是有了。因爲都記掛著自我何時要入滅。所以諸位都比阿羅漢聰明，阿羅漢都說：「我沒有四相。」可是他其實是有四相，因爲他一直要滅掉四相，那就是心中已經有四相了。

可是菩薩根本不管這個，能滅掉四相、能滅掉自我，可是卻又保留著一分思惑，滋潤未來世再受生的種子，根本就不怕這四相，不怕有後世的我；所以菩薩反而故意要使自己再有一個後世我，再來跟眾生混在一起；要跟所有的人混在一起，與眾生同事、利行。並且還要活得七老八十，若是三、四十歲就死，他還不要，偏要具足壽者相；可是菩薩其實心中完全沒有這四相，因爲菩薩根本不罣礙這個東西，這只是一個過程，拿這個五陰跟眾生的五陰來作佛事，菩薩是這樣行菩薩道的。所以諸地菩薩都可以入無餘涅槃，都有能力斷盡思惑的，但就是不想斷除，留惑潤生；因爲菩薩對這四相根本就不害怕，知道自己不在這四相裡面，所以無妨在四相之中而離四相；並且也教導眾生發菩薩性，同樣去實證離四相而具足四相。

所以喜歡聲聞小法的人，即使成爲阿羅漢了，都還不離這四相；正因爲他害怕這四相，所以我說他執著這四相。害怕四相的人，是一心想要滅盡自我，他就對於「此經」沒有辦法聽受，不論你怎麼樣爲他說得多麼詳細，他也聽受不了，完全聽不懂。既然於此經（也就是如來藏、也就是如來）他無法聽受，當然更無法爲人解說，因爲他自己連讀誦都作不到。所以會受持「此經」的人，他就會讀誦。人家誦《金剛經》一誦二十四分鐘，快的話說二十分鐘、十幾分鐘就誦完了。菩薩卻說這些人都不會誦《金剛經》，所以他每天佛前一跪下來：「**如是我聞。**」就下座離去了，因爲他已經誦完了。他每天只誦這四個字，就立即下座，說他已經把《金剛經》讀誦完了。可怪的是，佛與護法諸神都不處罰他，反而還護持他，讓他弘法都很平順。可是另一個比丘、或者比丘尼、或者優婆塞、或者優婆夷，每天很努力，又要上班，怕時間來不及，誦得飛快，十幾分鐘誦完了；然後晚上回家，比較鬆懈一點了，一面誦一面打呵欠，可是佛菩薩都不幫他忙，因爲他不懂得怎麼樣讀誦。

人家會讀誦的，一上座合掌：「如是我聞。」就下座了，爲大眾讀誦解說完了。這表示他眞的能夠受持「此經」，因爲他身中的這一部經在哪裡，他已經弄清楚了。弄清楚了，他就懂得要怎麼讀誦。所以人家誦得好辛苦，口乾舌燥；他都不用，他只要四字「如是我聞」就圓滿功課了。既然能夠這樣聽受、受持、讀誦，他當然就有能力爲人解說。有些人總以爲說，那些在座上披著大紅祖衣，而且是九條衣，誇口說：「我這一件大紅祖衣，可是祖宗留下來給我的寶貝。」顯然眞正能爲人解說此經的不是他，他講得口沫橫飛也沒有用。

眞正會講此經的是傅大士，傳說傅大士也是 彌勒菩薩化現的。有一天梁武帝請他上堂講經，他一上座，撫尺一拍，就下座了；旁邊寶誌國師隨即說：「大士講經已畢。」他眞的會講，這樣才是眞的能夠爲人解說「此經」

的人。至於在座上講得口沫橫飛，天人不斷地散華供養，天華亂墜也沒有用，他還是不會講的人。正因爲天人們不懂此經才會散華供養他，眞懂的人就不這樣散華供養。所以能夠懂得此經而受持，或者 佛在說此經的時候，他能夠聽受——一念相應就聽受了，他就能自己讀誦，也能爲人解說。這樣子，他就是眞正荷擔了如來家業的人，不單單是爲自己荷擔無上正等正覺而已。要能這樣子實證此經，才是眞正懂得《金剛經》的人。眞懂了，就進入菩薩數中，從此內門廣修六度萬行，不再於外門摸摸索索去修六度萬行。

接著 佛說：「**須菩提啊！在在處處，**」就是說不管你去到什麼地方，「**如果有此經的所在，一切世間的天、人、阿修羅，所應供養。**」確實如此呀！不管你去到哪個地方，只要你看到有此經，一切世間天、人都應該要供養。我每天都這樣供養此經，因爲我早上起來洗過臉、刷過牙以後，我來到廚房餐廳坐下來，我一看——此經在這裡，那我就供養此經了。你如果沒有悟，你就找來找去，在哪裡呢？都找不到。可是悟了以後，不管你到哪裡，你都找得到此經，所以你應該供養。然後到了後院子裡，魚池裡一看——也有此經，所以我也要供養；只好弄一大把飼料去供養牠們，因爲那裡也有此經，也要供養。供養過了，該作事了，作、作、作，作完了，中午一、二點了，肚子餓了，走著、走著看到也有此經；可是在佛堂、在樓梯，總不好供養吧！乾脆把此經捧到餐廳來，再供養一次，就這樣每天供養。

佛講的這一段「一切世間天、人、阿修羅，所應供養」是這個意思，你們可別誤會了。你絕對不能違背佛語；即使是個外道，或者說一神教的天主，他也無法違背佛語的。因為那一神教的天主，不管叫耶和華或者阿拉，他們不管去到哪裡，他們可都帶著此經，所以他們也是每天在供養此經。那你說：還有誰不是佛弟子？世間真的找不到一個非佛弟子，包括天魔波旬抵制正法時，他也還是佛弟子，因為他每天也遵照佛語在供養此經。

那麼佛又說：「應當要知道，此經所在這個地方，就是佛塔，一切世間天、人都應該要恭敬此經、作禮此經、圍繞此經，並且還要以種種華、種種香散到這個地方而作供養。」也許你想：「奇怪了！你說這裡有此經，可是我又沒有看到這裡有此經；你說有此經就有佛塔，可是我們現在大家手裡捧著一本《金剛經》，我也沒看到佛塔；我要怎麼樣恭敬、作禮、圍繞？怎麼樣散華、塗香、供養？」說得好像也有道理，可是我說你的想法仍然沒道理。

因爲此經就在你身上，每一個人自家裡都有一本經；只是因爲太難唸，所以不會唸。既然每一個人家裡都有一本經，而你這個五蘊家宅到處跑，不管你去到什麼地方，不都有這本經嗎？何處無此經？

所以有個禪宗的傳說，一個禪師來到一間廟裡住，在大殿裡面談著談著，突然他覺得尿急了，就在大殿角落裡撒了一泡尿，住持就質問說：「你這麼大膽！這是佛寺大殿，你竟然在這裡尿，這裡有佛欸！」禪師就問他說：「那你告訴我，什麼地方沒有佛？」這個住持才突然警覺到說：「對喔！沒有一個地方沒佛。」只好接受禪師那一泡尿，無可奈何！因爲你要叫他去哪裡找到沒有如來的地方？他走到菜園子裡，菜園子裡也有如來；乾脆叫他跑到天上去好了，天上也有如來。不管他去到哪裡都有如來，那你說：哪個地方沒有「此經」？既然有此經，那就是有佛塔。凡是如來的所在，都應該要建塔；若是沒有此經，哪來的佛塔？哪個地方沒有佛塔？你說：「我身中有此經、有如來，可是我都沒有看到佛塔。」那不然你就找找看，看什麼地方沒有佛塔？我告訴你：眞的有，就看你懂不懂什麼叫作佛塔而已。

又說要「恭敬、作禮、圍繞」，那就是交代你：當你找到了此經、找到了你的如來，你可千萬不要毀謗祂，一定要恭敬祂，因爲你完全要仰仗於祂。並且還要作禮，因爲作禮崇拜祂，祂會跟你感應。就怕你不肯禮拜祂，你就感應不了。所以我們禪三裡面常常教你拜佛，有的人說：「我學佛二、三年，在正覺會中很懈怠，都沒有拜佛；現在可慘了！平常拜佛的功夫都沒有，去到那邊四天三夜都叫我拜佛，拜到我腰痠背痛，躺下去都要很小心才爬得起來。」正因爲平常都不肯拜祂，所以你感應不到祂。人家很努力在家裡拜佛，每天拜、每天拜，當然他會感應到，所以他就悟了。一神教祝福人家說：「願上帝與你同在。」我說：「我不想祝願如來與你同在。」因爲我說：「如來本來就與你同在，不必我來祝願。」所以眞的要爲祂作禮，作禮以後，你知道你在向誰作禮了；從此以後你就每天圍繞著祂，一步都不離開祂，所以佛說要「恭敬、作禮、圍繞」。

然後接著你就每天「以諸華香而散其處」，從此你可以到前院後院看看有什麼花，只要不是圓圓的好俗氣的「圓仔花（台語）」，其他什麼花都可以供養。把花拿來往身上這麼別上去，一朵花，好好地供養祂吧！你看，有好多人點頭認同我的說法，可見我不是瞎說。可是還要有香供養呢，怎麼辦？

這也沒問題，你不是常常買檀香油、沉香油嗎？弄一點供養供養祂——就往身上抹，有什麼不好？好極了！如果你寫佛書、寫文章度眾生，那也沒關係，後院裡面或後山，那玉蘭花摘一些來，就在你書桌旁邊散一散，也不錯，就這樣供養、供養祂。眞的應該要供養，眞的只要此經所在之處即是佛塔，應該要「恭敬、作禮、圍繞」，並且還要用「華香而散其處」。

這樣講解完了，應該聽到心滿意足了吧！因爲像這樣的法，你沒地方去聽，就只有在正覺同修會裡才有。可是我們要從另一個方向來說，經中記載，善星比丘能記持、受持、讀誦十二部經，並且他也已經證得第四禪了，可是因爲他沒有斷我見，還沒有見道，卻始終自以爲自己悟了，就認定自己是阿羅漢。然後他就誤認第四禪中息脈俱斷時捨、念清淨的境界是無餘涅槃，他就自認爲是俱解脫大阿羅漢了。佛陀一再告訴他：「這只是禪定的世間境界，並不是涅槃，你也不是阿羅漢。」可是他都不信，一直都堅持說他是阿羅漢、他已證涅槃，因爲他已被惡友影響了，於是不久退失四禪；又因爲他以凡夫之身所見，所以沒有看見無餘涅槃可證，所以他又主張一切法空，就開口毀謗：「佛陀騙人，原來沒有涅槃可證。」於是看見佛陀就生起很大的厭惡心、邪惡心，因此就以有生之身而下墮地獄去了。佛說世間人愚癡，都不知道「斧在口中生」；那斧頭從口中出生以後，一不小心就砍死了自己，可是竟不知道那個斧頭是從自己嘴巴生出來的。不是別人的斧頭砍死自己，都是自己口中生的斧頭砍死了自己。善星比丘就因爲這麼一句主張邪見的惡話，在四禪的境界錯認爲涅槃，毀謗說「沒有涅槃可證」，於是厭惡見 佛，隨後就下地獄了。

爲什麼他會這樣？因爲他不知道此經、不會受持此經，也不知道「如來」眞的知道他，也沒有現前親見「如來」看見了他。所以他沒有得到此經的功德，正因爲他沒有持此經，只是在十二部經的文字上受持，不是眞的在此經上面受持。假使他懂得持此經，他就不可能誤會涅槃，就會知道本來自性清淨涅槃；知道了本來自性清淨涅槃，由於他已經能夠持誦十二部經，既能記憶十二部經文，就可以一一加以驗證；他就能快速提升道業，一樣可以取證阿羅漢的涅槃。已得第四禪的人，只要斷了我見，想要取證無餘涅槃，沒有不可能的。可是他愚癡，佛的聖教他不信受，只認四禪爲涅槃，堅持說他已經證得阿羅漢；所以就不肯再去探討涅槃的實證，更不肯去探討大乘的本來性淨涅槃，所以他才想要取證無餘涅槃。沒想到錯把第四禪境界當作無餘涅槃，所以成就大妄語業；他又不反省自己錯會佛法，還認為是 佛陀騙他，自己認為沒有涅槃可證、不可能出三界生死，主張一切法空。其實 佛根本沒有騙他，是他被自己騙了；所以就因此而非常厭惡 佛陀，又說沒有涅槃可證，認為 佛陀是騙人，就因此成就謗佛謗法重罪而下墮地獄。

假使你已經聽聞到此經了，也能受持到此經了；並且也已經能讀誦此經，甚至於還能夠為人解說此經，你的功德眞的無有邊，也不可思議；因為你可以在捨壽前就現前觀察，當你生命還具足存在的當下，就已經住在如來藏此經的涅槃中了，你一向不曾離開過此經無餘涅槃的境界。已經現前觀察到自己是本來就涅槃，不必像阿羅漢那樣，死了才進入涅槃。當你能夠這樣現觀的時候，在中陰階段你就可以乘願再去受生，看看下一世的父母在哪裡；那時你看看這一對父母，你說：「我不要這一對父母，我還要更好的。」於是憑藉見道的功德另外尋找更好的父母。當你找到另一對更好的，別人也不能跟你爭，除非修證比你高的菩薩同時往生過來，否則誰也得讓你；因為你的福德大，你已經能受持此經。到那個時候，也不害怕入胎了以後自己就消滅了，因爲消滅了以後還有下一世的自己，而下一世的自己也是跟無餘涅槃同在一起，也是本來涅槃，那又何必急著滅掉自己再去取無餘涅槃呢？假使眞的去取了無餘涅槃，依舊是像阿羅漢一樣沒有取——根本就取不到無餘涅槃（編案：詳見《邪見與佛法》中的開示）。我們留著五陰不取涅槃，不入無餘涅槃卻抓得住涅槃，把無餘涅槃抓在手裡把玩。任誰都想不通你這個實證的境界，所以你這個智慧不可思議，因此你的功德無有邊，到了中陰境界的時候可就眞的受用了。這樣就說：你能受持此經，能讀誦此經，也能廣爲人說了。這樣把〈持經功德分〉講解過了，你聽了就沒有白聽，學了也就沒有白學。至於這一段經文的眞實義，在宗門裡又怎麼說？也是很精彩，只是時間又到了，且聽下回分解。

我們這個《金剛經宗通》講完以後，將不會整理成文字，可能要使它成爲絕響。這是諸位親來正覺講堂，應該獲得的特殊待遇吧！將來可能會定時間在禪三祖師堂播放，但是會有一些規定，非會員也不可以參加。是否能夠照我們的構想這樣，將來再重新播放，還要再研究。但是可以確定的是，我們都不會把它整理成文字，所以能夠聽，是你們自己的福報。已經破參的人，來聽《金剛經宗通》是一種享受，以及獲得禪門差別智的增益；還沒破參的人，聽這部經是一個助緣，有福報才能夠聽，因此而可能加速你證悟底因緣。但是這不能夠整理成文字，因爲我們這個《金剛經》的宗通，與明末的曾鳳儀寫的《金剛經宗通》大異其趣，而且是天殊地別；所以他的可以整理成文字出書，我們的不可以，這是今天向大家作的一個宣布。（編案：後來再經討論，大眾覺得不整理成文字，讓這麼精彩的說法埋沒，太可惜；因此後來還是整理成文字，把它出版了，也盡量不加以刪減，期望有緣人可以讀到這部宗通，成爲親證「此經」的眞實義菩薩。）

再回到《金剛經宗通》來，上週最後我們把第二段經文的一部分講完了，但是經文中說：「在在處處若有此經，一切世間天、人、阿修羅，所應供養。」又說「當知此處則爲是塔，皆應恭敬作禮圍繞。」今天我們卻要說，凡是能受持讀誦以及爲他人說者，這三樣之中只要有一種，乃至具足三種，那就表示你已經把佛塔建造完成了；說實話，你的五蘊身也就是佛塔，只要有此經如來藏的所在，哪能不建立佛塔呢？「受持」，我說的是你已經正解此經了；「讀誦」，是你已經能在身業、口業上來受持此經而爲人顯示出來了；「爲人解說」，表示你不但能受持、讀誦，而且能從自受用功德中發起了他受用功德，那當然更是已經建塔完成了。不過這樣講，有些人總是會覺得好像太抽象了，我們就來看看宗門裡面是怎麼說的。

我們先把教門裡面的宗門拿來說，所以我說：「**持此經者亦是念佛法門，本無二法故。**」我們也常常說，宗門與教門是互通的，宗門與教門是一體底兩面，是不可切割的。以前有人說：「**宗門是宗門，教下是教下，宗與教是兩回事。**」我們不認同而加以反駁，因爲宗門之所悟，使人能成就佛道；釋迦牟尼佛經由宗門的悟道而成佛，然後以祂宗門的證悟內容，提出來爲四眾弟子宣講，就成爲教門；所以教下諸經所說的，顯然是 釋迦牟尼佛在宗門內之證悟內容。既然如此，宗門之所悟當然一定與教下所說諸經意涵相同，否則就不該因爲那個證悟而講出三藏十二部經來。所以，宗門與教下只是一體的兩面：一個是說明怎麼樣可以直接契入，另一個是在說明契入所得的功德受用以及智慧；所以宗門與教下是一體的兩面，不能分割。凡是主張分割的人，表示他所謂的開悟一定錯悟了；他如果出來弘法，那一定是自誤誤人（是耽誤的誤，不是開悟的悟）。只有眞悟了以後，宗門與教下不一不異，這樣出來度人，才能夠說是自悟悟他。我們接著從《大寶積經》卷一百一十六的教下文字記錄，看佛怎麼演說：

【「善男子、善女人欲入一行三昧，應處空閑，捨諸亂意，不取相貌繫心一佛，專稱名字；隨佛方所端身正向，能於一佛念念相續，即是念中，能見過去、未來、現在諸佛。」】

念佛人必須要如此，才可以說他已經證得念佛門中的一行三昧。常常有人還沒有證得這個三昧，也沒有現見三世諸佛，卻自稱他已經證得實相念佛，自稱懂得一行三昧了。我就跟他說：「你這個仍然是意識的境界，並沒有證得實相念佛一行三昧。」那些人都不信，所謂的那些人也包括我的一位哥哥。有一次，我跟他談念佛，其實應該說是他跟我談，因為我如果講一句話，他就要講上五十句、一百句，不容我開口；因爲他認爲我從小就是笨笨的，什麼都不懂。等他講了一個段落，我就說：「實相念佛的境界，其實是一行三昧的境界，如果說你已經證得實相念佛，那表示你也證得一行三昧了。我請問你，這一行三昧中說，專門執持佛的名號，隨佛方所而正坐，這樣來念佛；然後在這樣念佛的每一念中，都可以看見三世諸佛。我請問你，你既然證得實相念佛了，那未來諸佛還沒有成佛，請問你怎麼看見這些未來諸佛？你看見了沒有？」這回終於能夠讓我把話講完。可是我這樣一講，使他啞口無言了。因爲我一向都插不上嘴，等他講完了、講夠了，然後我才說這一段話，結果他啞口無言。

我就說：「所以你講的實相念佛，那不是實相念佛，那還是意識的境界。眞正實相念佛，是念念之中都可以看見過去、未來、現在諸佛。未來諸佛，不是指著你、指著我嗎？不也是講地上的螞蟻、蟑螂嗎？牠們的佛在何處，你看見了沒有？而唸佛可以唸到念念之中看見三世諸佛；你有沒有看見，你自己最清楚。你如果沒有看見，你說是已經證得實相念佛，恐怕就有大妄語之嫌。」他終於問我：「這一行三昧要怎麼修？」我說：「很簡單，經文早就講過了，隨佛方所端身正坐，專稱佛名，就這樣而已。我就這樣修，我就這樣見三世諸佛，念念中都如是見。」那麼他就跟我討論，我說：「這個很簡單的事情，不用討論，你就是一定要隨佛方所，你如果唸阿彌陀佛聖號，你就向西方坐下來，端身正坐；如果你唸藥師佛，你就面向東方，轉個一百八十度過去，也是端身正坐，然後你就口中把佛號唱起來，這樣就可以念念之中見過去、現在、未來諸佛。」當然啦！可想而知，他還是丈二金剛摸不著頭腦。我就說：「所以法不能亂講，五穀飯、雜糧、什麼飯，你都可以隨便吃；就是法不能亂講，那是有過失的。」終於肯聽一聽我怎麼說，所以當他問我：「爲什麼古人可以這樣修成一行三昧，現在人都不行？」我說：「因爲現在人修念佛時，都是持名的一行三昧，但都沒有依照大前提去修，所以不成就。也就是說，他們都欠缺般若波羅蜜多的修學，知見不正確。」

我這一世無師，因爲我這一世的師父教給我的知見，都跟開悟應該有的方向與方法正好顚倒，那是絕對不可能開悟的。我這一世也是從持名唸佛開始，直到後來變成無相念佛，會無相念佛時我就會看話頭；會看話頭然後就這樣參著參著，我就悟了；但我這一世的師父，他自己連無相念佛、看話頭的功夫都沒有呢，怎能教我？自從我捨棄別人的方法（前十九天都是用別人的方法，最後一天下午放棄了），改用自己的知見去參究，也不過是幾十分鐘，不超過半個鐘頭就全部解決了。太簡單了！那有什麼難？可是後來度眾的過程中，越來越覺得難。我覺得這沒什麼，這是很單純的事情，何必弄得那麼困難，讓大家在那邊痛苦呢？因爲我這一世學佛的過程是被誤導的，所以眞是鑽痛苦，始終參不出來，也根本沒把握；我不希望大家跟著痛苦，希望大家學得快快樂樂地，很容易就開悟了；所以有時候平常共修時，把同修們一個又一個抓來小參，就把他們弄出來，連參加共修三個月、半年的同修也一樣弄出來，那時連打禪三都不用。可是後來一個一個都退轉了，現在只剩下五、六個人，可以叫作三朝元老了；所以這些人還眞不簡單，能留得下來。

這些三朝元老，我是越來越尊重他們。我就告訴我哥哥說：「現在的人爲什麼修持名念佛一行三昧不能成功呢？都是因爲知見錯誤，都是沒有先修學般若波羅蜜，或者修學般若波羅蜜的時候被人家作了邪教導，所以知見正好顚倒。」如果不改正過來，他每天面向東方唸琉璃光如來，轉身再面向西方唸阿彌陀佛，再轉身面向北方來唸寶生佛，再向南方唸日月燈佛；他每天一直唸一直轉，也是悟不了；佛號唸得再大聲，想佛想得再懇切，也是悟不了，與一行三昧還是無緣的。如果要說唸佛最大聲、最悲切，只有一位慈航老菩薩的那個弟子，幹到將軍退休的那位法師；他已經出家當法師了，每天到了晚上請大眾都離去了，他自己就關起門來唸阿彌陀佛，聲嘶力竭大喊著：「阿彌陀佛來接我去啊！」不知內情的人，都會想：「他是不是精神病，哪有人念佛這樣念的？」他是用哭喊的，一個將軍退役下來出了家，念佛竟然是這樣念的。照道理講，這樣是應該最容易悟的，他最悲切了，可是仍然悟不了，原因就是般若波羅蜜的修學錯了，或者沒有修學。這個持名念佛的一行三昧，大前提就是要先學般若波羅蜜，我們再來看佛怎麼說：

【佛言：「法界一相，繫緣法界，是名一行三昧。若善男子、善女人欲入一行三昧，當先聞般若波羅蜜，如說修學，然後能入一行三昧；如法界緣，不退不壞，不思議、無礙無相。」】

「法界一相」的法界是指什麼？以前還沒有來到正覺同修會以前，你們聽到人家說「法界」，都覺得那是很玄而不可捉摸。也常常聽到有人教導說：「迴向時不要太小氣，迴向的時候應該廣大迴向，所以不要指定迴向給自己或指定迴向給誰。每天修學善法、積功累德，全部迴向法界就行了。」問題來了，法界是什麼？有人說：「法界有十個，叫作四聖六凡法界。」有人說：「法界就是實相，我們無法想像。」

然而，法是講什麼？界又是講什麼？法，是說一切法，都叫作法；譬如五蘊是法，十二處是法，十八界是法；有情是法，無情是法；乃至拈下一根頭髮來，也可以說是法，這也是法。無一物一事而非是法，所以凡是你可以體驗的、可以看見的、可以觸摸的、可以理解的，都叫作法。界是什麼？界叫作功能差別，功能差別又名種子，所以有功能的才能叫作種子；若沒有功能，就不能叫作種子。所以「法界」是講諸法的功能差別；不要把法界想像得太玄，除非是說十法界。諸法的功能差別，譬如說，五陰有什麼功能差別？五陰可以在世間生活，可以作各種事業，可以修善造惡，可以拿來修解脫道，也可以拿來修成佛之道，這些就是五陰的功能差別。也許有人說：**「你講得太玄了。」**那不然，講現成一點的好了：**「五陰可以說話，算不算法界？」**是五陰裡的法界嘛！也是五陰法界中的一種。那不然，有人說：**「五陰也可以睡覺呀！睡覺也是五陰的功能差別。」**沒錯！也正確。所以，諸法的功能差別就叫作法界，諸法的種子就叫作法界。

現在回到 佛說的經文來說「法界一相」。法界一相，指的是一切諸法功能差別的根本都收歸於祂、會歸於祂，而祂只有一相，沒有種種別異之相，這叫作法界一相。諸法功能差別要收歸於哪個地方？當然要收歸於它們的所生處。誰出生了它們？那個能生它們的，就是諸法功能的一相法界；因爲一切諸法功能的根源或根本，祂永遠只有一相；祂不會今天這樣，明天變那樣；祂永遠只有一相，祂是諸法的功能差別的根源，所以叫作法界一相。這個法界一相弄清楚了，你就繫緣於這個法界，把你自己綁在這個法界上，心不動搖、心不移動，永遠都定於這個法界一相，這就是繫緣於法界。也就是說，你證悟了如來藏以後，你都不再動搖，永遠轉依於祂，這叫作繫緣法界，能這樣就叫作一行三昧。悟前則是只能聽聞而信受眞的有這個一相法界，心繫於這個一相法界而持名唸佛。

這樣，這三句話就很容易懂了，不要在那邊作名相的訓詁研考，然後在那邊作科判，那都不必要；佛法是實修實證的，又不是世間學術研究，沒有必要作科判。作科判，是人家悟後要瞭解說，這一種經是屬於哪一類經，那一種經又屬於哪一類經，明白它的層次、次第，使自己決定應該要先依止什麼經來用功，最後要依止什麼經來走向成佛的次序，科判的目的在這裡。可是現在那一些作經典科判的人，都是在作學問上面的學術研究；都是還沒有悟就來作科判，這樣的科判結論，會正確嗎？所以絕大多數都是錯誤的。

所以這樣一講，諸位就瞭解了：法界永遠是只有一相，沒有二相。所以，開悟沒有兩種或以上，開悟永遠只有一種。如果兩個人都宣稱開悟了，而他們講的法不一樣，其中一定有一個人悟錯了。所以你看 文殊菩薩講那麼多，普賢菩薩、彌勒菩薩講那麼多，佛都不會說他們講錯了；他們也從來不說 佛講錯了，因爲講的是同一法，都有同一個法味。同一個產品，一定是同一個味道；同一家出產的同一規格的滷肉，會變成有酸的、有甜的、有鹹的、有辣的不一樣，那一定有一些是仿冒品。同一個產品出來，一定是同一樣。如果有不同，那一定是餿掉了。如果是從佛門修證出來的開悟，那個悟一定同一樣，不會有兩種以上。所以說法界一相，祂是永遠一相，不會有二相，當然不可能有兩種或幾種以上的開悟。能夠繫緣於這一相的法界，那就是證得一行三昧。

但是想證得這個一行三昧之前，要先聞熏般若正見；佛說：「如果有善男子、善女人想要進入一行三昧，應當要先聽聞般若波羅蜜，並且如說修學，然後才能進入一行三昧中。」這表示說，持名唸佛而想要證得一行三昧而開悟實相，不是死命地唸佛、不是聲嘶力竭地唸佛就能達到的，一定要先聽聞般若波羅蜜。也許有人說：「我聞熏般若波羅蜜三十年了，爲什麼我持名唸佛還悟不了？」那就要問他：「你聞熏的般若波羅蜜是誰講的？」他說：「我讀《妙雲集》讀了三十年了。」我說：「怪不得你悟不了，因爲那個不是妙雲之集，只能叫作『烏雲集』；他講的都是烏漆墨黑、胡思亂想的東西，連他自己都透不過去，你怎能讀得通透？又怎能證得一行三昧？」所以眞的是可憐呵！三十年了。意思就是說，他聽聞的般若波羅蜜，是誤會的般若波羅蜜，連相似般若都無法獲得，因爲錯得很嚴重，並不是眞正的般若波羅蜜。

有不少人進了正覺同修會，禪淨班兩年半的最後半年開始看話頭，沒多久就破參了，就觸證到如來藏了。爲什麼能這樣？因爲他聽聞了正確的般若波羅蜜，否則進不了一行三昧的。假使不信，弄了個麥克風大喇叭，一面唸著佛號，一面用那個大喇叭自己弄在耳朵旁邊聽，他也是進不了一行三昧的。所以持名念佛、專稱名號，隨佛方所端身正坐來念佛，這很好；但是想要藉這個持名念佛來進入一行三昧，一定要先聽聞般若波羅蜜；而且所聽聞的般若波羅蜜，必須是正確的般若波羅蜜。

修習一行三昧之前，一定要先聽聞熏習般若波羅蜜，不能像某一些法師講的說：「你只要老實持名唸佛，就可以開悟了。」假使有人來問我說：「我師父說，只要老實唸佛就可以開悟了。」我說：「對呀！」他也許問：「我老實唸佛，唸了三十年，爲什麼悟不了？」我就說：「因爲你不老實，都是一面唸佛，一面打妄想。」人很厲害，嘴巴一直在唸佛號，心裡面一直打妄想；心中一直自言自語，嘴巴還可以繼續唸佛，很厲害。一點都不老實，要怎麼入一行三昧？就算是專心地唸佛，也還是不老實，即使不打妄想的唸，當然也不算老實；因爲老而實，那一定是絕不改變，自始至終是同一個人才能叫作老，實實在在才叫實。如果以這樣來看老實念佛，應該是不再對自己打妄想了，不再認定自己是眞的，都知道自己是假的，才肯老實地念佛。那得要我見斷了，才能老實去念；斷了我見以後，不再認自己眞實，才有可能老實念佛。這樣老實念佛，並且在正式修習持名唸佛時，有先聽聞正確的般若波羅蜜，不悟也難，眞的很容易悟。

如果有人要修這個法，那就教他把功課表排起來：每四天作一個循環，今天面向東方，端身正坐唸著 藥師佛；明天面向西方，端身正坐唸著阿彌陀佛；就像這樣南方、北方輪著唸，不悟才怪。問題就是心夠不夠細？也就是動中的定力有沒有？這是一個影響。第二個影響，就是般若波羅蜜的知見是否正確，有沒有聽聞熏習、如說修行？第三，要看有沒有證悟的福德？如果老是當聲聞人，一世又一世都當聲聞人，都不肯修六度萬行，這一世才剛剛進入菩薩道中就想要開悟，福德根本不夠嘛！所以一定要發起菩薩種性。接著，不要疑神疑鬼說：「**這一行三昧、持名唸佛，眞的能悟嗎？我眞的能開悟嗎？現在都已經是末法時代了。**」一定不許像這樣懷疑。要有這些條件，少了一個就不行。最後補充一個條件，要「**如說修學**」。可不能一天打魚、三天曬網，那就沒希望進入一行三昧中。

所以如果有因緣入了一行三昧以後，就「**如法界緣**」，就好像法界的所緣一樣；諸法的功能差別都有同一個所緣，叫作如來藏；如果沒有這個所緣，一切法界都不可能成立。進了一行三昧以後，要如法界之所緣，要如同諸法的功能差別那樣去緣於所緣。緣於什麼緣？緣於如來藏的一切緣。只是還沒有破參以前，無法觀察這一點。一旦破參了，念念相續之中都能親見三世一切諸佛時，一講就懂：「**原來我現見一切諸法的功能差別，都緣於這個法界一相，這叫作『如法界緣』。**」要像諸法的功能差別都緣於這個一相法界一樣，永遠都「**不退不壞**」。這是講意識的你，要學習、要效法、要好像法界緣如來藏一般，把你自身的一切諸法功能差別都緣於如來藏，效法祂；那麼你意識心對這個一行三昧的所證就不會退轉，你的正見就不會壞滅。因爲悟後你會發覺：法界根本離不開如來藏，永遠都是緣於如來藏的。你意識悟了這一點，覺知心只要猶如法界的所緣一般緣於如來藏，也就是轉依於如來藏，這樣一行三昧就能「不退不壞」了。這時候，別人看到你，就會說你眞的「不思議」，說你的智慧不可思議；因爲不管什麼法，來到你手裡都變成正法；別人講錯的我見等惡法，來到你手裡一解釋出來也變成正法了。這時候，你自己看見的諸法，卻覺得是「無礙無相」；因爲諸法就是如來藏，而如來藏於一切法中無礙也無相，這樣你就能通般若諸經了。

這就是教下講的宗門，所以教下不是沒有宗門；佛陀除了教外別傳以外，其實教門中也說了許多宗門下事。那麼我們再來看看宗門的說法，在《大慧普覺禪師語錄》卷二十九有一段記載：

【昔嚴陽尊者問趙州：「一物不將來時如何？」州云：「放下著。」嚴陽云：「一物既不將來，放下箇甚麼？」州云：「放不下，擔取去！」嚴陽於言下大悟。】

這個公案，以前惟覺法師曾經講過，他總是說：「正在經行快步的時候，湛板打下來，念頭就斷了；念頭一斷，不是這個，是什麼？」然後有的人不敢承擔，因爲覺得這好像還是意識，他老和尙就說：「會了嗎？不會的，挑起去。」他也跟人家趙州一樣講「挑起去」；可是人家老趙州講的「擔取去」的意涵，而嚴陽尊者從「擔取去」裡面悟的內涵，可不是這湛板打下來，念頭頓斷底覺知心。嚴陽尊者是趙州從諗禪師的徒弟，有一天上來請問趙州和尙：「一個東西都沒有帶得來的時候，那是什麼境界？」你們有沒有帶東西來？（有人答：沒有。）還跟我說沒有！一個個都把五蘊帶來了，還說沒有；拖著這個色身來到正覺講堂，還說沒帶來，其實每一個人都帶東西來了。

嚴陽問的是「一物不將來」；「將」就是拿的意思，提、取的意思；他問：「連一個東西都沒拿來，那是什麼時節？」那當然是只有無餘涅槃中。其他什麼時候沒有帶東西？你說：「剛入母胎就沒有。」眞的沒有嗎？你剛入母胎時不是也取了個肉眼看不見的受精卵嗎？他說：「那我還沒取受精卵以前呢？」還是有呀！不是帶了個意根嗎？不然也還有個中陰身，時時刻刻都帶著東西，哪有一物不將來的時候？所以嚴陽上來參問趙州禪師時，講的就是說：我單單要問這個如來藏，其他都不問。趙州就回答說：「放下來。」這嚴陽想：「我什麼都沒有帶得來，一物都不帶得來，要放下個什麼？」趙州就說：「你既然放不下來，那麼就擔了起來走開。」

人家就這樣悟了，悟得好輕快，很容易嘛！問題是，爲什麼來到你這裡就不容易了？這一定有問題，否則，你應該跟嚴陽尊者一樣，一句話下就悟了。所以因緣若成熟了，開悟就只是指掌間事；這個開悟就只是這麼幾剎那底時間，前後幾句話不超過一分鐘。所以有好多人，因爲以前我剛出來弘法（那時出來弘法大約有五、六年了），常常有人來找我；找我的目的是希望這一見面，談幾句話就可以開悟了。這一些人包括陳履安在內，但是我後來不肯私下見他；我第一次見面時有親教師陪著，後來他再約見，我說：「還是要親教師相陪，我不私下見人的。」所以他老兄很不高興，結果跑到密宗去了。他不信邪，要去密宗，那就去嘛！去試試看也好，看他能闖出什麼名堂？結果現在聽說人家要告他了，因爲他好像勸募了十億台幣？好像去大陸投資失敗了。這幾天電視新聞有報導，有人接受新聞採訪說準備要告他。他走入藏密以後能有什麼名堂？沒有！因爲藏密裡面是烏漆墨黑，什麼髒東西跟假貨都有，就是沒有黃金、鑽石。

中國禪宗祖師們開悟的記錄，往往只有這麼一段幾行字，多的話不超過三頁。可是你要知道，他在這幾行記錄或者在這三頁之前，那是天下行腳十幾年、二十幾年以後的事，甚至有人行腳參訪善知識三十幾年才悟的呵！可是那幾年來找我的人，都是只想要吃最後那半塊餅，前面六塊餅他們都不肯吃就想飽肚，都是這樣。所以宗門不是自由心證，而且是非常嚴格的；悟了以後都要能與教門印證，只要有一絲一毫不對，就得重新來過，因此一定要能經得起教門考驗。這意思就是說，如果你能夠眞的悟了，成就了一行三昧，那你不論去到哪裡，處處都是佛法，隨處都是淨土，沒有一處無佛；因爲你能夠在相續唸佛的念念之中，照見十方三世一切諸佛：未來佛還沒有成佛，你也看見了；過去佛，那當然更沒問題；現在佛，何處無佛？所以《金剛經》中這段經文，世尊正是這樣說：「你所到之處都是佛塔。」這便是成就了一行三昧，獲得了「受持此經」的功德；能如此「受持此經」，你就能「爲人讀誦，廣爲人說」。這時應當如 佛所說：「當知此處則爲是塔，皆應恭敬作禮圍繞，以諸華香而散其處。」

再來看看宗門中怎麼說，因爲以前常常有人說：「大慧宗杲與天童宏智正覺，兩個人所悟不一樣，一個是看話禪悟的如來藏，一個是默照禪悟的離念靈知。」說他們二人所悟不同，我們就來看看到底所悟同或不同？且看看天童宏智禪師是如何爲人解說「此經」的，《宏智禪師廣錄》卷二載云：

【舉：「世尊與衆行次，以手指地云：『此處宜建梵剎。』帝釋將一莖草，插於地上云：『建梵剎已竟。』世尊微笑。」宏智禪師頌曰：

百草頭上無邊春，信手拈來用得親；

丈六金身功德聚，等閑攜手入紅塵。

塵中能作主，化外自來賓；

觸處生涯隨分足，未嫌伎倆不如人。】

有一天，宏智正覺禪師舉出一個公案來，這公案講的是世尊的教外別傳公案。世尊與大眾在路上行走的時候，突然以手指著地上說：「這個地方很適合建立一個清淨的佛剎。」這釋提桓因（就是玉皇上帝），他一聽，馬上從地上摘了一根草，就在世尊所指的地上一插，才剛插好了就稟告世尊說：「清淨的佛剎已經建好了。」世尊微笑地認可他。這公案很有趣吧？很有趣呀！如果是七、八年前，法鼓山的信徒看見了這一幕，一定會罵：「這一群神經病！」因為我以前就這樣被他們罵過。也許哪一天他們不罵我是神經病了，又會把我叫作乩童起乩了，因為這也是我被他們信眾罵過的話。可是人天至尊不但不會是精神病患，而且是世出世間法中智慧最高的聖者。且不說世尊，單說這公案中底釋提桓因好了，他當了忉利天的天主，難道會是精神病患者嗎？可是他卻完全配合世尊的想法去作，而世尊也認可了他，認同清淨的佛刹已經建立完成。這樣子講，也許有的人還覺得：莫名其妙，這到底在講什麼？

我們且看看宏智正覺禪師自己的頌中是怎麼說的，他說：「百草頭上有無量無邊的春光，隨隨便便一舉手去拈來，這一插上去，可眞是用得很親切；把這個功德齊聚的丈六金身拿得來，很輕易很隨便地就跟祂手牽手步入紅塵之中。」

「百草頭上祖師意」，有沒有聽過？有人說：「難、難、難！十碩油麻樹上攤。」說開悟這回事情確實很困難，連說了三個難，就好像一公秉的油麻要平攤在樹上一樣難。十升是一斗，十斗是一石，十石即是十碩；十碩底油麻，數目太多了，無法計算；龐蘊大士說要把十碩搾油用的芝麻，一顆顆都攤在樹葉上，全都不能掉下來，你說難不難呢？當然太難啦！他認爲人們想要開悟般若波羅蜜多，就像是這麼困難啦！可是卻有人反駁他說：「易、易、易，如下眠床腳踏地。」正是他的老婆，禪師們管她叫作龐婆。她說：「很容易、很容易、很容易，」連說三個容易，然後說：「如下眠床腳踏地。」說參禪很容易，猶如早上睡醒了，要下眠床時直接就把腳踩在地上。然後他們的女兒靈照卻又說：「也不難、也不易，百草頭上祖師意。」她說，百草底頭上都有祖師意；你隨隨便便去摘一片草葉來，這上頭都有祖師西來意。你們看這三個人，同是一家人，一個龐蘊，一個龐婆，一個他們養的女兒靈照；三個人有三個講法，可是三個人全都講得對，也都各有爲人處。

這「百草頭上無邊春」，正是引用龐居士一家人平常講的這個公案。天童宏智禪師說：百草頭上確實有無邊底春光，眞的就在百草頭上。只要你懂得去找百草，不管是哪一棵草，你摘了下來，端詳到了，可就是無邊底春色。從此以後，由著你受用，你可以把這丈六金身的功德聚，等閑攜手來入紅塵。到那個時節，甚至孩子尿片濕了，哇哇大哭，你就幫他換尿片；你也可以說這就是攜手入紅塵；眞的是用丈六金身在紅塵中，隨你怎麼用，紅塵中眞的有一個丈六金身。所以宏智正覺禪師說：從此以後，在六塵中能作主，因爲你已經親見六塵之主了，當然六塵中能作主。

「化外自來賓」，化外就是三界外，因爲諸佛度化都是度三界中人，度化之外就是三界外。宏智禪師說：就會從三界外，自然有賓客來到這裡。阿哪個賓客？賓客正是主人，主人卻不是賓客。你說奇怪吧？但法界實相確實是如此。接著，也可以用他這兩句話來印證自己：「觸處生涯隨分足，未嫌伎倆不如人。」從此以後，凡是你所接觸的地方，丈六金身這一世就這麼隨分具足了；並且這一世之中，你都不會嫌自己丈六金身底功德輸給別人。正因爲這個緣故，所以佛陀隨便指一下地上，都可以說這裡應該建立清淨的佛刹；而釋提桓因馬上就摘了草來，就把它建立起來說：「佛刹已經建立完成。」如是，一天之中要建立八萬四千佛塔，有何難哉？

你們看，這宏智正覺禪師講得夠白了，同樣是以如來藏作爲所悟標的。所以這宏智正覺應改名爲「宏智太白」，因爲他講得太白了。問題是，爲什麼那些大師們，甚至也有人專門研究他，可是爲什麼依舊悟不了？當然問題不在這些研究者、修學者，而是在於教導他們的那些大師們都亂教；把錯誤的顚倒見教給這些人，害他們悟不了。所以亂說法的人，難道不是在荼毒眾生嗎？特別是度了一大堆弟子出家而亂說法。人家父母生養的孩子，個個都是心頭肉；好不容易拉拔到長大成人，也幫他們教育完成；若不是心頭肉，哪肯這樣栽培？終於忍下心來捨了放他出家，結果那個師父竟然把他亂教一通，戕害了他們寶貝子女的法身慧命。那些父母們要是知道了，心頭不痛恨嗎：「我好好一個寶貝兒子、寶貝女兒，生養拉拔大了，教育好了，讓他到你那邊出家，你竟然這樣荼毒他，害他一輩子都沒有機會證得佛法。」你說，那些父母們要是知道了內情，該不該氣呢？我想，那些父母們聽了這一席話，總不會再罵我邪魔外道了。所以應當要知道，佛塔處處有，三界六道之中無一處沒有佛塔，只看你有沒有看見、有沒有找到。當你找到了，就應當如佛所說：「當知此處則爲是塔，皆應恭敬作禮圍繞，以諸華香而散其處。」這樣聽懂了沒？

如果還不懂，送給諸位四句金言好了，耳朵拉長了：一二三四，如影隨形；五六七八，快樂自追。

〈能淨業障分〉第十六

【「復次，須菩提！善男子、善女人受持讀誦此經，若為人輕賤，是人先世罪業應墮惡道，以今世人輕賤故，先世罪業則為消滅，當得阿耨多羅三藐三菩提。」】

講記：「復次，須菩提！善男子、善女人受持此經、讀誦此經的時候，假使被別人所輕賤，這個善男子或善女人，過去世的一切罪業在這一世死後本來是應該要墮落惡道，但是因為如今他受持此經而被世間人輕賤的緣故，他過去世所造的一切罪業已經全都消滅了，他將會證得無上正等正覺。」

能淨業障，會放在《金剛經》裡面來講，顯然也是有弦外之音。如果不重要，佛陀不會不問而說；因為須菩提並沒有問起淨除業障的事，佛陀卻主動地說了。但我上面說的只是依文解義罷了！

從經文表義上看，真的厲害喔！真的厲害呵！受持此經、讀誦此經，功德是如此廣大；但是有一個前提，一定是你受持「此經」、讀誦「此經」的時候被人輕賤。如果沒有受持及讀誦「此經」，也沒有被人輕賤，那你的功德就不大。如果受持、讀誦如來藏等一切法的時候被人輕賤，即使先世所造惡業應當要墮落於三惡道中，但是因爲受持讀誦「此經」而有人輕賤你的緣故，所以你過去世造的所有罪業就全部消滅了。不但如此，未來還會得到無上正等正覺，也就是成佛了。這意思在說什麼？諸位得要好好端詳一下。

受持與讀誦，剛剛我們講過，當你已經證得此經如來藏了，所以你能夠接受、能夠持住這個法而不退轉，這就是受持此經。讀誦此經，是身業與口業的所爲。受持，只是意業，你心裡面堅決認定此經是正確的；然後能夠讀誦，讀是爲別人讀，也爲自己讀；誦，爲自己誦，也爲別人誦。也就是說，能夠接受如來藏，而持住這個法，心中都不退轉、不動搖，也能夠解說給一切有情聽；不論是人間的人類，或者有神通的畜生或鬼道眾生。當你受持以及爲人解說或讀誦如來藏妙義的時候，假使有人輕賤你，你要記得：別氣餒、別灰心。假使你度眾生悟了此經，而他竟然把你否定了，對你輕賤，你根本不應該傷心，應該要感激他，因爲你先世所有罪業因此就全部消滅了。

爲什麼會使先世所有罪業全都消滅？因爲難得。假使你是去到極樂世界的實報莊嚴土中與諸上善人同住，因爲那些人都是地上菩薩，最少是初地菩薩，大家都共同受持讀誦此經，那你受持此經就沒什麼難得了，因爲大家全都一致認同此經。可是你如果在這個五濁惡世百歲人壽時，受持讀誦此經，當他們探聽到此經的密意而不是自己參究出來時，一定是大部分人會輕賤你，只有極少數人會認同你，你就是很難得的人，功德很大，一旦被人輕賤時自然滅除全部罪業了。諸位想一想看，到今天爲止，被台灣及大陸佛教界那些世人輕賤，而且被公開辱罵爲邪魔外道的人，是誰被辱罵最多？就是咱家，再也沒有別人了！因爲不管誰被人罵，都不會像我被罵得這麼多；所以我應該被恭喜，因爲我被許多人大力輕賤，包括當代的大法師、大居士們都一起罵我，那麼我的「先世罪業則爲消滅」。假使這個風聲傳出去了，那些罵我的人一定很氣自己：早知道這樣子，當初就不要罵他，何必幫他消滅罪業？但是會聽到這風聲的人一定很少，所以會罵的人還是會繼續罵；但只要有一個人罵一次，我就可以一世不墮惡道；同一個人如果罵十次，我就可以十世不墮惡道。那就看以後還會有多少人罵，慢慢地算、慢慢地累積下去，我就因此而永遠都不墮惡道了！

佛說「以今世人輕賤故」，這個「世人」講的是什麼人？諸位大概已經料到了，第一種人就是否定第八識的人；當你說《金剛經》講的是第八識如來藏，但他們一天到晚都主張六識論，不承認第七識意根，也不承認能出生名色的入胎識如來藏，當他們聽你建立八識論正法時，當然心中很不高興，當然要罵說：「你是個邪魔，你是個外道，你落在外道神我裡面了，如來藏是外道神我。」於是各個都輕賤你。可是佛講的此經，是講如來藏第八識；所以他們否定了第八識的人，就是這個「以今世人輕賤故」裡的「世人」。還有一種人，就是誹謗說「阿賴耶識不是如來藏」，誹謗說「阿賴耶識不是自心如來」，主張說「阿賴耶識是生滅法」，這些人都輕賤此經第八識，所以同樣也是這一類的「世人」。

所以你們以前被人勸說離開正覺同修會，說正覺同修會的開悟全都錯了；然而你們不相信他們的說法，偏偏要留下來。你們留下來，對方就要私底下以電話打來打去輕賤你們說：「這個王某某、李某某眞笨，這些人太沒有智慧了，竟然還留在正覺同修會中信受第八識，說那是金剛心。」他們背後譏笑你、輕賤你，你應該感謝他們，因爲你的「先世罪業則爲消滅」了。

這不是我發明的，而是 佛陀金口講的，並且是不問而說。所以有時候，如果想起三、四年前被他們輕賤的時候，你們心中應該是高興的，然後爲他們再加上一分的憐憫。因爲你受持此經、讀誦此經而被人輕賤，即使先世有罪業應墮惡道，如今也已消滅了；並且未來世中將會因爲受持此經而證得無上正等正覺，必定成佛。因爲成佛是全靠證得這個心，都是靠著能受持讀誦此經。如果沒有證得此經，不能受持此經、讀誦此經，那表示你還在外門，還沒進入般若波羅蜜多內門，想要成佛就遙遙無期了。

這一句「以今世人輕賤故，先世罪業則爲消滅」，就是在說明實相懺，以實相來作懺悔而滅除一切罪業。當你證得實相以後變成：天下皆醉，我獨醒。當你醒著的時候，你說出一句話來，那些還在迷醉狀態的人都會說：「你講錯了。」你說：「這燈光好清晰。」他們說：「哪裡有？這些燈光都有一團的光暈。」因爲他們都醉了，都看見有光暈。你說：「我明明看見那些燈光都沒有光暈呀！它們就是那麼清明呀！」可是他們都不信，變成眾人皆醉，你獨醒，所以你不被他們認同才是應該的；除非他們也有人漸漸開始醒來了，你才會被漸漸認同。這就是說，你們大家都醒了；會外學佛人中，有的已經全醒，即將進入正覺；半醒的人和還沒有醒的都還沒進來，沒有醒過來是走不進正覺來的。那些人都會認爲，百萬將軍一個兵，才是正常的。可是眞正的大將軍一定會說：「只有我是大將軍，其他都是兵。」既然只有你是大將軍，當然不可能有別的大將軍（大法師）來認同你，因爲他們全都是冒牌的大將軍，全都是喝醉了自以爲當上大將軍了！你們要對這一點有所認知。所以，自古以來都是開悟的人很少，而錯悟的人漫山遍野，禪師才會罵說：「天下死人無數。」因此，你如果證得此經、受持此經、讀誦此經而被人輕賤，本來就是正常的。不被人輕賤才是反常，因爲將軍永遠是少數，兵永遠是多數。

自古至今，一直都是證悟者是少數，錯悟者或凡夫是多數；從來如此，未來也將如此。所以不要覺得今天弘揚如來藏妙法多麼辛苦，因爲未來還會更辛苦，因爲未來輕賤「此經」的人還會更多，受持的人將會更少。每一世都會有人覺得：「在娑婆世界弘揚了義法，在娑婆世界受持此經，爲人解說此經，眞的很辛苦、很困難，我不如去十方諸佛淨土，活得還爽快一些，何必跟這一些無明愚癡眾生混在一起，枉受辛苦。」你們有些人未來世漸漸的一定會這樣想，除非眞的發了大願，是依大悲心而發，願意堅持到最後那一刻；否則再過二、三千年可就溜走了。你們看禪宗祖師們，不是有好多祖師都溜了嗎？留下來的人實在很少。由這樣來說明，就知道此經的功德有多麼廣大了！因爲不單單是被人輕賤以後，可以滅卻先世一切罪業，還可以在將來得到無上正等正覺。

甚至於沒有辦法受持，而只是在表相上來受持，每天課誦《金剛經》，早上課誦一遍，晚上課誦一遍；沒有辦法從實際理地來受持，只是從表相上來受持，也能得到許多的感應。因爲諸天及護法神眾都希望有人從課誦此經中悟入，即使不能悟入，只要有這個經本、經文留在人間，繼續有人課誦，表示至少表相佛教還會存在，至少總有勸善底效果；所以即使是凡夫課誦《金剛經》，也都有多分、少分的功德。這段經文從事上講了一部分，我們再從補充資料來說：

《法華經》卷七云：【「若有人受持、讀誦、解其義趣，是人命終，爲千佛授手，令不恐怖，不墮惡趣，即往兜率天上彌勒菩薩所。」】

《法華經》中講的是什麼經？同樣也是《金剛經》。你說：「不對，那明明是《法華經》，怎麼說是講《金剛經》？」我還是堅持說：「《法華經》也是講《金剛經》。」關於《法華經》的故事，在《六祖壇經》中有這樣一段記錄：有一個人專門課誦《法華經》，人家都叫他「法達」，他有一天來參問六祖：「請問大師，《法華經》在講什麼？」六祖大師說：「我不認識字，沒讀過，你誦給我聽聽看。」他就開始誦，誦了一會兒時間了，六祖就說：「別誦了，我知道了。」他就開示：「《法華經》的主旨只有四個字：開、示、悟、入。」然而《法華經》是在開什麼、示什麼、悟什麼、入什麼？是開示悟入佛之知見。《法華經》所說都是佛陀的所知與所見，就是說，《法華經》中的法義，就是把佛陀所知所見打開來給大家，示現給大家，希望大家可以證悟，因此而進入 佛的所知所見之中。然而 佛的所知所見是什麼呢？就是《金剛經》中講的，就是眞如與佛性，從體起用而說此經如來藏。

《法華經》中世尊說：「如果有人能受持讀誦《金剛經》，」因爲《法華經》中講的「此經」同樣是《金剛經》如來藏，「能夠瞭解經中底眞實義理，以及瞭解之後應該如何趣向；當這個人即將命終底時候，會有千佛授手。」這一千尊佛，只要你記得哪一尊，你想要去祂那裡，祂都會伸手接引你，不會拒絕你；因爲這就像聯考，考到最高分榜首一樣，還會有哪個大學不歡迎你？同樣的道理，只要你開悟了，十方諸佛淨土沒有一處不歡迎你。所以那時只要你起了念，想到哪一尊佛，你想要去祂那裡，死時祂就來接引你了。到那時有一千尊佛接引，隨便你挑選，眞是「千佛授手」。那你說：「**我不想去那邊，我留在這裡好了。**」這裡也有千佛，千佛也一樣授手。賢劫不是也有千佛嗎？沒有一尊佛不願攝受你；因爲你證悟了，投入祂的法座下，祂有你可以幫忙，弘法利生就很方便。諸佛都不會自己一個人來成佛，祂一定是帶了一大票過去世的弟子同時來人間的，否則祂無法弘法。你想，你已經眞的證悟了，而且不退轉了，有這樣的條件，哪一尊佛不會把手伸給你呢？所以《法華經》說千佛授手，那時看見了諸佛，還需要恐怖別的什麼嗎？遇見了佛還會墮惡道去嗎？這時候千佛來接引你，不論是哪一尊都會先告訴你：「**不必到我的淨土來，你去彌勒菩薩那裡修行最快。**」除非你很堅持要去祂的淨土。因爲你在這裡修一劫，去諸佛世界淨土那是長劫，你要修多久才能在那裡修到這裡一劫的所得？而且我們這一劫中是整整一千佛，後面接著還會有九百九十六尊佛讓我們植福受學呢。這樣想一想，彌勒菩薩的兜率內院還是比較好，大家可以考慮考慮吧！再來看教門裡面，從事相上又怎麼說「此經」，《百丈清規證義記》卷五：

【《梵網經》第四十四，不供養經典戒云：「若佛子，常應一心受持讀誦大乘經、律。」乃至云：「若不如法供養者，犯輕垢罪。」是故叢林立知藏、藏主二執，專司其事；凡函帙安置，修補殘缺以及經本出入等事，俱知『藏總其綱，而藏主分其執』也。】

這意思就是說，在《梵網經》第四十四戒裡面的規定（《梵網經》講的是菩薩戒，不是講聲聞戒），說：如果不供養經典就是犯戒。這個戒相是說，如果是佛子（這當然不是指聲聞人，而是指佛子，因為聲聞人非佛子），常常都應該一心受持讀誦大乘經、大乘律。意思是說，你不必努力去研讀四阿含，你要研讀的是大乘經、大乘律；所以聲聞戒，你不必用心去讀，這樣瞭解嗎？如果你專心研讀聲聞戒、聲聞經，而不研讀大乘的佛菩提道經、律，那就是依止聲聞經、律，那你就是違犯菩薩戒。這意思就是說，你要依止於大乘經典的法義，不是依止於解脫道法義，所以應該是依止佛菩提道而兼攝二乘道。並且你出家受持了戒律，即使你示現聲聞相，但你是大乘菩薩，應該以菩薩戒爲正解脫戒，以聲聞戒爲別解脫戒。不應該像那些大法師講的說：聲聞戒是正解脫戒，菩薩戒是別解脫戒。他們那個講法其實是顛倒。

因爲有這一條規定：「常應一心受持讀誦大乘經、律。」接著又說：「如果不這樣如法供養，就是犯輕垢罪。」可是你看看，現在佛教界有許多人專門弘揚小乘法，專門誦持小乘戒；他們身穿大乘法衣，口稱是大乘菩薩，竟然都不誦菩薩戒，不弘揚大乘法，並且否定大乘法，公然說「大乘非佛說」；可是他們竟然又身受菩薩戒，以菩薩自居。如果你是他們，讀了這條菩薩戒條，腳底會不會涼涼地？可是他們都沒有警覺哦！這是大家要注意的，所以千萬不要人云亦云。人家怎麼說，自己就跟著怎麼作；作錯了，有後遺症的。

正因爲有這樣的規定，所以禪宗叢林裡面就建立了「知藏、藏主」兩個執事，藏主就是藏經閣的管理者；有哪些經典、論典是不許外借的，主持和尚規定了就不許外借，他要負責保管。如果是可以外借的，什麼時候借出去的，該什麼時候回來，他都要控制好，不許像肉包子打狗——有去無回。除了藏主以外，還要有「知藏」瞭解藏經；某些藏經是講什麼，某些論藏是講什麼，某一些律典是講什麼，他都得要有全面瞭解，分門別類去處理好。誰對大藏經裡面的經論有疑問而提出來時，他要能爲人解答。所以這個知藏的執事當上了，不久就準備當首座了。這兩個執事專司藏經閣的所有事情。

因爲「藏總其綱，而藏主分其執」，因此假使維那沒有課誦，這知藏就要出來管事了。就因爲有這樣的規定和演變，所以後來變成佛寺中每天必須要讀經；而讀經演變到後來，變成一成不變、虛應故事，就成爲早課與晚課了；所以早上課誦《心經》，傍晚誦《彌陀經》，如今就都變成這樣了。如果哪一家佛寺裡都沒有課誦，就說這不是佛寺、不像佛寺。可是最早的禪宗叢林中並沒有課誦這回事，叢林中連大殿都沒有，連佛像都沒有，只立法堂而以法爲主；但是如果我們正覺寺、祖師堂也這樣作，那一定會被罵慘了，所以就不妨隨俗一下吧！

這個課誦的目的在哪裡？就是〈能淨業障分〉第十六講的：如果凡夫可以課誦此經，凡是有人輕賤，從寺院門前過去時說道：「**哎呀！這些人眞笨！在那邊誦《金剛經》有什麼用？**」他被輕賤了就可以不墮惡道，這是佛陀所許諾的；這就是事相上不墮惡道，而必須每日持誦《金剛經》。但是有一種人例外，每天白日裡持誦《金剛經》，可是到了晚上都在寺院中暗地裡搞雙身法；這種人，即使你幫他找了一百萬人來輕賤他，他還是必須下墮惡道，沒有辦法救得了他。因為他不是真的在持誦《金剛經》，他根本就口是心非；嘴裡面都在跟佛陀說他受持《金剛經》，背地裡都在違背《金剛經》。違背倒也罷了，偏偏又拖了他自己的《金剛經》下海沈溺，你說該不該墮惡道？真的千該萬該。我們再從理上來講講看，《佛果圜悟禪師碧巖錄》卷十記載：

【《金剛經》云：「若為人輕賤，是人先世罪業應墮惡道，以今世人輕賤故，先世罪業則為消滅。」只據平常講究，乃經中常論。雪竇拈來頌這意，欲打破教家鬼窟裏活計。昭明太子科此一分為能淨業障：「教中大意說此經靈驗，如此之人先世造地獄業，為善力強未受，以今世人輕賤故，先世罪業則為消滅。」此經故能消無量劫來罪業，轉重成輕、轉輕不受，復得佛果菩提。據教家，轉此二十餘張經，便喚作持經，有什麼交涉？有底道「經自有靈驗」，若恁麼，爾試將一卷放在閑處，看它有感應也無？法眼云：「證佛地者，名持此經。」經中云：「一切諸佛及諸佛阿耨多羅三藐三菩提法，皆從此經出。」且道：喚什麼作此經？莫是黃卷赤軸底是麼？且莫錯認定盤星。金剛諭於法體堅固，故物不能壞；利用故，能摧一切物；擬山則山摧，擬海則海竭。就論彰名，其法亦然；此般若有三種：一、實相般若，二、觀照般若，三、文字般若。實相般若者即是眞智，乃諸人脚跟下一段大事，輝騰今古，迥絕知見，淨裸裸、赤灑灑者是。觀照般若者即是眞境，二六時中，放光動地聞聲見色者是。文字般若者即能詮文字，即如今說者、聽者，且道是般若？不是般若？古人道：「人人有一卷經。」又道：「手不執經卷，常轉如是經。」若據此經靈驗，何止轉重令輕、轉輕不受？設使敵聖功能，未爲奇特。】

你看人家智慧高超，就是出語不俗，絕對不會落到世俗道理裡面去。這就是我講的說法時出語不俗，不是世俗人講世間法時說的出語不俗。我這裡講的俗是講世俗諦，菩薩演法時不落入世俗諦中，這才是菩薩之所說。克勤禪師說：「《金剛經》裡面有講：『如果持此經被人輕賤，這個人先世的罪業本來應該要在這一世墮落惡道，可是因爲如今有世人輕賤他受持此經的緣故，他的先世罪業就全部消滅了。』這樣的說法，只是根據平常人的講究來說的，這只是經中的常論。」因爲每一部經受持者如果被輕賤，都不會下墮惡道，這是經中的常論。「可是雪竇禪師卻把這一句《金剛經》的話拈來作了一首頌，講出他心中的意思；他只是想要打破教下的那一些人，專門依文解義所作的鬼家活計。昭明太子（就是蕭衍的兒子），把《金剛經》作了科判」，好在還判得不錯；我們這個〈能淨業障分〉第幾、某某分第幾，就是他判的。

「昭明太子就把這一分判作〈能淨業障分〉，他認爲：『教中的大意，是在說這部《金剛經》很靈驗，這樣受持的人先世所造的地獄業，因爲善力還很強，所以善業先報了，惡業比較小輪到後面再來報；因爲先把善業報完了，剩下的是惡業，這一世捨報就該下地獄了，但因爲這個人這一世又受持了《金剛經》而被人輕賤，所以先世罪業就滅了。』」克勤禪師接著就說：「這一部經當然是可以消滅無量劫來的罪業，也可以轉重成輕、轉輕不受，將來也可以使人得到無上正等正覺。可是如果根據昭明太子依教下這麼講，說運轉這二十幾張的經典，就叫作持經，那與『此經』的眞正受持有什麼交涉？那跟『此經』的眞正持經有什麼相干？有的人則是這麼說：『這部經自然有靈驗。』如果依他這樣講，你試著把這一卷經放在空閑處，看它有什麼感應沒有？感應在哪裡？」所以克勤大師的意思是說：受持這一部經，不是用經卷在那邊閱讀、課誦，而是要眞的證解此經，才能眞的叫作受持；得要眞的證解了此經，能夠示現出來才叫作讀誦。所以他就舉了法眼禪師對「此經」的開示說：「證得佛地的人叫作持此經。」請問：諸佛是住在什麼境界中？住在如來藏境界中。你找到了如來藏，你就發覺自己根本都住在如來藏中，「這樣便叫作諸佛」。三世諸佛就是這樣講的，所以沒有成佛的人也被叫作佛，說「本來成佛、本來涅槃」，講的是這個道理。

克勤大師又開示說：「經中說：『一切諸佛以及諸佛的無上正等正覺法，都從此經出。』且道：你們把什麼叫作此經？莫非是那個黃卷赤軸的經典嗎？可不要錯認了定盤星呵！」在大海中航行，把羅盤定位的那個北極星錯認了，可就死定了，千萬不能錯認那顆定盤星。同樣的道理，在禪門中若是錯認了定盤星，可就要死人了，因爲法身慧命一定活不過來的，所以交代說：不要錯認定盤星。

克勤大師又說：「《金剛經》中所說底金剛，是譬喻說萬法的本體很堅固，所以一切物都無法毀壞祂。而祂能夠有種種利物益生的作用，所以也能夠摧毀一切物；」面對眾生而產生利物益生的作用，簡稱爲「利用」。因爲祂有作用，能應物利人，能隨緣應物利益眾生，因爲有這個「利用」的緣故，所以祂也能摧壞一切物；「擬山則山摧，擬海則海竭。」祂眞的有這個功能。

當你找到了祂，就能夠把山毀壞。也許一時沒體會過來，就說：「哪有？老師！你不要騙我啦！」那我問你：汝喚什麼作山？喔！知道了！就是五蘊山。祂又能乾掉什麼海？能乾掉眾生的惡性之海。確實如此，你只要找到祂、轉依祂：「擬山則山摧，擬海則海竭。」

〈能淨業障分〉第十六第一段，我們上一週在補充資料的部分，講到理說的內容，還沒有講完，上週講到「擬山則山摧，擬海則海竭」。在佛門中說山與海，並不一定是指事相上的山與海。古時候，人家廳堂兩扇大門都會貼上各兩個字，有的貼：加冠、晉祿。這是世間好詞；對世間人來講，加冠就表示他的頂戴一直高升，就是官位晉升，這叫作「加冠」；換句話說，就是當官時步步高升；「晉祿」，就是說他的薪俸不斷地增加，財祿不斷地增加。如果是詩書世家，他貼的可就不同了；特別是對佛法有一些研究的人，他們就貼著：性海，情山。

記得我十幾歲、二十歲那時候，報紙上曾討論了整整一週，都在討論性海與情山。寫出第一篇文章開始討論的人，不懂眞正的意思，他的報導意味著說：胡金銓那部電影誨淫誨色，因爲他那部電影一開頭，竟然是大戶人家門扇上面貼的門聯：性海、情山。接著，就有一些還不懂性海情山意涵的人寫文字出來講話；然後每天都有人寫文章上來講，最後終於有一位懂得佛法的人寫了文章登出來，弄了差不多一個星期，才終於恍然大悟說：原來這是佛法中的名詞，而且意境深遠，可不是誨淫誨色的下流名詞。所以我對這四個字很有印象，還沒學佛時就已經很有印象了。原來所講的「性海」是眾生自性底大海，講的就是佛性大海。「情山」是說一般眾生不懂佛法的解脫道跟佛菩提道，都是落在世間有爲法中，那時候他們管這些不好的心行叫作七情六慾。但我們不能跟著世俗人講七情六慾，我們要講世俗人都有六情五欲；七情六慾在佛法中是指子虛烏有的東西，因爲世間沒有第七情也沒有第六慾。不過他們那時候沒有學什麼佛法，所以說「情山」就是指貪愛，認爲情山二字講的就是男歡女愛，說男女間的情愛執著猶如高山那麼重、那麼堅固，就這樣討論起來。

在佛法中講山與海，其實不是講物質那個山與海。假使一個人對眷屬的貪愛、對自我的貪愛很嚴重，他就必須要世世輪轉。不必說很多劫，只要以幾個大劫來說就夠了，還不必說到無量劫；這幾個大劫中每一世由於貪愛而擁有的自己五蘊（不包括眷屬的），如果這些五蘊壞掉了，只要把剩下的臭骨頭堆積起來，遠超過須彌山，比須彌山還要大，卻是因爲親情、愛情而引生出來的，所以眞的叫作「情山」。這都是由於六情五欲放不下，所以就有世世的生死；一劫又一劫的各種情，不斷地累積下來以後，這個情山是比須彌山還要高大的，這叫作「情山」。證得如來藏以後，遇到了情山，一摧就毀壞情山了，所以「擬山則山摧」。

那麼再說「性海」，假使還沒有證悟般若，對於一切法的自性，不能了知它就是如來藏的自性，而誤以爲一切法都各有自性，不能把它攝歸於如來藏的自性中，於是就在五蘊等種種外法的法性中沉迷執著，誤認這些生滅有爲性的諸法法性是眞實有；然後就會向外去攀緣諸法，又向內攀緣五蘊、十八界等種種法，於是這個世間法「性海」的貪著不能除掉，便成就了一世又一世無量無邊的諸法，如海一般廣闊無邊，就在這裡面沉淪。可是如果證得如來藏，生起了實相般若智慧，就能照見這一切法性的大海，其實都從如來藏而來，那麼就是只有一個法性而已；這樣的話，就表示說因爲無明而從如來藏中產生的種種世間法性的貪著大海已經乾竭了；原來全部就是如來藏的自性一法，除此以外別無性海。所以把性海攝歸如來藏時，還是如來藏所有；菩薩因爲如此，就不必滅掉一切諸法的法性，就把它攝歸如來藏法中，依如來藏的本來自性清淨涅槃的法性，來運用這一切無量無邊的世間法性，作爲利樂眾生的工具，所以說「擬海則海竭」。

克勤圜悟大師接著說：「就諭彰名，其法亦然。」也就是說，這個金剛二字講的就是如來藏。佛法中第二轉法輪所說的金剛，講的就是這個如來藏心；祂雖然出生了萬法而使萬法生滅不停，可是祂自己體性猶如金剛常住不壞，任何人都不能毀壞祂，所以金剛講的是這個心。因此，也就以前面所說的「物不能壞」，又說祂「利用故，能摧一切物」等等的體性，以這個譬喻來彰顯金剛心的名字。

證得這個金剛心以後，會有三種般若出現。般若，翻譯成中文時還是叫作般若，因爲沒有辦法用中文智慧兩個字來全面代替，智慧二字的涵義太狹小。智慧，譬如你懂得一加一等於二，這也是智慧；接著進大學而懂得微積分，也是智慧；懂得製造汽車、製造殺人的武器，懂得諸法乃至懂得佛法的解脫道，也都是智慧；乃至懂得佛菩提道，也是智慧。但若不是全面把佛法中所說智慧二字的內容，像這樣全部講出來，世間人難免誤會而落在世間智慧之內，所以就只好音譯過來，叫作「般若」；想要瞭解般若是什麼意思的人，就得費一些心思來探討，就不致於誤會佛法中所說「智慧」二字的意思，因此就音譯爲般若。

這個般若有三種：第一種是實相般若，第二種是觀照般若，第三種是文字般若。實相般若，有凡夫所知的實相般若，也有賢聖所知的實相般若。凡夫所知的實相般若，是心中建立一個法性，叫作如來藏的眞如法性；如同阿羅漢所知而未證的般若一樣，心中建立有一個能生萬法的本識。菩薩證得了這個本識，就可以現觀諸法由這個如來藏、金剛心所出生，就瞭解法界中的眞實相，擁有賢聖所知的般若。凡夫所知的般若，因爲還沒有證得，所以相信佛陀經中所說：有這樣一個如來藏，而祂是萬法的根源，祂永遠都是眞實而如如。這就是凡夫所知的實相般若，也是二乘聖人所知的實相般若。但是大乘賢聖所知的實相般若，是因爲親證了這個金剛心，所以能夠現前觀察蘊處界確實是從這個金剛心出生，然後經由這個蘊處界而顯現了種種心所法，顯現了種種六塵所攝的萬法，然後又輾轉出生了世間法而函蓋宇宙所有萬法在內，這就是大乘賢聖所知的實相般若。而大乘賢聖所知的實相般若，層次也是千差萬別的；所以同樣是實相般若，有人證得以後發起了實相般若以後進入諸地，乃至最後身菩薩在人間受生出家參禪而證悟般若時，一悟便成就佛果；所以實相般若即使是親證者，也是千差萬別的。

第二種、觀照般若，一般而言是對凡夫來講，就是他想像之中有一個金剛心是萬法的根源，但是他設法去觀照這金剛心的所在而不可得，這樣的觀照境界就是凡夫的觀照般若，指的是正在參禪覓心的階段，還沒有悟入之前所懂得的般若。而凡夫的觀照般若，還有一種是在邪教導之下，或者在他自己不如理作意思惟的情況下，產生了顚倒見，而錯認為他當前所住離念靈知的境界就是觀照般若境界，這也是凡夫所知道的觀照般若。另外說，已經眞正進入佛門裡面有了正知正見，也在尋覓金剛心了，可是還沒有找到，但他老是覺得：我有一個金剛心，祂一直在運作。有這麼一個很實在底感覺存在，可是畢竟還沒有找到，實證的實相般若還無法發起來。這就是《唯識三十論頌》裡面講的：「**現前立少物，謂是唯識性。**」自己心裡面現前建立一個似乎是存在的法性，「立少物」是在心中建立好像有那麼一個東西，說這個東西叫作萬法唯識的眞實法性。這表示說，他還是在安立、假立的狀態下，但是已經覺得似乎有一個金剛心存在，已經有感覺到了，只是還無法明確地找出來，因此也無法明確地說出來。當他已經知道一定有這個心存在了，就是參禪快要破參的時候。《唯識三十論頌》裡底這一句講的就是這個：「**現前立少物，謂是唯識性。**」

再努力參禪而過了一段時間，因爲他鍥而不捨，不斷地努力在參究，終於有一天突然之間一念相應而找到了：原來是這個傢伙。一把抓住祂，再也不忘記祂了。這時他的觀照般若就不一樣了，這時就現前看見自己的金剛心如來藏是怎麼運作的；所以晚上睡覺的時候，他知道：我今天是抱著我的自性佛在睡覺的。醒來的時候，他馬上發覺到：原來我是跟我的自性佛同時起床的。所以禪門有一句話很有名：「**夜夜抱佛眠，朝朝還共起。**」不管哪一個人悟了都一樣。凡是欲界中的有情，需要睡覺時都得要抱著佛睡覺；可是大家抱的是自性佛，不是抱 釋迦牟尼佛，別誤會了。這時候他有自己的觀照般若，他知道：原來證悟了以後所住的境界就是這樣，就是以自己的能知、能覺、能思惟、能分別、能染著、能清淨的意識覺知心，去住在自心如來的境界裡面。結果每天觀察祂，又發覺說：這個自心如來，當我們生氣的時候，祂不氣；當我們貪著或厭惡的時候，祂既不貪著也不厭惡；當我們不斷地生死，一世一世不斷地換五陰，可是祂從來不換，祂永遠就是祂。祂沒有死過，因爲祂沒有生過；我們生了，然後年老死了；而祂從來無生，所以祂就無死。無生無死，祂就是涅槃。這一來，終於懂了：原來涅槃就是依祂而施設。這樣的觀照般若就不是二乘聖人或凡夫大師所能知道的了。

還沒有證悟般若之前，如果沒有學過解脫道，心裡面老是想：「那無餘涅槃裡面到底是什麼？阿羅漢入了無餘涅槃以後到底是什麼？」以前剛學佛的時候，聽人家說「學佛就是要證涅槃」，可是涅槃到底是什麼？只能想像，摸不著邊際。不只是我們這一世初學佛時不懂，連佛學泰斗的印順法師也弄不懂，才會主張涅槃是不可知、不可說的。當你證悟明心了，這時現前看到祂的不生與不滅，然後讀到經典裡面說：「涅槃是不生不滅。」又一次恍然大悟：原來涅槃就是金剛心，沒有另一個法叫作涅槃，涅槃是因祂的不生不死而假名施設。於是他的觀照般若又往上提升了。然後繼續進修，修到入地了，接著二地、三地、五地、八地不等，他所觀照的般若智慧境界又不相同了；所以同樣是八識心王，他所獲得的是種智；同樣是八識心王，三賢位菩薩獲得的，卻只是般若的別相智，無法獲得道種智。所以觀照般若，有凡夫所有的觀照般若，也有阿羅漢的叫作相似般若，也有菩薩的相似般若、觀照般若；而菩薩的觀照般若，又是各個層次千差萬別，不能一概而論，這就是第二種的觀照般若。

第三種、叫作文字般若，同樣也有凡夫、二乘人、大乘菩薩，以及佛所說的文字般若，那又不一樣了。文字般若，就是把它語言化、文字化，就把它叫作文字般若。可是文字般若，還是依於觀照般若、實相般若而來；假使沒有實相與觀照兩種般若，就沒有文字般若。先來說說凡夫所知的文字般若，凡夫們修學大乘法，說要證般若，所以很努力研讀《般若經》。譬如像以前陳履安，大約八、九年前的事了，那時他自稱孫□華是他的老師，要求他要讀完六百卷大品般若；他也很努力，聽他自己說是讀了六個月才讀完。可是讀完了以後，他懂得般若嗎？還是不懂，只能夠用想像。那時他在中央信託局佛學社演講時，我曾親耳聽他演說般若；因爲他是想像的，只是文字般若，懂得一些文字表義而已，並不是眞正的般若。所以後來孫□華女士又引導他走入密宗，他就開始學密了。假使大品般若六百卷裡的「此經」，他眞的有實證，就不會再信受密宗了；因爲大品般若裡講的是非心心、無心相心，講的是金剛心，是離見聞覺知的心，從來都不與六塵相應；既然如此，怎麼會走入密宗去修六塵境界中的種種法呢？又怎麼會讓他兒子娶個密宗的女人當佛母呢？依密宗祖師宗喀巴的《廣論》教義，他們就不可能避開修雙身法，必然要跟觸塵、法塵相應了。所以顯然他是沒有通達般若，所以他對六百卷的文字般若沒有吸收消化。這正是佛門凡夫所知底般若。

這個文字般若，諸位想想看，二乘聖人的獨覺辟支佛除外，因爲佛世不可能有獨覺辟支佛，就只有緣覺阿羅漢。請問：「佛陀第二轉法輪時，所有阿羅漢有沒有隨著聽聞呢？」一定有，不可能不聽。即使是定性聲聞的不迴心阿羅漢們，也不可能說：「我證阿羅漢果了，我學的是聲聞法，現在佛陀轉入第二轉法輪講大乘實相般若了，我拒絕，我不聽。」不會這樣吧？所以他們仍然會參與第二轉法輪的法會，每一次佛陀說法時演說般若，阿羅漢們只要是與佛同住一處的人，一定會參加。有勝妙底般若妙法，爲什麼不去聽聞？既然參加了，當然他們結集的時候，也會把所聽到的般若妙法結集下來，所以四阿含裡面就會有中道、就會有三乘部眾，也會有第一義空經等大乘經典中的名詞出現。凡是大乘法裡的重要名相，四阿含裡面大部分都有，因爲他們都有聽聞過。可是因爲實在聽不懂——對大乘般若妙義沒有勝解，就對所聞的大乘法教無法記憶起來，只能記得與解脫道相關的法義，於是他們結集下來的成佛之道，就變成聲聞道的般若、聲聞道的中道、聲聞道的第一義空，不是眞正的般若與第一義了。四大部阿含諸經中的千餘部經典，就是這一類的聲聞解脫道經典，其中卻又夾雜著許多大乘經典中才會有的名相，原因正是如此。

你如果證悟般若了，佛陀說法時你也在場，你全部聽過了，當然知道其中的義理，自然會記住其中的法義；當大家共同來記憶時，就能全部記住而共同結集出大乘經典來。當聲聞人宣稱他們在結集 佛陀演述的成佛之道時，你當然會隨喜的；但是後來你聽聞他們所結集出來的大乘經，誦出來時卻都是聲聞羅漢道而沒有大乘法義的本質時，你會接受嗎？當然不會嘛！既然不可能接受，一定會要求他們重新結集。可是他們一定不會答應，他們聲聞人認爲說：「大乘經典，我們也已經結集完畢了。」他們五百人之中，只有四十幾位阿羅漢；其餘四百多位聲聞法中的三果以下和凡夫人，都不可能承認自己聽不懂大乘經，當然不可能答應重新結集大乘經，一定不採納諸位菩薩們的看法。那你們如果在場時，應該要怎麼回應？（有人答：自己再結集。）對嘛！你們當然要自己另外結集嘛！因爲明明他們把大乘經典的內容結集錯了呀！把 佛陀的大乘法全都結集成小乘法義了，那你還能接受嗎？當然不能接受，所以當場要公開宣稱：「吾等亦欲結集。」所以大乘經就在聲聞人誦出四阿含不久以後開始結集，這就是七葉窟外有名的千人大結集；這是聲聞人在七葉窟內結集阿含經典五百結集的一倍以上人數。

聲聞人不懂般若，所以他們聽了 佛說的般若以後，結集下來的就成爲四阿含裡面所講的，全都是用緣起性空來解釋 佛陀演述的般若，那就是聲聞聖人所知的實相般若，其實沒涉及實證。前面剛剛講的是凡夫所知的，現在是二乘聖人所知的；不過這些聖人卻是愚夫，雖然已是解脫道中的聖人了，在實相法界智慧中看來，他們仍然是愚癡人。在大乘法中說阿羅漢是愚癡人，雖然是聖人，但並沒有實相智慧。沒有智慧是說他們還沒有法界實相的智慧（不是說他沒有解脫道的智慧），因此講不出實相般若的內涵。然而菩薩講出來的般若可就不一樣了！二乘聖人用文字顯示出來的般若，就是四阿含裡面記載的那個樣子，只有解脫道的緣起性空等法義。他們用緣起性空來解釋般若、解釋中道，是在意識層面來理解般若與中道。可是菩薩們證悟了此經以後，講出來而被記錄下來的就成爲文字般若，或者親自寫出來時就是文字般若；乃至諸佛成佛後講出來的、被記錄下來的，也都是文字般若，但都同樣顯示出親自觀照所得的實相般若。所以大藏經裡面的第二轉法輪般若系列諸經，也都是文字般若。所有禪師、所有菩薩講出來的中道觀的一切法義，也都叫作文字般若；也就是說，證悟以後所說所寫都是文字般若。

文字般若，是在記載、是在描述觀照般若與實相般若的境界。記載下來或者演述出來成爲文字般若，就稱爲教下，是教門中事。這教門中事，是因爲證悟了實相，而且有了觀照般若，然後把它演述出來；所以演述的內容，是證悟的宗門裡面的實相境界以及觀照境界。因此，宗門與教下是不一也不異；因爲講出來的文字，畢竟不是觀照的境界，畢竟不是實相的境界；可是所講的所寫出來的，卻是在描述實相的境界、觀照實相的境界，因此文字般若與實相般若、觀照般若非異。可是，如果說非異而不說非一，那就有問題了；因爲如果只說非異，那麼般若經典就是實相般若了、就是觀照般若了。那請問：般若經典，你把它請出來，叫它顯示實相給你看，行不行？你把它請出來說：「你很有靈感，請你顯示觀照般若讓我可以看見吧。」不行的，所以又說非一。

你要去實證，然後去領受文字般若所講的實相境界，讓你自己生起觀照實相的般若；這樣，那些文字才能叫作文字般若。假使只是供在那邊，每天上香上茶供養，那是最低層次的供養「法」。眞正供養「法」時不是這樣，要進一步之後再進好幾步。進一步是把它請下來讀誦，讀誦以後心中生起疑情，想要證得它的眞實義，所以就開始去思惟整理它在講什麼。如果思惟整理不清楚，就要去尋覓眞善知識受學；受學了以後，終於弄清楚理路了；或者自己智慧夠，也許過去世已經悟過了，只是有胎昧而忘了，所以自己去思惟整理以後知道理路了：「原來這《般若經》就是要叫我們尋找金剛心，假使找到了金剛心，我們就知道它在描述什麼了。」所以就開始去尋覓祂。

尋尋覓覓底過程就是參禪，那就開始如喪考妣的參禪過程了。參不出來時眞的很痛苦，參了好久，到處都找不到「此經」；有一天，突然間背後老媽在叫喚：「阿狗啊！過來呀！」聽到老媽叫喚，當下一轉身過去，就這樣撞著了！人家說：「踏破鐵鞋無覓處，得來全不費功夫。」詞家也有一首詞，不是有這麼兩句嗎：「驀然回首，那人卻在燈火闌珊處。」就這麼見著了！這時候可就知道實相了，就有親證階位的觀照般若了！就是這樣去親證了，就比課誦經文的法供養更進一步。然後，心中好歡喜，把《般若經》請出來，一讀、再讀、三讀、五讀，那時比立法院的三讀法案更慎重、更歡喜；立法院那個法案三讀總是吵吵鬧鬧地，有時候氣得快要吐血。可是你這時不會，讀得滿心歡喜、法樂無窮。就這麼一念相應，從此以後讀誦「此經」全面改觀了。然後你講出來的就是文字般若，你寫出來的就是文字般若，乃至諸地菩薩十方諸佛所講都是文字般若。所以你看，三個般若都各有不同的層次差別，不能隨隨便便就把它作一個簡單地蓋棺論定。

所以有些人眞的愚癡，老是公開主張：「一悟就成佛了，哪有悟後起修的事？」假使那樣的說法可通，那我要請問他：「大精進菩薩有沒有悟？德頂菩薩有沒有悟？六祖大師有沒有悟？禪宗諸祖有沒有悟？都成佛了沒？」那些大菩薩們，且要問問他看，究竟有沒有開悟？他們講話很奇怪，都不經過大腦；人家弘法者每一句話說出來，都要考慮到說法的因果，都要很愼重，要字斟句酌；可是他們都不思考，都沒有經過大腦。他們那些錯悟的法師們，每天在拜 觀世音菩薩，拜 普賢菩薩、地藏王菩薩，甚至拜經裡面的很多菩薩，都很恭敬；他也明明知道那些菩薩們都有開悟，但有個問題是：那些菩薩們都還沒有成佛。那麼到底「一悟成佛」這句話能不能一體通用？他們可都沒有思考過。經中有好多記載，就像《維摩詰經》中列了一大堆菩薩，譬如電天菩薩、喜見菩薩、妙意菩薩、無盡意菩薩……等，這些菩薩們之中難道都沒有人已經開悟嗎？很顯然是有許多菩薩開悟了，因爲他們都是大菩薩；可是他們爲什麼還沒有成佛？正是因爲悟後還有很多要學的妙法，所以只有最後身菩薩來到人間才可能一悟成佛。因此，三種般若都各有許多層次差別，不能一概而論。

這三種般若，克勤大師說：「**實相般若，就是眞實的智慧，是你們每一個人腳跟下的一段大事。**」學佛是爲了什麼？甚至有的人更精進而出家，出家的目的就是爲了學佛，要專心學佛；可是出家學佛的內容是爲了證什麼？就是爲了這一段腳跟下的生死大事。而這個生死大事「**在諸人的腳跟下輝騰**

今古」，光輝騰騰地照耀著，從古時候一直到現在，從來如是，不曾中斷過，所以禪師們都會交代徒弟們要照顧腳下；我們禪三時也常常說要看好你的腳下，因為你的腳下有金蓮，可別丟了。克勤大師又說祂「迥絕知見」，說祂離知離見；祂既不知諸法，也沒有看見別人，從來不在六塵中知道你、我、他。可是《金剛經》的前一段經文明明又說：像這樣受持、讀誦此經的人，如來都看見他、都知道他。來到這裡 克勤大師又說祂「迥絕知見」，是不是衝突矛盾？其實都不衝突，也不矛盾，因為祂不從六塵中知、不從六塵中見；可是祂在六塵外知道你，祂也在六塵外看見你，你的一切都瞞不了祂。

祂是你最親密的人，祂是你專有的如來。也許有人說：「哪有？我最親密的人，是我堂上二老。」也許同修會外有人不太孝順，他不覺得最親密的人是父母親，就抗議說：「我最親密的人，是我老婆。」可是假使有一天他開悟了，他眞的會發覺說：「我老婆跟我不是最親密的，我這個自心如來才是我最親密的。因為老婆有時候上班去了，就看不見了，可我的如來還是一直陪著我。」如果你很孝順，即使是堂上二老，當你去上班以後也沒法再看見他們了，就得暫時分離了。那顯示說，堂上二老還不是最親密的。最親密的，是從來都不分離的人，他才是最親密的。人家形容說難兄難弟，感情好得不得了，說他們褲頭是綁在一起的，從來不分離，那才叫作最親密。就好像連體嬰一樣，那才是最親密的；可是連體嬰還會各想各的，有時候兩個連體嬰還要吵架；因爲我這時候想出去散步，他這時候偏想要在家裡休息，兩個人還要溝通個不停。可是你這個自心如來，從來不用跟祂溝通；你想什麼，祂都知道，祂從來不辜負你、不違背你，那你說親密不親密？當然祂才是最親密，連體嬰都還不夠親密。因爲祂不是從六塵中來知道你、來看見你，所以祂對於六塵中的法，是「迥絕知見」的。

可是祂卻又「淨裸裸、赤灑灑」，也就是說祂從來都很清淨，並且一天到晚都赤身裸體顯現在你面前，因爲祂從來沒有穿過衣服來遮瞞你。你的如來藏從來沒穿過衣服，禪師往往說祂一絲不掛；祂對你都沒有絲毫隱瞞，所以赤灑灑。有人說：「我才不信，克勤大師講這個話跟事實不符合；因爲我一天到晚在找祂，竟都找不到；我已經找了二、三年了，到現在還沒找到。因爲我進正覺好幾年了，自從我學會看話頭以後，我就開始找祂了，現在都還沒找到祂，所以祂顯然一直都藏得好好地，都沒有讓我找到。」原來正知見還沒有學好，弄到後來還認爲是祂在跟自己捉迷藏。可是等你悟了，你才知道祂根本就沒有躲藏，祂只差沒有跟你招呼說：「我在這裡。」所以，祂一直都很分明地顯現出來，眞是淨裸裸、赤灑灑地。當你把腳跟下這一段大事弄清楚了，發覺祂眞的「輝騰今古，迥絕知見」，而且「淨裸裸、赤灑灑」，那就表示你有了實相般若的智慧了，這個智慧境界你已經有了。

如果說到「觀照般若就是眞實境界」，這表示你已不是停留在悟前尋找時的觀照般若，因爲已經親證祂的所在了。換句話說，你找到祂以後不斷地觀照祂，可是你所觀照出來的結論是：祂能觀照你，祂也能觀照萬法。這就是悟後生起的觀照般若，因爲你所證得的，從般若的總相智、別相智到道種智，都是在觀照祂的觀照功能。祂能觀照的內涵，就是你的觀照般若所要觀照的對象；你的實相智慧能夠不斷地增長，就是你觀照到更多祂所能觀照到的。祂能夠作什麼，祂所住的境界，就是你所要觀照的內容。你能觀照到祂所住的境界，就知道祂有什麼功能差別，於是你自己就有了觀照般若；也就是說你擁有了祂的觀照般若，這個講的就是你的如來自住的境界。

祂二六時中，放光動地而且能夠聞聲見色。這個聞聲見色，是只有眼見佛性的人才講得出來，否則就會像臨濟義玄剛出道的時候一般，籠統眞如、顢頇佛性，不免被諸方禪師拈提。可是自心如來妙用所顯的佛性，這個「聞聲見色」是不離六塵的見聞覺知，但祂又不是六塵中的見聞覺知。縱使明心而發起深般若了，如果還沒有眼見佛性，這個部分你還是聽不懂的。我如果講了出來，明講了，把它拆解得很詳細，講上一個鐘頭，你還是聽不懂；因爲這是唯證乃知，這比明心的唯證乃知更加唯證乃知。如果還沒有眼見佛性，所有見性者針對所見佛性的境界來描述，不論怎麼講，明心者都會想像錯誤，都會誤解。所以七住菩薩與十住菩薩的差別是很大的，尚未明心者，乃至尚未斷我見者，對此當然更加難以理解了。這就是說，金剛心有祂對於山河大地、對於眾生五陰，乃至對於別別有情五陰的感應，這個功德是隨著你的進修漸次地圓滿，祂的功能就顯示得更加圓滿，是隨著你的漸修次第以及證量深廣而漸次顯現的。這是金剛心自己的觀照般若，你由於找到祂、能現觀祂，能次第深入觀察到祂的觀照般若，就使你的觀照般若越來越發地深細廣大。

文字般若就是能詮的文字，也就是說，能夠用來顯示實相般若以及觀照般若境界的語言文字，是能夠把它加以詮釋的這些文字，也就是說者與聽者。說者是文字般若，大家可以接受；聽者爲什麼也是文字般若？剛才還沒想到這個問題吧？爲什麼聽者也是文字般若？不管是悟前與悟後，聽到一個證悟者把實相般若、觀照般若解說了出來，你需不需要聽？你需不需要讀？一定要。然而聽與讀就是名言。如果沒有名言，那麼文字般若將只是講者的事，跟你聽者就不相干了。可是明明與你相干，這表示你一定有兩種名言相應。當你聽經時一定有兩種名言相應，第一就是表義名言；我在這裡說法時的語言文字，你都領受到了；必要時我們也把字幕顯示出來，諸位也都讀到了，這都屬於表義名言；用這一些聲音與文字來顯示我想要表達的義理，這些都是表義名言，諸位一定都領受到了，所以說聽者也有這個名言；你所聽到、所讀到的名言，當然是文字般若。可是如果沒有顯境名言，你就讀不到、聽不到這些表義名言；顯境名言就是你的六識心以心所法運作的結果，使你能領受到聲音也能夠看到那些文字，而由你的意識去理解它，這就是顯境名言。既然你在聽聞證悟者演說般若時，有顯境名言也有表義名言，那當然聽者也有文字般若；那就是被動性的文字般若，所以聽者也是、說者也是。

說了「輝騰今古」以後，克勤大師突然問了一句：「且道是般若？不是般若？」聽禪師說法後，你要有個準備，他隨時會問你。克勤大師是從來不打人的，也從來不罵人，所以他也沒有竹篦子，也從來不大聲訶責人，可是大家都怕他怕得要死。他的威嚴很重，就只有我不怕他；可是不怕他是一回事，但是不論他要我作什麼，我從來都沒有第二句話，我是這樣和他相處的。他講了這一大堆，突然問問你：「你倒說說看，這是般若？不是般若？」那你該怎麼答？不好答呵！所以禪宗眞悟祖師門下，那是要當下見眞章的，不許打混的，也不能作人情。

接著他就說：「古人都這麼說：『每一個人都有一卷經。』古人又這麼說：『手不執經卷，空著手，常轉如是經。』」要能這樣，才能叫作開悟。如果手中沒有拿著經卷而能夠運轉這部經，那才叫作開悟；所以悟後說法時，往往一句經文就講上老半天；並不是先作了筆記，然後一個字一個字看著唸。那電視上弘法錄影出來，你看他們似乎沒有預先準備講稿文字，其實他們前面有個電視螢幕，有人幫他們操作而把那些文字顯示出來，他們就照著唸；可是那些都叫作嚼文字穀，依文解義。你要是悟了，不是這樣說法的。所以，不管他是抄錄了文字在那邊講，或者用電腦螢幕在那邊照本宣科，那都是手執經卷在轉經，其實都是被經所轉，這樣就不是眞正開悟者。開悟後，只是列出一些重要底經句出來，然後他就從自心中流出智慧，來爲大家說法；這就是手裡空空如也，不執經卷卻能爲人轉經。這個密意聽懂了沒？我已經把密意告訴你了，但你若還是不會，問題是出在哪裡呢？出在你用耳朵聽，落在文字般若裡面去了！因爲你沒有用到觀照般若，所以就悟不了實相般若。你要是不信，懷疑我是不是在籠罩你；那麼等我講經完了，你可以找那些已經破參的同修們，問問他們看我有沒有籠罩你。其實我已經把密意告訴你了，都塞到你手裡去了，只是你不懂得一把將它抓住，咱家也無可奈何。

克勤大師又說：「古人講：『手不執經卷，常轉如是經。』如果根據這個說法來講，說這一部經很靈驗，」祂確實就是這麼靈驗，因爲你如果悟了這一部經，悟了人人都有的這一部經，你就可以手中空空如也，不執經卷而轉這一部經，「像這樣靈驗底經卷，豈止能夠讓人家把重業轉作輕業呢？豈止可以讓人家把輕業轉而不受呢？假使手不執經卷而能轉這一部經，這個功德，假使有人具有一種功德，能夠跟諸地菩薩乃至諸佛可以相敵對的話，我說這也不是很奇特底事，應該是正常底事。」因爲諸地菩薩以及諸佛的功德智慧，也都從這一部經來；所以說，就算有諸佛的功德，有諸地菩薩的功德，比起這部經來也都不算是奇特。這是大悟徹底的 克勤大師所說的，而我們也證實他說的一點都不虛妄，全是如實語，那你說這部經奇特不奇特？既然諸位點頭說奇特，那就要問諸位了：「奇特在哪裡？」（大眾笑⋯⋯）所以我說奇特嘛！我們再來看看宗門怎麼說：

《雲門匡眞禪師廣錄》卷二：【舉 僧問投子：「如何是此經？」子云：「《維摩》、《法華》。」】

宗門裡面講的就是教下的事。雲門匡眞禪師有一天舉出一個很簡單的公案，來說明宗門裡面講的就是教下的事：有個僧人問投子大同禪師：「如何是此經？」投子大同禪師開示說：「《維摩經》、《法華經》。」人家問他「如何是此經」，是問這部《金剛經》講的是什麼法義？當這徒弟問師父「如何是此經」時，當然就是問《金剛經》所講的金剛心；沒想到徒弟請問金剛心，師父投子大同禪師卻回答說「《維摩經》、《法華經》」，意在何處？

如果你不知道，來問我說：「蕭老師！請問如何是此經？」我就說：「六六三十六。」「什麼？我問『此經』，你怎麼跟我講九九乘法？」我說：「不然，你再問我一次，我跟你講白一點好了。」你就重問：「如何是『此經』？」我就告訴你說：「七七四十九。」這樣會了不會？我已經明講了。這七七四十九是我講的，六六三十六是代替趙州講的。如果再問，我就請雲門禪師來回答你：「東山水上行。」如果有人還想再問，想要打破砂鍋問到底，我就告訴你：「果皮三、兩片。」如果還有人再問，我就藉我這一世的師父—那個還沒有悟的師父—所講的來告訴你：「生薑長在樹上。」如果還有人再問，我還是藉用他的話來回答：「蘋果生在地下。」如果再問，我還是藉他的渾話告訴你：「我平常不回答你這個問題，我只在禪七才會這樣講。」其實我都已經明講了。

我講這麼多，都在講同一個金剛心；你若是眞悟了可就全都通透，若是還沒有悟，我這麼多個答案，可就各不相同，沒有一個答案是一樣的。可是，你要是眞正悟了，爲什麼這些答案就變成全都一樣？那是不是變成白癡？其實都不是，是因爲很有智慧，所以這些不同的答案都知道是同一個答案，這樣你就可以不用手執經卷，而直接爲人轉「此經」，隨手拈來莫非「此經」；

因此當你以後把《法華經》請上來講，也是講此經；把《維摩詰經》請上來講，也是講此經。所以投子大同禪師的開示確實沒錯，問題是，他的弦外之音何在？

《汾陽無德禪師語錄》卷一：【問：「承教有言：『阿耨菩提皆從此經出。』未審此經從何而出？」師云：「六趣該不得，五陰豈能收？」「恁麼則常轉、一切處轉也！」師云：「爾試轉看。」「恁麼，則信受奉行。」師云：「善哉明妙旨，不落有無中。」】

汾陽無德禪師，有一天有人來問他：「承蒙教門中有這麼說：『無上正等正覺都從此經而出。』可是不曉得此經是從哪裡出來？」有此一問，汾陽禪師就說：「六趣該不得，五陰豈能收？」文字裡的意思是說「此經」六趣都無法該攝祂，五陰也都收不了祂。汾陽禪師到底把「此經」講了沒？已經講出來了。可是一般人都會落在語言文字上，就說：「師父都答反話，有時又都故意顧左右而言他。」所以聖嚴法師說：「講禪最容易，隨便講一講就是禪。」有時候又說：「講反話就是禪。」所以學徒們都悟不了。佛門中也就因此而跟著產生錯誤的知見，當你問道：「如何是佛？」他便答覆你說：「眾生。」那你又問：「如何是眾生？」他又反過來回答說：「佛。」他認爲講反話就是禪。哎呀！老天眞要掉眼淚了：有此阿師，眾生豈能不輪轉呢？

汾陽禪師答覆說：「六趣該不得，五陰豈能收？」這個請問底僧人就說：「如果是這樣的話，那就是此經常轉，而且在一切處都在運轉了。」看來他好像已經開悟的樣子，所以汾陽無德禪師就問他：「你試著轉轉看吧！」請你轉給我看看吧！既然你認爲很行，就得證明你行，請你證明看看吧！

宗門裡面古來都不許打混、不許作人情的：是就是，不是就不是。所以，有的人很會學那些禪門的機鋒、應對進退；才進得門來，他也跟你大喝一聲，亂喝一通。禪師就撂下一句話來：「似則似，是則不是。」說你弄得很相似，確實是相似；但是若要說到你悟底究竟是或不是，你這個可就不是了。所以眞悟者進來，老禪師一看就知道這是個悟者。有一次，大慧宗杲禪師派了徒弟出門去幹事，是給他機會悟道；這徒弟在半途中悟了，這一回來，大慧宗杲遠遠看見了他，就說：「這個本鬍子，這一次回來可就不一樣了。」一看就知道了。爲什麼大慧宗杲一看就會知道遠行的徒弟開悟了？這裡面一定有蹊蹺。徒弟是哪個地方顯現出他的大人相，讓大慧宗杲看見了？一定是有的。他的大人在哪裡呢？那可要顯示出來才算數。

所以你說開悟容易不容易？當然難啦！因爲很難，所以祖師才說：「野狐精漫山遍野，平地上死人無數。」說這麼多大山頭，就只有一個山頭有活人，其他山頭底堂頭和尙全都是死人。如果現代諸方山頭都是活人，只有我正覺同修會一個是死人，那顯然不符古時底事實；也就是說，不論誰把《般若經》讀過都可以開悟，那麼 世尊就不必以教外別傳來傳授宗門正法了，那麼佛門還要禪宗、還要禪師幹嘛？又何必還要 佛陀親來人間幹嘛？乾脆就託夢，或者託釋提桓因送來一本《般若經》就好了，何必 佛陀辛苦再來人間呢？所以永遠都是眞悟的人很少，錯悟的人漫山遍野。

你們看 佛陀祂老人家，總是搭十一號公車，就這樣雙腳走路四處去遊行度眾，那眞是很累欸！以前連腳踏車都沒有，所以我們眞的要感念祂；人天至尊爲了凡夫們，特地來人間受生老病死之苦，四處行腳不避辛苦。這眞是大恩德，卻沒想到末法時期的佛弟子們，一個個都說：「**我們都要去極樂世界，我不要留下來娑婆惡世。**」那麼以後這裡正法誰來住持？所以假使一定要去極樂世界，可記得去了以後要趕快回來，那邊只是留學去佔便宜，跟阿彌陀佛佔了便宜就趕快回來，要記得這裡的眾生正在等你。

話說回頭，那僧人答了兩句，意在顯示說他已經悟了，當然無德禪師要問他：「你試著轉『此經』給我看看吧！」這徒弟轉不得，因此只好說：「既然是這樣，我不能轉，就信受奉行。」汾陽禪師就說：「善哉！你終於知道妙旨了，不落在有無中了。」這意思是在指點，當你說信受奉行的時候，你已經自己把密意說了，正是無門慧開禪師講的：「問處何如答處親。」我也說：答者不如問者親。當你自己在說「既然不能轉經，那我就信受奉行」的時候，其實自己已經講得夠清楚了，為什麼你還不明白呢？弦外之音就在告訴他這個，可惜這僧人後來還是沒個下文。

換句話說那僧人聽到汾陽禪師質問說：「爾試轉看。」他當然無法眞的轉經，只好回答說：「恁麼，則信受奉行。」意思是說：「那麼，我就只能對師父您的開示信受及奉行了。」汾陽無德禪師就開示說：「善哉明妙旨，不落有無中。」也就是說，不論這個徒弟有沒有眞的悟入了，其實從眞悟底禪師眼中看來，每一個眾生全都是已經明白轉經底眞意，也全都不落入有無兩邊之中。眞的好奇怪，明明眾生們全都還沒有悟得，才會有那麼多僧人離開老父母出家修行參禪，想要悟得此經，想要依悲願出世為人轉經；這時明明是還沒有開悟的凡夫，為什麼汾陽無德禪師竟然讚歎這僧人，竟然說「**善哉明妙旨，不落有無中**」？

五蘊、六入、十二處、十八界，全都是三界有；所悟若是不離這些境界，就是落入三界有中。反過來，若是把五蘊、六入、十二處、十八界，全都否定了，高聲地說：「**一切法空、緣起性空，並無一法是常住底實相**，這就證悟般若了。」可又成為斷見外道了。所以學佛人，若不是墮於斷滅空中，就是落入三界有，不離常見。如今汾陽禪師說「**善哉明妙旨，不落有無中**」，是不許落入三界有中，也不許落入斷滅空中，大眾可得在這上面好好端詳看看。接著，看看這段經文有關的宗門最後一個公案：

《汾陽無德禪師語錄》卷三：【「**分明為報道中人，勤讀此經長莫廢。**」

復云：「作麼生，得不廢去？」】

接著，看看與這段經文有關的宗門最後一個公案。有一天汾陽無德禪師告訴大眾：「**我非常分明地演述，只是為了向諸位報導出『此經』，所有參禪修行的道中人，都應該勤讀『此經』，而且還應該長讀而不要休廢。**」「報」

就是告知，這個應該要用閩南語來說比較通：「報馬仔」，有沒有聽過？他騎著快馬，往前方去看過狀況了，再趕快回來告訴你，就是把前方的狀況向你報導。他說：「我分明為你報導了常住在佛道中的眞人，」這個正在佛道中的人是什麼人？你若是懂了，「就應該很精進般勤的讀誦此經，永遠都不要休廢。」也就是說，當你悟了，師父為你所作的已經成功了，剩下的就是你要自己長時精勤地讀誦此經，千萬不要休廢。講完了，卻又丟下一個問題來：「作麼生，得不廢去？」作麼生，就是現代台灣話說的「怎麼生？」因為禪宗祖師大部分是在嶺南，講的是漳州話、福州話。「作麼生，得不廢去？」就是在問徒弟們：「要怎麼樣精進，才能夠長時讀誦此經而不要休廢？」就是說，你悟前是如喪考妣，孜孜矻矻，努力在參禪；後來有一天終於參出來了，卻要更加孜孜矻矻，更努力讀誦此經。孜孜矻矻，聽懂嗎？就是台灣話講的「起起叩叩」（台語諧音）。

在世俗法中有一句話講得很好：「人牽不肯行，鬼牽矺矺行（台語）。」意思是說：「人牽著他走時，他總是不肯走；當別人懷著鬼胎來牽著他走時，他卻很努力地跟著走。」表示說，這個人沒智慧，人心與鬼心，他根本分不清楚。禪子們才剛一進方丈室門來，禪師一棒就打來；這是人牽著他走，他應該要孜孜矻矻而行，結果卻是不聽。懷著鬼心的大師來了，告訴他：「你要保持沒有妄想，當你心中沒有語言文字妄想的時候，你就是開悟了。」結果學禪的多數人全都信受奉行，這叫作「鬼牽矻矻行」。可惜的是，末法時代，這種信鬼的人還是佔絕大多數啦！甚至還有人寫了書來罵我。他是怎麼講的？他還在書的封底說：「悟得意識常住才是正確的。」這就是被鬼牽著走，結果他是「勤讀『無常經』長莫廢」，不是汾陽禪師講的「勤讀此經長莫廢」。因爲意識是無常法，「如來藏此經」妙義他不肯讀，轉讀「意識他經」。並且，人家總是要遮遮掩掩說「我們悟的並不是意識」，生怕人家知道他落入意識中，怕被佛弟子們罵他是常見外道；可他偏偏寫在書的封底，告訴大家說：「意識才是正確的，我悟的就是意識。」遇到這種法師，眞是無理可說。台語有一句話罵得很好：「愚癡到連身子癢了都不懂得要去抓。」莫可奈何！汾陽禪師最後吩咐說要「勤讀此經長莫廢」，那就要請問諸位：「作麼生，得不廢去？」這就是諸位要自己端詳的。

【「須菩提！我念過去無量阿僧祇劫，於然燈佛前，得值八百四千萬億那

由他諸佛，悉皆供養承事，無空過者。若復有人於後末世，能受持、讀誦此經，所得功德，於我所供養諸佛功德百分不及一，千萬億分乃至算數譬喻所不能及。須菩提！若善男子、善女人於後末世，有受持讀誦此經，所得功德我若具說者，或有人聞，心則狂亂，狐疑不信。須菩提！當知是經義不可思議，果報亦不可思議。」

講記：「須菩提啊！我想起過去世無量無數劫，遇到然燈佛之前，曾經值遇八百四千萬億那由他諸佛，所值遇的每一尊佛，我都至誠供養；而且依照諸佛所說而承接奉事，沒有遺漏過一尊佛。如果另外有一個人在未來末法即將結束的那個末世，能夠受持此經、讀誦此經，他所得到的功德，來跟我這麼長久的過去無量劫中，供養的那麼多佛的功德來比較，我以前遇到然燈佛之前所供養那麼多佛的功德，遠不及那個在後末世受持、讀誦『此經』者的百分之一，千萬億分之一乃至算數譬喻都沒有辦法比得上。須菩提！如果有善男子、善女人在末法即將結束的那個末世，能夠受持讀誦『此經』，他所得到的功德，我如果把它具足說出來，假使有世俗人聽聞了，他心中一定會狂亂，一定狐疑而不能接受。須菩提！應當知道『此經』的道理不可思議，能讀誦受持『此經』的果報也是不可思議。」

這第二段經文仍然是〈能淨業障分〉的開示。這段經文中，佛的意思在告訴我們，證悟之前即使像世尊在因地一樣，在開悟前遇到了八百四千萬億的無量數諸佛，一一佛都不空過，全都現前供養、侍奉，並且承接諸佛的意旨如說而行，這個功德當然是無量無邊廣大。但是，假使你證悟後，能在末法即將結束的那五十二年中，受持「此經」而且爲人讀誦「此經」，那時你所得到的功德，不是供養八百四千萬億無量數諸佛的功德所能比較的。這道理在哪裡呢？就是前面講的：於後末世受持此經時如果被人輕賤，那麼你的功德是不可說、不可說，無量無數而不可計數的。因爲到後末世要找到像諸位這麼多的人信受「此經」，是不可能的；而你那時不但自己受持，還能夠孤軍奮戰爲人解說此經——把這如來藏妙法的正義不斷地爲人宣說，讓人家發起了善根，發起了慧根，產生了善力，產生了信力，產生了慧力，因此能夠跟你修學而同樣地實證了，你這個功德是不可思議的，沒有辦法說明的。

這意思是說，在後末世連受持此經都很困難，更別說是爲人解說了。可是，我們大家卻要發願：願意在後末世，特別是這一部經講的後五百年中——

─特別是末法最後五十二年中，繼續努力在娑婆世界爲人讀誦此經、解說此經，讓後末世那五百年中的有緣人一樣可以親證；你的功德就可以比得上親值八百四千萬億無量數諸佛，一一加以供養承事；並且還有過之，因爲那個時候的弘法環境比現在更惡劣。現在我們弘揚如來藏，人家還寫書說：「悟得如來藏、悟得阿賴耶識，不能叫作開悟；要證得離念靈知，才叫作開悟。」人家還公然寫書這樣罵我呢。可是到了後末世五百年時，不只是這樣，不但寫書罵你，還會一一登門來罵你：「你在講這個如來藏如何如何，金剛經、金剛心如何如何，」他當面罵你：「你這個法都是邪魔外道法，只有我們覺知心保持離念才能叫作開悟。」還會當面來罵你。只會有一個人來罵你嗎？不是，是一大堆人會上門來罵你。這眞是沒道理，證得最難悟的第八識如來藏的人，所證的是萬法的本源，竟會是沒悟者；證得最容易修得的離念靈知意識的人，所證的心是夜夜斷滅的有生滅心，竟會是開悟者，天下哪有這種道理？

可是你那時別管他，你還是要繼續講：「這個金剛心如何如何，你們落到意識裡面去，那意識本就虛妄。」要辨正給他們聽。他們當時一定很生氣，回家睡覺的時候依舊氣不過，還在想要反駁你。可是最後也許想一想：「這個意識離念靈知，我如果五色根壞了，如果不接觸到六塵，那我的意識還眞的不能存在呢。」終於想通了，也許半個月後，也許三個月後，也許半年，也許兩年、五年、十年後，他願意來跟你學，你的功德可就眞的無量無邊了。如果諸位都這樣發願，願意跟著我在後五百年時，大家一起來與佛門外道論理，我們就能把末法再延長一千年、二千年、三千年，這是我們應該發的願。如果你不怕被人家辱罵，願意發這個願，那我告訴你，就算是我不肯幫你悟，世尊祂老人家也會直接幫你開悟，你信不信？（眾答：信！）可見諸位都很有慧根、慧力，有信根也有信力了，表示你們的信、進、念、定、慧等五力都開始出現了；是五根已經圓滿，五力正在增長了。

這意思就是說，求悟才是首要之務；當你進入大乘法中，證悟深般若才是首要之務。佛親口說祂遇到 然燈佛以前，在往昔無量世中曾供養了八百四千萬億無量數諸佛，沒有一尊佛遺漏過去，每一尊都承事供養；那樣植福及修學都還不值得被授記成佛，因爲那個功德還不夠，那都還是有量底功德；可是當祂開悟了以後，就能夠在 然燈佛的後末世繼續受持、爲人讀誦、解說「此經」；正是因爲這樣，所以 然燈佛爲祂授記成佛。這表示，如果不是大心菩薩，如果菩薩種性不夠，抱持著聲聞種性，抱持著聲聞心態，而想要用解脫道修行來成佛，希望被 佛授記，那是遙遙無期的。他們用這樣的心態以及法門，想求 佛爲他們授記，就必須要期待：這十二生肖要加上一隻驢，然後等到驢年來了，他才有希望被授記。如果十二生肖永遠沒有驢子，驢年到不來，他就無法被授記，意思就是說根本就沒有機會。

到了後末世，釋迦世尊的正法流傳只剩下五百年時，如果有人還能夠受持、讀誦、爲人解說「此經」，這個功德大到不可思議；假使 世尊把這個功德具足解說出來時，一般人聽了都不可能信受，並且還可能心中狐疑而發狂，完全不可能信受。因爲那時學佛人的五根都還差很多，就別說是五力了！所以在後末世受持、讀誦、爲人解說「此經」，是非常非常困難的事。所以，在後末世能受持「此經」，不管別人怎麼毀謗，都能堅忍不退，並且還能進一步讀誦「此經」讓別人了知，這種功德是沒有辦法具足宣說出來的。因爲在後末世不管什麼人如何毀謗、如何抵制，漫山遍野全面的抵制你，猶如翻江倒海一樣地向你淹過來，而你仍然不會退轉，仍然可以繼續受持，繼續爲人讀誦解說，這表示你距離成佛的時間不會很久了。不必再很久，你就可以成佛了！因爲你已經開始了長劫入短劫的自度度他的過程。所以「受持、讀誦」是利己永不退轉，「爲人解說」乃至「書寫」是利他，這就是菩薩的道行。能夠如此去作，表示你對於「此經就是如來藏」的眞實義理，有了很深入的體證，所以產生兩個現象：第一、自己永不退轉，能利未來世的道業。第二、能夠利他，因爲這表示你已經有了很勝妙的智慧，所以後末世能夠不畏懼諸方漫山遍野翻江倒海而來的各種打擊，你都可以承受。這表示說，你已經距離成佛的時間不遠了，否則你作不到。

這就是諸位尋求早日成佛時，必須要發的大願。關於這個大願，有很多人說：「沒問題，我能發這個願。」可是發了願以後才會有問題，因爲後末世五百年那個境界相現前的時候，多數人是受不了的。如何能夠忍辱負重而不起瞋，這才是重要的。唯有忍辱負重而能不起瞋，你才能作得到。如果人家寫一篇文章貼上網罵你，有人下載了給你一讀，氣得手一直顫抖了，就表示你作不到這一點；你要能夠一面讀而不以爲意，就能夠在後末世受持讀誦此經，你所得到的功德是不可思不可議的。再來看補充的部分，看這一段經文在理上要怎麼說。受持這一部經，它的功德非常大，凡夫們固然無法思量這個功德；可是二乘聖人解脫生死了，也無法思量這個功德，所以更加愚癡的凡夫們就會群起毀謗「此經」如來藏，形成抵制如來藏正法的龐大勢力；可見後末世時受持、讀誦、爲人解說「此經」如來藏，是非常非常困難的事；世尊才會說在那時受持此經而被人輕賤的人，一切業障悉皆消滅，有經爲證：

《大方便佛報恩經》卷三，佛說：【「如是次第，四百九十九太子皆得道果，往詣宮中，至父母前報言父母：『出家利益今已獲得。』時諸比丘身昇虛空，東踊西沒、西踊東沒，南踊北沒、北踊南沒，或作大身滿虛空中，復以一身作無量身，或身上出水、身下出火，身下出水、身上出火。爲其父母作種種神變已，即便燒身取般泥洹。時鹿母夫人收取身骨，於後園中即起四百九十九塔供養。最小太子過九十日已，亦得辟支佛道，亦爲父母現大神變，現神變已即取泥洹，爾時其母收其身骨起塔供養。爾時鹿母夫人燒眾名香、作妙伎樂，日日入後園中供養是五百辟支佛塔，於其塔前愁憂不樂而作是言：『我雖生是五百太子，雖復出家，而無一人發菩提之心。』即立誓願：『我供養是五百辟支佛，并起五百塔供養舍利功德，悉以迴向普及一切眾生，令我來世不用多生諸子而不能發菩提之心，但生一子能發道心，現世出家得一切智。』」佛告阿難：「爾時鹿母夫人者，今摩耶夫人是。摩耶夫人供養五百辟支佛及修無量善業，是故今者得生如來身。」佛說此法時，有無量百千人天得初道果乃至四果，有無量衆生發阿耨多羅三藐三菩提心。」】

這一段經文是 佛說往世本生的故事。是說摩耶夫人在往世時名爲鹿母夫人，鹿母夫人生了五百位太子，他們長大後都請求出家修行；後來他們一位又一位證得辟支佛果，成爲獨覺；這四百九十九位辟支佛約好了，一同回到皇宮向父母說明：「我們出家的利益如今已經得到了。」這時候四百九十九位比丘就「現諸神變」，就在現神變以後，從身中發出三昧眞火燒身而取涅槃。鹿母夫人就把他們的舍利都收集起來，在後園中建立四百九十九塔供養，燒諸名香唱誦伎樂供養。她供養過一段時間，最小的太子在這四百九十九位兄長取涅槃後，也跟著成爲辟支佛而入涅槃了，她又把他這個小兒子的舍利收集起來供養，這樣在皇宮的後園中總共供養了五百個辟支佛塔，並且她從此以後每天進入後園來供養這五百個辟支佛塔。

有一天，她很憂愁地說：「我這麼辛苦生養了五百個太子，結果每一個都不肯發起菩提心，都成為辟支佛而入了涅槃。」於是她就發願說：「願我以供養他們的功德，以後不要再那麼辛苦生那麼多兒子，我未來世只要生一個兒子就好了，就由這一個兒子來成佛利樂眾生。」她因為發這個願，所以她才能當 佛陀的母親而出生 釋迦牟尼佛的色身、出生了悉達多太子。當時那位鹿母夫人就是現在的摩耶夫人。大家想想看，要當 佛的母親還眞的不太容易；她得要先生那五百太子，那麼辛苦把他們一一拉拔長大，然後送他們出家，讓他們證得辟支佛，還收集他們的舍利一一建塔供養，這樣才有辦法在未來無量世以後當上佛母。

那些密宗隨便找個女人來，只要漂亮年輕的就可以了，就說她們可以當佛母。那不笑死人了？那就好像說，路上隨便撿一塊石頭當作鑽石一樣，也會有人信，還眞奇怪！你想，佛母是這麼難得當。諸位先想想看：你若是要當 佛的父親、母親，要有什麼功德？想想看，自己過去世有沒有生過五百個孩子出家當辟支佛？男眾則是要想一想有沒有當過他們的父親了？想看看自己往世有沒有過這樣子辛苦？想來很難有機會，所以這種福德還眞的不容易修集。但我告訴諸位一個更簡單的辦法，你只要發願：「我每一世都生一個孩子，每一世的唯一孩子都當菩薩，都能開悟而受持、讀誦、爲人解說『此經』。」這個功德是勝過生五百個孩子當辟支佛的。意思是說，世世生養五百個孩子去當辟支佛，不如世世生養一個孩子去當開悟的菩薩，你要這樣想。如果能這樣想，你就好好度你的孩子；當他開悟了，你的功德就超過生五百個孩子去當辟支佛。這是最容易累積功德的辦法，所以你要怎麼樣度你的孩子開悟當大心菩薩，要怎樣度他發起廣大願：「世世在娑婆，荷擔如來家業。」這是你們累積成佛資糧最快的辦法。這一招諸位要學，可別左耳聽了，右耳又出去了。

想想看：生五百辟支佛，不如生一子發大心將來成佛。這表示說：弘揚解脫道所得的功德，比起弘揚佛菩提道的功德，百分不及一，千萬億分不及一，算數譬喻之所不能及，這時請問諸位：「你修學佛法、弘揚佛法，是要以解脫道來修學弘揚呢？或是你要以佛菩提來修學跟弘揚呢？」（眾答：佛菩提道。）對嘛！諸位很有智慧，因爲這個道理顯而易見；由於這個緣故，應當受持、讀誦此經，也應當爲人解說「此經」，所以受持此經的功德非常廣大。因爲你如果能受持此經，將來就能爲人讀誦及解說，就可以使被度者轉而度化無量人、天，將來同樣可以成佛。因爲只要悟了大乘菩提，就不會入無餘涅槃，將來一定可以成佛；而這些人將來一個個都不入無餘涅槃，都會邁向佛道，那你想：在他們成佛之道的三大無量數劫之中，他們又會度多少人走向佛道？你們只要想到這一點，就知道：受持此經爲人讀誦解說，功德是如何之大。

正因爲這樣的緣故，所以受持此經能夠消除無量業障，不管有多少人抵制你、毀謗你、辱罵你；並且抵制你的人越多，毀謗你的人越多，辱罵你的人越多，那麼你被他們消除的業障也隨著比例而跟著越多。這都不必修任何種類的身體苦行，只要你弘揚「此經」這個法；當你法樂無窮地宣演此經，而被人不斷地毀謗，那你要越快樂才對，根本就不該生起煩惱；因爲人家毀謗你，毀謗得越厲害，抵制得越厲害，你的功德就越大。你的功德是因爲人家輕賤你、毀謗你、抵制你而成就的，所以每當有人輕賤你、毀謗你、抵制你，若是常常拿到人家下載給你的網路上的毀謗文，你就應該越讀越高興說：「我的業障消得越多了，我的功德累積越多了。」確實應該如此。我是常常享受這種快樂的，如今已經很習慣而不想再知道還有多少人在罵我了，因爲都沒時間去讀那些文字，也知道必定常常有人在罵，也是知道受持此經的人必然要被人罵而增加功德的。所以沒智慧的人寫了文章匿名毀謗你，當他正在快樂的時候，他不知道你心裡更快樂。如果他知道你先世所造的罪業因爲他的毀謗而越來越少，當他知道你對他寫的毀謗文越讀越快樂的時候，他就氣得從此不再寫了。因此，如果你受持此經以後，常常被人輕賤謗爲邪魔外道，這就表示說，你是眞正已經得到了如意寶珠的人。

在末法之世中，毀謗這「此經」如來藏金剛心，是常常都可以看見的平常事。而那些毀謗「此經」的人常常被人廣爲供養，被人奉爲佛教界的導師，譬如釋印順，以及西藏密宗的那些法王們。他們其實都是《法華經》中那個挑糞人，懷中藏有寶珠而不知道要用它；心外求法還不打緊，還要毀謗那個善心人。你這個善心人告訴他們說：「**你身中有寶珠，在你自己五蘊山中蘊藏著寶珠，你要去把祂找出來用。**」結果他們卻罵你外道，罵你邪魔。你千萬別生氣，正因爲他們這樣罵你，你的先世罪業不斷地消失，道業增長非常地快速，功德越來越大，業障消得越來越多，這是你應該要感謝他們的地方。所以，千萬不要在讀到人家給你的毀謗文章時，臉色鐵青、青筋暴露，千萬不要。否則就表示你還沒有《金剛經》中 世尊所說的這種智慧，你也沒有體驗到毀謗者幫你滅除業障的功德。所以，以後當你上網跟人家法義辨正的時候，不要抖著手在那邊打字，你應該很歡喜說：「哎呀！他毀謗得越厲害，我的業障消得越多。」是應該快快樂樂的爲對方說法，存著善心善意想要利樂他，而不應該去生氣；如果生氣了，就無法深入爲對方說法，表示你還沒有得到此經的功德。

《金剛經宗通》上週還沒講到宗說的部分。這一品第二段的理說，最後我們說：生了五百位辟支佛，不如生一個兒子發大心可以成佛，輕鬆多了。因此說，假使能眞實地受持此經，功德是非常大的；因爲是眞實地受持而不是誤會者的受持，這個人一定能爲人讀誦及解說；當他能夠爲人解說以後，聽聞他說法的人也可以悟入，然後同樣可以轉而度化更多的人們以及天人都可以成就佛道。正因爲功德這麼大，因此就以這個緣故，說受持此經的人可以消除業障；除非是悟後退轉不信，然後轉而毀謗此經。而且 世尊也說受持此經的人，特別在末法之世常常會被人毀謗爲外道，被人輕賤；但被謗爲外道、受人輕賤而受持此經的人，卻是眞正受持如意寶珠的人。而毀謗此經如來藏的人，反而是在末法時代常常被人供養、被人奉為佛教界的導師；這是諸位所眼見，也是常常聽我提起以致於耳熟能詳，那就是印順法師以及藏密諸法王。

甚至於禪門中也有許多法師們，在我們十幾年中不斷地寫書出來，證明離念靈知這個意識心是生滅法；可是他們仍然執迷不悟，甚至於還寫在書中強辯說意識是常住法。還有一種人，膽敢公然寫在書中流通出去時，卻又不敢把他的眞實姓名印在書中，竟然隱匿了自己的姓名；而且他的書中連流通處的地址、電話都沒有，印在書裡面的流通處就只是寫著「各大素食館」。像這樣不敢負責的人，還在他的書中，甚至於封底繼續堅持說：「離念靈知意識才是禪宗開悟之標的。」而我們已經以三乘經教以及現量及理證來證明：「意識是所生法、生滅法。」他既印了書，竟不敢具名，也沒有地址、電話，就在書中罵我們是外道，說我們的法不正確（編案：是弘揚密宗邪法的羅丹）。這就是輕賤如來藏，還在封底明明白白寫著：「正覺說證悟阿賴耶識才是證悟，那是錯誤的。」這樣子輕賤我們，那可眞是好極了！不管他印多少書出去，每印一本，我們的先世業障就消一點；他每罵一次，我們的先世業障又消一點，我們何樂而不接受呢？因此我就接受了，所以我從來不與他計較或回應。

這就是說，只要你是眞正受持此經，你在末法時代都難免要被人輕賤毀謗，這些輕賤毀謗的人都是以意識境界作爲開悟境界的凡夫，這些人都是《法華經》說的挑糞人，也就是《法華經》講的那個長者之子，被長者雇來挑糞；而他也是《法華經》中所講的，懷中有寶珠而不知道受用的愚人。所以，向眞心如來藏以外求法，這樣的人就要像那個長者子，等他逃離了長者很久以後，將來長者找到他了，還不能立時把家業交給他，還得要雇他來挑糞，一步又一步讓他漸次爲正法作事而漸漸進入內院，然後才讓他進入內室，讓他掌管長者所有的珠寶財產（佛法中的增上慧學一切種智）。後來終於有一天起了貪心，貪什麼呢？貪這個如來藏法，認爲可以眞實的證悟了，將來確定可以成佛了，想要眞的行菩薩道而且很厭惡回去繼續當挑糞人、管理人，他想要繼承那些貴重財產了，然後長者請了國王大臣、高官富賈來宴會，才公開聲明說：「這就是我兒子，我從今天開始把所有財產家業都交給他。」也就是幫他證悟而把如來藏妙法的弘傳任務交給他，這樣他才能接受。

當他還沒有想要獲得長者的那一些家業財富之前——還不想眞正開悟以前，長者是不可以把家業交給他的。因爲他會想：這長者對我是不是有企圖？他不知道自己就是長者的兒子。那些謗我的人也是一樣，不知道將來要當我的法子，現在還繼續在大力毀謗我；當我好心地詳細寫出經中義理來利樂他們時，他們還以爲我對他們有什麼不良居心呢！所以我得要繼續寫，繼續提升他們的佛法知見水平；等於長者把挑糞子漸漸引入內室，漸漸地給予更多薪津一樣繼續作下去。

同樣的道理，對於那些毀謗此經如來藏的人，佛陀得要先讓他們去學世間法，叫作「人乘」，「人乘」就是挑糞之子所應作的事。別人挑糞時，長者一天給一塊錢；這孩子來挑糞時，每一天給他二塊錢，漸漸培養他的貪。等到他最後開始管理長者所有的財富而起貪的時候，也就是他開始受學第一義如來藏妙義時，他起了念頭：「假使我是長者的兒子，那該有多好！」長者看看他對這些家業很有興趣時，就知道時機成熟了，才可以宣布他是自己走失很久的孩子。同樣的，想要證得如來藏的人，並不是一開始就可以交給他；要先讓他學人乘，教他挑糞賺多一點辛苦錢；然後再讓他學天乘，就是受五戒之後再學十善；有了十善業道及禪定等知見了，然後接著再告訴他聲聞道，說明阿羅漢道該怎麼修；然後再告訴他說，這個緣覺乘又是怎麼修；等他也證了緣覺乘，然後再告訴他說還有菩薩乘，更廣大、更殊勝；於是他開始修學大乘如來藏妙法，學到後來他想一想：「這個法又比聲聞、緣覺更好，我也要證得才是。」就這樣子心越來越大了，終於有了企圖心：「我要得這個菩薩的法，才可以得到如來的家業。」他終於對如來的龐大家業有興趣了，這時候才是幫他證得如來藏的時候，這時候才是讓他成爲佛子的時候。所以心外求法的人都是挑糞子，長者雇請他回來挑糞，要給他加倍的薪水，使他安住下來，眼前只能這樣子作。

這意思是在告訴我們，大乘菩薩的成佛之道不容易修；一般人心量很小，他們也不敢想要走這一條路，因爲成佛之道遙遙無期。且不說成佛之道，光說菩薩七住位所證的明心智慧境界，末法時期的一般大師們已經無法想像，不相信自己可以實證。所以，聽到有人毀謗說長者那些財產是不可能交給他的，意思就是說：「你不可能悟得佛陀家業所依的如來藏。」他們立刻就信，這就是一般眾生。對這些人當然得要讓他們先去修學人乘、持五戒不犯，這樣挑糞一段時間以後，才能叫他來當家裡的僕人，也就是修十善業道及修學打坐證禪定，至少得要有一念不生、離念靈知底功夫。修十善業道及打坐底人，是哪些人呢？而現在佛教界有哪些人是在修十善業道的？又有哪些人是在每天打坐修證離念靈知的？諸位都很有智慧，一聽就知道是什麼人，那就是修十善業道及打坐離妄念的人。然而修習十善業道及打坐離妄念的人，都只是在佛法門內當僕人，不斷地忙著修集各種善業，每天都要撥出時間打坐求離念靈知境界；看來好像是很精進在爲長者 佛陀作事，可是距離掌管財寶庫房的職務，還早著哩！

等到他有一天走來走去，發覺說那個管財寶庫房底人是多麼受到長者的器重，薪水又很高，他才會起心動念說：「我如果能當那個掌管庫房的職務會有多好！而不必在那邊辛苦地作粗活。」等到他有這個心量了，才能讓他掌管庫房，但還不能讓他得——還不能讓他明心。當他聽過很多佛法妙義，知道佛法的內容了，後來有心想要當長者的兒子時，這時候才可以讓他明心。當他明心以後才可能知道那庫房裡的東西都是佛門中的寶貝，但還只是管理者，無法全部自己運用。這時候他才眞的想要當 佛陀的兒子，於是就努力拚：「我想要當長者的兒子，來擁有這庫房裡面所有寶貝而且懂得運用。」這個時候佛陀就幫他進入初地了，成爲佛的眞子。

所以，從走失的階段，到成爲長者家底挑糞子，乃至最後入地成爲眞實佛子，這裡面是有許多轉折的，不要以爲說：「我進來同修會，反正兩年半我就一定開悟明心了，這是理所當然的。」我告訴你：「不是理所當然，那是我們濫慈悲。」要先認知到這一點，這是因爲我們需要很多人爲正法作事。我們爲了振興宗門正法，爲了振興全面的佛菩提道內容，必須要有很多人共同來作事，所以我們必須要這樣作。只要你發心願意爲正法作事，我們就幫你開悟；幫你開悟，不曾爲我帶來任何好處，也不曾爲我們哪位親教師帶來什麼好處，因爲我們全都不受供養，也都不支領薪水或車馬費；我們全都是爲了幫助眾生實證佛法，幫助眾生發起法身慧命，所以需要你們來幫忙作事。你們願意爲眾生來作事，爲眾生的解脫生死以及成佛之道來作事，所以我們當然要幫助你開悟，這就是我們的所爲、我們的心態。不是因爲喜歡上了你，所以幫你開悟；是因爲佛法需要你，所以我們幫你開悟。請諸位要記住這一點。

所以挑糞子比比皆是，放眼全球佛教界，哪個不是挑糞子？可是你們要知道，還有更多佛門中人，連挑糞子都幹不上；因爲他們連三歸五戒都還沒有受，連「此經」如來藏正法都還不肯接受、不願接受。所以，諸位能進入正覺同修會來，是往世曾經修得很大的福報，是迷失之後被找回來了；但是自己所不足之處，距離明心開悟還有一段距離，還是要想辦法去把不足之處圓滿起來，那麼我們幫你開悟就可以省力多了；將來你悟出來也比較有功德受用，悟後起修也不會那麼辛苦。這是在理上說的，接下來針對這一段經文，我們要再從宗門裡面引證出來說，且看補充資料裡的宗說：

《萬松老人評唱天童覺和尚頌古從容庵錄》卷四：【僧問雲居：「承教有言：『是人先世罪業應墮惡道，以今世人輕賤故，先世罪業即爲消滅。』此意如何？」居云：「動則應墮惡道，靜則爲人輕賤。」崇壽稠云：「心外有法，應墮惡道；守住自己，爲人輕賤。」天童宏智禪師頌曰：

綴綴功過，膠膠因果。

鏡外狂奔演若多，杖頭擊著破竈墮。

竈墮破，來相賀，卻道從前辜負我。】

這萬松老人住的地方命名爲從容庵，所以他評唱天童宏智正覺禪師的頌古時，徒眾們把它記錄下來就稱爲《從容庵錄》。在卷四有這麼一段記錄，說有位僧人請問雲居山的雲居禪師：「承蒙教中有這麼說：『這個人過去世所造的罪業，在這一世死後應該要墮落惡道；但是因爲他受持了此經如來藏，而被世人看輕、歧視的緣故，他過去世所造的罪業，就因此消滅了。』請問禪師，這個道理是什麼呢？」雲居禪師就答覆說：「如果從公案裡面看，是說禪師老是動來動去擎拳豎足而落在動裡面，那就要墮落惡道去了；如果不動來動去，就一天到晚靜坐如如不動，就會被人輕賤。」崇壽稠禪師聽到這個現成公案，他又拈出來向天下人這麼講：「心外如果認爲有法，」如果認爲所有的法不是在我們如來藏心裡面所顯現的，而認爲外面眞的有法，「這個人應該要墮落惡道；可是如果守住了這個眞實心的自己，那就一定會被人所輕賤。」

後來天童宏智禪師就因爲這兩個公案而作了一首頌說：「所有的功與過都是黏黏綴綴地補過來、貼過去，掉了再補上去；然而因果卻是一層膠又一層膠地黏上來，都不會遺失掉，都黏得很牢。就好像《楞嚴經》講的，那個演若達多看見了鏡子中的自己有一個頭，可是他的眼睛卻看不到自己的頭，誤以為自己的頭已經丟失了，因此為了找自己底頭而到處狂奔向外尋覓。」

「又如同破竈墮禪師」，這是另一個公案，我得要先說明一下破竈墮這個公案，免得諸位聽不懂我接下來在說什麼。這個破竈墮禪師，他原來的名字大家都忘記了，只記得現在的名字。他的寺院附近山中有一個泥土做成的竈。「竈」，現在的國語中已經不太有人講了，可是閩南及台灣等鄉下都還有人講：爐竈。竈字通灶字，這是古語，就是現在台灣還在講的古語河洛話。「竈」也就是爐子的意思，不過現在爐子都是瓦斯爐，體積小小的；以前是燒柴火的竈，而且以前家庭裡人眾很多，那竈就做得很大，同樣都叫作竈。

這位禪師本來並不叫作破竈墮禪師，他住持的道場附近山中有一個廟，廟裡有個泥土做成的竈，那竈裡有神，很靈感；人家去求願時，都要帶雞鴨或者豬肉，放在那個竈裡面煮，煮熟了就等於供養了那個神，然後所求都可以滿願，這個事情漸漸就傳到破竈墮禪師的耳朵裡。有一天他就帶了侍者，手裡拄著一支拐杖上那山裡面去；然後就用杖子對那個竈輕輕敲了三下以後，口裡就叱斥說：「啐！你這個竈不過是泥土合成，你的神聖從什麼處來？

又怎麼談得上是神？你這位神的本靈又是從何而來的？你都不知道，竟敢這樣子烹殺物命。」然後，他就拿起手杖，把那個泥竈打了三下，於是那個泥竈就自己傾墮了。這個很靈感底神竈就這樣子被打破了，因爲他有罵說：「你這個竈，本來是泥土合成，何神之有？有什麼靈感可說？你不過是泥土合成。」那竈神就體會到自己五陰並不是眞的，只是假有的；於是就這麼打三下杖子，那泥竈就自己傾墮了。打碎了以後，侍者等人當然私下就會講一些話，互相討論說禪師爲什麼要把它打碎；也許有一些祈願的人會埋怨禪師，不過這些話並沒有被記錄下來。

因爲並不是打碎了就馬上走人，有一段短短的時間還駐留在那裡。然後他們準備要走的時候，有一個天人，青衣峨冠，穿得非常體面而出現在那個地方，就向這位破竈墮禪師禮拜；破竈墮禪師並沒有神通，所以不曉得這是什麼人，就問他：「你是何人？禮拜我作什麼？」這個天人就說明：「我本來是這個破竈的竈神，因爲禪師您的慈悲，所以我生到天上去了，如今我已脫離鬼神道，感念您的恩德，所以特地來禮拜相謝。」然後就不見了。

侍者就覺得奇怪：「我跟著師父那麼久，都沒個悟處，這竈神的竈被師父打破了就開悟了？」所以他就問：「師父！你是幫他開示什麼？他就這樣子悟了，就超脫了鬼神道。」破竈墮禪師說：「我也沒有跟他開示什麼，我只是說，你這竈，何靈之有？何神之有？你不過是個泥土合成底東西，就把它打碎了而已。」這侍者聽了一時之間還是不懂，可是人家竈神就悟了，這就是破竈墮的公案。後來安國師稱他爲破竈墮禪師，因爲這個泥竈被他打破而傾墮了，泥土都墮落一地，人們也就共同稱他爲破竈墮禪師；從此以後，大家就忘了他的名字了。

現在回到萬松禪師拈提的天童禪師這首頌來說：「杖頭擊著破竈墮。」說禪師以杖子把泥竈打了以後，那個土竈就傾破，就墮落一地了。這個竈墮了、破了以後，「竈墮破，來相賀」，這竈神卻反而回過頭來向禪師相賀。等竈神回來相賀了以後，我天童宏智卻要這麼說：「你這個竈神從前可都辜負了我。」請問：他這個我，是講什麼？當然就是如來藏。竈神也懂得前來道賀，可是這時候天童卻說：「你從前都辜負了我。」請問：這道理又在哪裡？

你在這裡要是端詳得透，那可眞是一把好手。從此以後，百花叢中過，片葉不沾身。有一天你若悟了，從百花叢中走過去，結果粘了花粉什麼等等，你可別來跟我說：「老師！我還是有粘上。」我告訴你，你眞的沒有沾上；如果還說你有沾上了，那表示你根本就悟錯了。這裡眞的要看得清楚，發覺自己從百花叢中過時，你眞的沒有片葉粘身，那你就是一把好手。但我說的片葉是指六塵，不是眞的指花叢中的花瓣底瓣葉。

假使原來是個紈褲子弟、花花公子，學佛以後終於證悟而離開了萬叢，從此不再去逛酒家、綠燈戶。也許哪一天心血來潮說：「我何妨像以前一樣再去逛一逛，極盡五欲？」那麼讓他這樣極盡五欲三個月以後，他也還是只能承認說：「我雖然在百花叢中混來混去，眞我『此經』還是片葉不粘身，那些花花綠綠底花瓣，連一瓣都沒有粘上我底眞實法身。」到那時候，也許正好冬天，他身上穿了好多件衣服來，卻向我說：「老師，我今天可是一絲不掛。」眞正是一絲不掛，一點都不含糊。

所以有人問禪師：「如何是佛？」禪師說：「水潑不進。」再去問另一位禪師，那另一位說：「水潑不濕。」再去問另一位禪師，他說：「火燒不著。」這個行腳底比丘尼僧還是聽不懂，又再去找禪師問：「某位禪師跟我說『火燒不著』，那是什麼意思？」這位禪師就跟她說：「一絲不掛。」反正禪師都有話答你，聽起來各不相同，可是完全一樣。

萬松老人這樣提出來解析了，我今天更老婆，直是眉毛拖地了，已經解釋到這麼白了！會與不會，端在各人。再來看看，《大慧普覺禪師語錄》卷九有這麼記載：

【受請，普告大衆云：「毘盧藏中有大經卷，量等三千大千世界；書寫三千大千世界中事，悉盡無餘。我以清淨天眼，觀彼大經卷在一微塵內。今夜對人、天眾前，設大方便破彼一塵，出此經卷饒益有情去也！」卓一下，召大衆云：「一塵已破，大經卷已出。有頓有漸，有權有實，有半有滿，有中有邊，有理有事，有果有因。百千法門無量妙義，世出世間一切諸法，盡在裏許。諸人還信得及麼？」】

大慧宗杲禪師有一天受請供養，受供養完了，他普告大眾說：「在毘盧遮那大藏海中，有一部大經卷；這個大經卷的分量，與三千大千世界相等；在這個大經卷中，書寫了三千大千世界中所有大大小小的事情，沒有一事一物遺漏。我以清淨的天眼，看見了那個大經卷，卻是在一個微塵裡面。今天晚上我面對你們眾人和前來聽聞的天眾，巧設了大方便，要把那一個微塵打破，要將微塵裡的這一卷經弄出來饒益有情去。」那時，因爲他手上有拄著一把杖子，就把杖子往地上這麼一卓，隨即召喚大眾說：「大眾！這一塵已經打破了，大經卷已經請出來了。這裡面有頓教也有漸教，有權教也有實教，有半教也有滿教，有說中道也有說邊際事，既說到了理也有說到事相，既有果也有因。百千法門無量妙義，以及世間出世間底一切諸法，全都在這裡面。你們還信得過嗎？」大慧宗杲眞的廣設大方便，把這一微塵之中，量等三千大千世界的經卷弄出來了。

我如今也已經代替他弄出來給你們看了，你們有沒有看到呢？看見了沒有？這部經卷這麼大，可是只在這一微塵中，信得過嗎？信得過，就去禪三見分曉；若還是信不過，那麼禪三你就甭報名了。大慧禪師已經很明白地講出來了，今天我就藉著這個色身讓他來用，同樣很分明地顯示出來了！只如「此經」何在？（平實導師良久之後，開口說：）在這裡！

〈究竟無我分〉第十七

接下來〈究竟無我分〉總共有四段，現在先來講第一段。我們從《金剛經》的前後次第說法中，可以發覺佛陀說法具足方便善巧。因爲次第性必須要如此，而沒有辦法前後對調；所以前面說了許多「此經」，也教你要受持此經，並且告訴你此經的道理。然後你已經受持了，那也只是在見道位中，只有見地而已；可是有了見地以後，你得要轉依成功，否則那個見地還是沒辦法使你獲得功德受用。一定要轉依成功了以後才能究竟無我，否則光有見地，口中可以琅琅上口講得一大堆般若佛法，可是作出來的事情竟跟世俗人沒有兩樣。所以在這裡接著告訴你：受持以後，你要究竟無我。

一定要究竟無我，你一定要轉依祂；若沒有轉依祂，或者轉依祂以後並沒有次第實修，就會永遠停留在七住位中，第八住位就進不了，更不要說要進到九住、十住位。還沒有轉依成功的人，想要進入第十住位，想要眼見山河世界、身心五蘊悉皆如幻，根本就不可能，明心的功德受用一定是很小的，要怎麼樣更進一步去轉依成功？所以 佛陀說法都有次第性，你先要能夠受持不退，告訴你說受持不退有多麼大的功德，讓你生起欣樂之心。有了欣樂之心，確實也知道祂的功德如是之大，接著你的轉依就會開始進行；否則始終只是有見地，而不知道要如何去轉依，你的功德受用將不會存在。雖然有了見地，可以講一堆法，可是身口意行還跟世俗人一般，那麼人家會說：「你證悟的功德在哪裡？看起來跟世俗人好像沒有兩樣。」如果人家覺得你悟後跟世俗人沒有兩樣，那表示你的成佛之路將會是非常遙遠的；因爲你沒有辦法度人，人家也不信受你，認爲你開悟後看起來跟世俗人都沒有兩樣。那樣是度不了人的，那時不能攝受佛土，要等到何時才能成佛？

所以，當你能受持不退，確認說：「我悟得這個眞實心如來藏，這就是《金剛經》所講的此經。當我這部經典所在的地方，就等於是已經建立了清淨的佛刹，一切人天都應當供養，所以我自己每天也應當供養此經。」要怎麼供養呢？不是去騙人而到處說謊話，不是去跟人家竊奪財產乃至殺人越貨，更不是要爭權奪利，都不是作這些事情；作這些事情時都不是供養此經，反而是輕賤此經。所以當你能夠受持以後，佛陀才會再告訴你說：供養此經，功德如是廣大。應該要怎麼樣才能使自己眞的能夠供養此經呢？於是世尊指示說，你要究竟無我。如果沒有究竟無我，你就無法眞心誠意供養此經，所以佛陀就告訴你要究竟無我。你已經能受持此經了，接著就是要從實際理地來進入〈究竟無我分〉。現在〈究竟無我分〉裡總共有四段，先來看第一段。

【爾時須菩提白佛言：「世尊！善男子、善女人發阿耨多羅三藐三菩提心，云何應住？云何降伏其心？」佛告須菩提：「善男子、善女人發阿耨多羅三藐三菩提者，當生如是心：『我應滅度一切眾生，滅度一切眾生已，而無有一眾生實滅度者。』何以故？須菩提！若菩薩有我相、人相、眾生相、壽者相，則非菩薩；所以者何？須菩提！實無有法發阿耨多羅三藐三菩提者。」】

講記：這個時候須菩提向佛陀稟白說：「世尊！善男子、善女人發起無上正等正覺的心以後，如何是他應該安住的境界？如何降伏他的心呢？」佛陀告訴須菩提說：「善男子、善女人發起無上正等正覺的時候，應當出生這樣的心：『我應該滅度一切眾生，滅度一切眾生以後，並沒有一位眾生眞實被滅度了。』是什麼緣故而這樣說呢？須菩提啊！如果菩薩有我相、人相、眾生相、壽者相，就不是眞正的菩薩了；這是什麼緣故呢？須菩提啊！其實沒有一個法是發起無上正等正覺的。」

當須菩提聽完　佛陀說，應當知道這一部經的道理是不可思議的，果報也是不可思議的；所以須菩提馬上發覺到，接著可以如實轉依而進入修道位，這時應該要怎麼轉依、怎麼修道？也就是說證得此經以後，發覺此經如來藏眞的是清淨性、涅槃性，也具有能生萬法的自性，這時已經現前看見了。接著，要怎麼樣達到究竟的無我？這個無我的實證要如何作到？所以，須菩提馬上就想到這一點，向　佛陀稟白說：「世尊！如果有善男子、善女人，已經發起無上正等正覺心，」也就是已經證得此經了，所以知道自己確實在未來世可以成就無上正等正覺，已經眞實發心決定要成佛，決定不入無餘涅槃，要盡未來際利樂眾生。一直到成爲究竟佛以後，還是要繼續利樂眾生，「當這個無上正等正覺之心已經發起了，可是畢竟還沒有成佛，這時應該要怎麼安住其心？要怎麼樣來降伏其心呢？」所以他眞的可以與　佛對談實相般若，因此他才會是這一部《金剛經》的法緣之主，成爲這一部經的緣起者，他有這個資格。

佛陀聽了他的發問，就開示說：「須菩提！善男子、善女人，如果已經證得此經而發起了無上正等正覺的時候，他應該要生起這樣的心，心裡面應該這樣安住：『我悟得此經了、證得此經了，我應該用此經來滅度一切的眾生；』」也就是說，要把眾生的五陰我除滅了，讓眾生越過五陰我的境界，「『這樣來滅度一切眾生以後，我所看見的是沒有一個眾生眞的被我滅度了。』為什麼說證得此經的人，應該要生起這樣的心呢？須菩提啊！如果菩薩心中還有我相、人相、眾生相、壽者相，他就不是眞實義的菩薩了；為何這麼說呢？須菩提！其實並沒有一個法可以發起無上正等正覺的。」

這樣解說，好像還是不容易領會；證得如來藏的人，這麼一聽就懂了——讀過這三行經文就懂了；可是，畢竟在座者之中，還沒有證如來藏的人仍是多數，所以我們還是要再把它解說一下。須菩提向 佛稟白說：「世尊！善男子、善女人發起了無上正等正覺心」，也就是明心了，「他應該要怎麼樣安住？要住在何處？」這是破參明心的人一定會面對的問題。因為從佛法修習上面來說，你先要作功夫、要證禪定；基本的禪定功夫是要有的，否則悟了也不會有什麼功德受用，甚至很容易退轉。在二乘法中、譬如在聲聞法中也一樣，佛陀常常開示說先要證得禪定；有時還開示說，有覺有觀三昧還不夠瞧，最好是要證得無覺無觀三昧，換句話說最少是要證二禪；若能證得第二禪是最好的，這樣斷我見以後就絕對不會退轉而再度回墮於意識中。如果連基本的定力都沒有，那麼證得如來藏以後，他還是會退失見地，重新認取意識爲眞實心。在大乘法中也是一樣，所以先要修一點基本的禪定功夫。可是，有了基本禪定功夫，再來證如來藏以後，會發覺說：「我證得禪定時的那些境界都是意識心、覺知心所住的境界，而我現在找到的如來藏，祂所住的境界並不是我的意識所住的境界，那我要怎麼安住我的覺知心？」一定會發生這個問題。這個問題既然出現了，他當然要請問說：「我們菩薩們證悟這個金剛心以後，應該要怎麼樣安住自己的覺知心？」因爲覺知心不能取代金剛心來安住於離見聞覺知的境界，那麼悟後要怎麼安住？這就是問題的所在。

除了要怎麼安住以外，還有一個問題：就是那金剛心本來是清淨地存在著，可是我們有染污的覺知心還是繼續住在六塵中；而金剛心繼續住在離六塵的境界中，我們這個覺知心要怎麼樣依止於「此經」金剛心而降伏下來？

金剛心是本來就無所住的，而我這個覺知心繼續在六塵中住，離不開六塵境界，所以看見了漂亮的顏色還是想多瞧一下，聽見好聽的聲音還是想要再聽一下，因爲人家說：「此曲只應天上有。」心想：「這麼好看好聽，爲什麼要閉眼塞耳呢？不妨再聽一下，這麼好聽的音樂，聽一下有什麼關係？」開悟明心以後，我們這個覺知心的貪著習性還是繼續存在，看見了好賺底錢，心想：「不賺白不賺，爲什麼我不賺？」那麼悟後要怎麼樣去降伏祂？這就是悟後起修的課題了。

我們不能要求諸位悟後不要再賺錢了，我就是因爲不想賺錢了，所以年紀輕輕地就退休了！我用退休以前賺的錢來過活就可以了。其實我如果繼續投資地皮賺錢，我很內行，一定能繼續賺錢，可是我都沒有起過念頭說：「要再去買一塊地皮來賺錢。」學佛以後從來都沒有！而我破參以後買的地皮，都是爲了要把佛法弘傳的任務交棒以後，回家鄉去隱居時用的，所以買的那些地皮目的不是爲了賺錢，都是選擇安靜而不會發展的處所，當然不太賺錢。那都是爲了自己要住的，不是投資用的。所以我沒有再起過一念說：「我要去賺錢。」從來都沒有！這就是說，我降伏其心而降伏成功了。可是你們悟後，遲早一定會遇到這個問題：要如何安住其心？又如何降伏其心？因爲你會發覺：自己這個覺知心跟如來藏的落差很大，如來藏永遠都是那麼清淨，可是我們覺知心自己還是像以前那樣不清淨。

現在變成這個情況：如來藏本來就清淨地存在那邊，可是覺知心的自己找到如來藏以後，知道「此經」是那樣清淨，而覺知心依舊是這麼不清淨，成爲一個對比的時候會覺得很矛盾：「**我覺知心到底要不要像祂那樣清淨？我如果要像祂那樣清淨，我覺知心就不能再貪任何東西了。**」於是看見了白馬王子，不可以多瞄幾眼；看見了白雪公主，也不可以多瞄幾眼；更何況說要再怎麼樣去賺很多很多的錢，那該怎麼辦？其實都不必發愁，你只要保持現狀就好了！不該賺的錢，你不要賺就沒事了；該賺的錢，你還是照樣賺。我不要求諸位明心了就退休不再賺錢了，我從來都不這樣要求；因爲各人的任務、各人的使命並不一樣，但是你只要把握一個原則：不該賺的不要賺。這樣就好了。這樣子，就是懂得如何安住其心，懂得如何降伏其心，這就是你悟後應該作的事。

因爲須菩提早就知道，明心以後還沒有進入初地位中，一定會有這個問題存在。我們弘法早期，也常常有人這樣問：「老師啊！如來藏這麼清淨，可是我覺知心不清淨，我要怎麼樣住到那個境界去？我永遠無法取代如來藏的境界來安住。」我說：「我並沒有教你要取代如來藏來安住，如果教你取代如來藏來安住的話，你應該這一悟就成佛了，何必還要進入修道位修行？你如果能取代如來藏的境界來安住的話，將來你入了母胎，就由你來製造來世的名色，不是由如來藏來製造名色了，這樣懂了沒？」那位同修搔搔腦袋，還是聽不懂。後來經過悟後進修，隨著增上班的課程次第進修好多年以後，終於稍微懂了：「原來我就是要像祂那樣安住，這叫作轉依。」終於懂了，然後開始修改自己，去符合如來藏的清淨性，這個就是轉依以後開始邁向佛地境界的修行了。如果不能這樣轉依，永遠就停留在七住位中，空有總相智的見地，可以講得一大堆法，可是沒有解脫功德受用。那麼，外面世俗人看了也會瞧不起，因爲看來他不像個開悟的人。

同修會外的人，他們心中想的是：「你已經開悟了，就是聖者。」所以有很多人在講經說法的時候都會這樣指稱開悟者：「開悟的聖者。」有沒有？你們已經聽過這樣的說法嘛！可是他們不曉得說：開悟後雖然也有聲聞初果的聖位，但是在大乘別教法中才只是七住位菩薩，距離大乘聖者的初地果位，還有一大阿僧祇劫的三十分之二十三的路要走。他們是不知道這道理的，他們認爲說開悟的人都是聖者，那就要有聖者的模樣。關於聖者的模樣，他們的認知是什麼？就是：看人不能用瞄的，眼睛稍微一斜就不對了；走路也不可以走快步，要很沉穩，一步一步慢慢地走；走路時也不可以東張西望，連路上的招牌也不可以看；人家叫你的時候，你聽到了，也得要慢慢轉過身去。由於你是聖者，所以講話也不可以像蕭平實講這麼快；當你回答別人提問的時候，一定要回答說：「往—火—車—站—的—路，你—要—向—東—方—慢—慢—的—去—走。」（大眾笑…）要像這樣慢慢地講，他們所認知的開悟聖者是這樣。何況你如果說：「我賣你這一輛車，」明明這一輛是二手車，行情大概是三十萬元，你卻說：「我賣給你便宜一點，四十萬元就好，都不賺你的錢。」那麼這樣一來，人家後來打聽到別的車行，知道這只要三十萬元就夠了，你說不賺他的錢，竟然還要賣他四十萬元。那麼人家一定會說你這個開悟是假的，那你就斷了他的法身慧命。我們很早期有一位同修就是這樣，他爲我們印書時都說沒賺錢，卻比會外人士印的有賺錢的還貴；全都是因爲我爲他明說而使他不能成功轉依，後來當然是不能受持「此經」而改信月溪法師的離念靈知，所以也就退轉；當然更無法讀誦「此經」，也無法爲人解說「此經」了。

這就是說，不可能要求你一悟就好像諸佛與諸地菩薩那樣；但是你得要漸次轉依祂，慢慢去改變覺知心自己，這就是須菩提針對這個問題而提出來請問的精神所在：「**菩薩悟後應如何安住？要如何降伏其心？**」可是佛陀不講那麼淺的東西，佛陀要講深妙的般若。佛說：「**善男子、善女人發起了這個無上正等正覺心以後，他應該要生起這樣的心態，應該想要滅度一切眾生，**」不是在世俗法上生心，而是在利益眾生上生心，所以佛陀對已悟菩薩的寄望很高，只要你悟了，祂就當作你要很快進入初地了。佛陀對明心的人寄望都很高，聽到祂這麼講就知道。須菩提問得很淺，佛陀答得很高，淺與高之間在哪裡？你看，佛說：「**悟了以後應該要去滅度一切眾生，**」不是去跟眾生鬼混，不是跟隨眾生專門在世間法上去運作，而是要去「**度眾生跟自己一樣證得這個金剛心。**」當你證得這個金剛心時，從理上來講，就已經滅度了！因爲已經把五陰給滅了，也就是在所知與所見上面徹底否定五陰了，已經在所知與所見上面度過五陰的境界了；從此不再認五陰為眞實法，不管五陰中的哪一個法，不管十八界中的哪一界，都不認爲是眞實法，都在所知所見上面把五陰十八界常住的見解滅掉了。否定了五陰十八界就是超過了五陰十八界的境界，不再認定他，否定他，這就是把他滅了。

「度」，就是超越了五陰十八界的境界。幫助有緣眾生也度過五陰十八界的境界，就是滅度眾生。這個滅度眾生有兩層意思，從比較淺層的意思來講，就是答覆須菩提尊者的請問；也就是說，要滅度自己五陰十八界中的一切眾生。自己五陰十八界中的一切眾生是哪些眾生呢？譬如看見了一位白馬王子，偷偷地瞄他一下、再多瞄幾下，這就是眾生，都是五陰十八界運作出來的。如果你們男眾看見了哪位白雪公主，就堂堂正正盯著她看；當人家說你色瞇瞇，你想：「**他說我色瞇瞇，那是他的事，只是他自己想的，我管他作什麼？我只要沒有動嘴、沒有動身、沒有動手，自然就沒事。我就是要這樣直接盯著看嘛！怎麼樣？**」這個就是標準的眾生了，你對於這個眾生，可得要把它滅度掉。又如看見人家準備要去投資某一種行業，自己對這個是行家，看見這個鐵定可以大賺一筆，就開口說：「**讓我參加一份。**」他就想要插一腿了，無論如何要讓他參加一份，他這個也是貪念。如果說你本來就是那個事業的股東之一，你就是應該賺的；公司去賺了錢，你是股東，你當然跟著賺，那就沒事。可是看見別人有個機會可以賺，他老兄堅持要去插股，這也就是貪的眾生，這個眾生也得要滅度掉。

從另一個層次來講，「滅度眾生」就是利樂眾生，要設法去幫助有緣眾生也證得「此經」，而且幫助他們能夠受持不退，由此而可以滅掉這一類眾生；也就是幫助眾生也可以滅掉他們自己的這類眾生，也可以過度五陰十八界的眾生，這樣就是滅度眾生。不論是在自利上的滅除貪瞋癡等眾生，或者在利他的滅度眾生身中的眾生，全都叫作「滅度一切眾生」。世尊開示說：「當你悟後滅度了一切眾生以後，你要能夠現前觀察並且接受它：這一切的內眾生、外眾生，被滅度了以後，並沒有一個眾生眞的被滅度。」

現在先不談佛菩提道，假使是從教授眾生修證解脫道來講，譬如說，你度了十個人成爲阿羅漢，那麼這十個人成阿羅漢以後，他們將來捨壽入了無餘涅槃，請問：「你有沒有滅掉一個眾生而到生死的彼岸？」請問：「有沒有？」（眾答：沒有。）沒有！這句話只有你們才敢答，因爲你明心以後已經看清楚了：把那十個人度了成爲阿羅漢，當他們捨壽時滅了他們的五陰以後，他們還是有他們的如來藏繼續存在；你並沒有眞的把他們滅掉，你只是把他們的五陰滅了。五陰滅了以後，說他們十位阿羅漢都到了無生無死的彼岸去；因爲不再有生死了，到了無生死的彼岸，解脫生死了；可是他們眞的有解脫嗎？沒有！他們還是沒有度到無生死的彼岸。因爲當他們還沒有滅度之前，他們早就已經住在無生死的彼岸了；這是由於他們的金剛心第八識本來就沒有生死，才說已度生死，你何嘗滅了他們而使他們住到無生死的彼岸？所以事實上你並沒有滅他們而度到無生死底彼岸去。這樣從聲聞解脫道來看，你度了很多的眾生，把他們滅度了，讓他到達離生死的彼岸去，其實你還是沒有滅度他們，你也沒有讓他們到達無生死的彼岸去，因爲他們的五陰滅了，已沒有我了，還能有誰度到離生死的彼岸？

從佛菩提道來說也類似這樣，菩薩證得金剛心，發覺滅度了一切眾生以後，結果沒有一個眾生被你滅了、度了，而是眾生本來就已經在無生死的涅槃彼岸了。既然如此，何必要把他們的五陰滅了而讓他到無生死的彼岸去呢？當他們五陰還在的當下，不必滅壞五陰時，他們的如來藏就已經住在無生死的涅槃彼岸了；那你把他們滅度了，讓他們到達無生死的彼岸，其實還是原來的金剛心如來藏住於涅槃彼岸；既然這樣，你又何必去把他們的五陰滅度呢？所以，你根本不需要滅度他們，你就只要讓他們也證實這個道理：在滅度的當下並沒有滅度，沒有滅度的當下卻又已經滅度；在生死的當下已經是涅槃，現前的生死境界其實也是自己處在如來藏本來涅槃的境界中，又何妨有生死同時存在。要讓他們成爲菩薩。所以佛說：「當生如是心：『我應滅度一切眾生，滅度一切眾生已，而無有一眾生實滅度者。』」

「須菩提！若菩薩有我相、人相、眾生相、壽者相，則非菩薩」，因爲你悟後一定會發覺：當一切眾生，包括自己這個眾生，包括自己心裡的貪瞋癡等眾生，或者其他有情心裡貪瞋癡等眾生，其實都是只有一相，名爲金剛相、如來相、涅槃相、清淨相，因爲全都是如來藏金剛心中的法性；這時候你轉依這個金剛心來看一切眾生的時候，不但是自己沒有我相、人相、眾生相、壽者相，連一切眾生也都沒有這四相。所以，如果菩薩證悟以後，還落在這四相裡面，表示他所說的常住法其實還是落在這四相裡面，就是悟錯了。譬如說，落在意識我、十八界我、五蘊我、十二處我裡面，那就具足四相；所悟的眞實心若是有這四相的人，他就不是菩薩了。

所以，如果有人說他悟了，結果還落在這四相裡面，譬如說離念靈知，離念靈知正是意識我，正是具足了我相，那你就知道這個人不是菩薩，這個人最多只能說是假名菩薩——方便說他叫作菩薩，其實他不是眞的菩薩，因爲 佛說：有這四相的人「則非菩薩」。那麼這樣再回頭來看這個金剛心的時候，佛說：**「須菩提啊！其實沒有一個法是可以發無上正等正覺的。」**因爲如果有一個法可以使人發起無上正等正覺，那麼那個法一定是本無後有的法。誰可以發起無上正等正覺心？是意識心，而意識心是本無今有；本無今有的意識心，是入胎以後這一世才出生的；上一世的意識心並沒有來到這一世，而這一世入胎以後才出生的意識心是全新的心，不是從上一世來的。而「此經」如來藏自己也不會發起無上正等正覺心，所以 佛說：**「須菩提！實無有法發阿耨多羅三藐三菩提者。」**

所以，看見了往世的媽媽投胎再來，成爲一個漂亮的女生，你去把她追求來當妻子；因爲你不知道她是你往世的媽媽，表示意識覺知心是這一世全新的，不是從上一世往生過來的。往世的母親活到很老才死，可是你上一世可能五十歲就死了，結果你五十歲死了，那個媽媽活到七十歲死了，剛好同時間來投胎；你這一世看見了她，覺得好親切好親切，一定要把她討來作妻子；卻不知道因爲是上一世的媽媽，所以這一世見了很親切，就把她追來當妻子，結果是前一世的媽媽。但你還是疼愛這個老婆，疼愛得不得了，其實是疼上一世的媽媽。如果你的意識是從上一世來的，你這世妻子的意識也是上一世來的，一見了你就說你是她的兒子；你一見了她，就說她是你媽媽，你還會娶她當妻子嗎？你不敢，她也不敢。

因爲意識是這一世才有的，是有生之法，這個有生之法能發無上正等正覺之心，請問：這是不是常住的法？顯然不是常住的法。既不是常住法，又怎麼可能讓你成爲無上正等正覺？不可能呀！所以佛說：「**沒有一個法可以讓你眞正的發起無上正等正覺之心。**」那也許你懷疑說：「**有呀！這如來藏就可以呀！我成佛不是靠這個心嗎？我證悟不就是靠這個心嗎？**」對呵！好像對呵！然而問題是，能讓你發無上正等正覺的「此經」這個心，祂本身是無我性的；祂沒有五蘊我的自性，沒有十二處我的自性，沒有十八界我的自性，當然也沒有離念靈知意識覺知的自性，所以祂根本不會發無上正等正覺之心。發無上正等正覺心的永遠都是意識心的你，「此經」如來藏心卻不會發無上正等正覺之心；而會發這個心的你卻是生滅性的，這樣推究到最後，結果是沒有一個法可以發無上正等正覺。如果你還沒有破參，可能這樣一聽完了，就誤會說：「那我來正覺學法幹嘛？我不是白學了嗎？」其實並沒有白學，就在無有一法可以發無上正等正覺心的狀況下，結果你發了這個心，這樣你才能成就佛道。可是有的人聽了還是迷迷糊糊，心想：「你這樣講，不是廢話嗎？」可是我告訴你：「其實不是廢話，這還是眞的如實語，成佛就是這樣成。」

接著請問諸位：「沒有證得這個金剛心的阿羅漢，他能聽懂嗎？」絕對聽不懂！所以金剛般若，第二轉法輪講了十幾年，那麼多的經卷，被聲聞阿羅漢及聲聞三果、下至聲聞凡夫們，被他們共同結集在四阿含中，有哪一句話能夠講得出深般若來？全都沒有。而我們這麼一小段，可以說出一堆的深般若妙法出來，聲聞阿羅漢們根本不行。他們也跟著佛聽聞第二轉法輪般若諸經十幾年，可是結集出來的卻只是四阿含，都屬於聲聞解脫道。所以四阿含諸經講的解脫道，根本不能稱之爲中道，原因就在這裡。因爲他們沒有實證這個金剛心如來藏，所以他們無法憶持世尊所說的深妙般若；必須要證悟的菩薩聽聞之後才能憶持，才能結集出來。

這樣子，從理上作了一些說明，你如果已經證得如來藏了，你聽了這樣的說法，心想：「還眞的妙呀！這才是般若。」如果像四阿含那樣講中道，能聽嗎？眞的不能聽！那就像大學國文教授在聽小學生講解國文課，就像大學國文教授在聽小學生講解《古文觀止》。可是你如果破參了，你來聽就是不一樣了。

關於理說的部分，我們再來作一些補充，請看補充資料，在《宗鏡錄》裡面如何講滅度。法的對與錯，是要能夠經得起檢驗的；如果是落在離念靈知裡面，自稱爲開悟，都無法經過這一些經教或宗門的檢驗。《宗鏡錄》卷二十一：**【二乘競執瓦礫，歡喜持出，生滅度想；生實未盡，寧得滅度、生安樂想？所作未辦，寧得安隱？其實未得一切解脫，未得謂得，豈非妄語耶？】**

《宗鏡錄》是永明延壽禪師寫的，有很多人推崇說：「永明延壽禪師是彌陀世尊化現。」那當然是高推了他。其實他不是，但他確實有證悟。他這麼說：「二乘聖人競相執取瓦礫，從佛法殿堂中拿了瓦礫就出來了。」他們進入佛法寶藏的殿堂，因為他們也聽過 佛講般若諸經，也聽過 佛講第三轉法輪的唯識增上慧學，可是他們不拿那些黃金、鑽石，進了佛法的殿堂中只拿了一些破瓦、碎石頭，就歡喜地走出來。永明禪師雖然說那是瓦礫，但是跟世間瓦礫還是不一樣，因為那些瓦礫是用瑪瑙做的，也算不錯了。可是佛法殿堂裡面還有許多雕塑得非常漂亮的金龍玉鳳，還有許許多多的鑽石打造出來的金碧輝煌的寶物，他們卻不要，只是拿了那些瑪瑙做成的瓦、瑪瑙一類的普通玉石，就覺得滿足而走出佛法殿堂了，然後很歡喜說：「我得到這些寶物，已經很滿足了。」他們只得到了二乘小法，只在解脫道有所修證；從菩薩的實證來看，那些就如同瓦礫一般，不是很值錢的寶物，他們卻很歡喜地說：「我已經滅度五陰，到無生死的彼岸了。」就這樣歡喜安住下來。

可是他們的生，其實還沒有完全滅盡；真正把生完全滅盡，應該要像 佛陀那樣，才叫作眞的滅盡；因為二乘聖者全都還有異熟生死，他們的異熟生死種子並沒有滅盡，只是把分段生死的現行滅盡而已。所以，永明延壽禪師說二乘聖者「生實未盡」。「生」既然還沒有全部滅盡，怎麼可以認為是已經滅度，而產生了安樂之想呢？他們對於解脫生死的所作，也還沒有全部都作完，因爲面對異熟生死該有的所作法、應該修的法，都還應該繼續再修；所以依大乘實相而說阿羅漢們所作未辦，怎麼可以說已經到達安隱之地呢？

這就是佛在《法華經》講的，二乘人恐畏成佛之道久遠，生死無量，所以設了一個二乘涅槃的化城，告訴他們說：你現在已經可以出離三界生死了。這樣他們心裡面就覺得說：原來解脫生死苦惱是可能的。心裡面就覺得很安隱，終於安住下來。等到安住下來休息了一夜，飲食澡浴之後氣力恢復了，第二天就把化城滅掉，告訴他們說：「**你們這個解脫境界只是到達中途而已，若是想要到達佛地的究竟解脫境界，還很早呢。**」不過二乘聖者已經知道解脫是可能的，也確實已經可以出離三界生死；雖然還有變易生死未斷盡，但是沒有關係，可迴向大乘成爲菩薩而繼續再往前走；這時他們終於有信心了，願意繼續往前走了，於是世尊就把化城滅掉，讓他們走上成佛之路；不願意走上成佛之路的定性聲聞聖人，就讓他跟著化城入滅去了。所以說，二乘聖者其實未得一切解脫，是因爲他們只斷除分段生死，可是心中種子的變異無常那個變易生死，他們都還沒有斷盡；所以還不是證得一切解脫，只是證得分段生死的解脫。這樣的人，而說他已得一切解脫，這就是未得謂得。還沒有得到的證境，如果宣稱說他已經得到了，這難道不是妄語嗎？所以永明延壽的說法是正確的。

可是自古以來，大妄語是常常存在的，古來有好多凡夫大師都說他們已經開悟了、解脫生死了。這些人在當代都非常有名，可是一旦死了，馬上被人拿來拈提；拈提之後大家才恍然大悟（不是跟著開悟，而是悟知那個大師根本沒有悟），所以大師才死不久，樹倒猢猻散，整個法就不再傳了，因爲沒有人要信受他錯悟的法。這豈不是大妄語？古時如此，現代不也正是如此嗎？現在跟古時還是完全一樣；不但一樣而且變本加厲，現在的大山頭法師們大妄語比古時更嚴重。以前禪師只是說錯悟禪師的說法錯了，還沒有像我們明著指出錯處說：「你悟的這個是意識，意識的體性是如何、如何……」我們不斷地加以分析。所以我們其實不是只有當禪師，還當論師，不斷地爲他們議論說：你悟得這個離念靈知是意識，意識的體性如何如何，離念靈知完全符合意識心性。讓他們去檢驗，可是仍然救不回來，那些大山頭法師還是繼續堅持離念靈知就是禪宗祖師的所悟。但我公開說一句粗俗話：禪宗祖師沒有那麼衰，跟他們一樣落在意識裡面。人家禪宗祖師的公案，他們為什麼透不過去？那表示人家悟的跟他們悟的不一樣。他們落在離念靈知意識境界中，所以他們就透不過禪宗祖師的公案。再來看彌勒菩薩怎麼說：

【於內心修行，存我為菩薩；此即障於心，違於不住道。】

就是說，在內心裡面修行，這雖然是正確的，可是心裡面存著一個想法說：「我是菩薩。」那就是有我了。有我，就會障住了自己尋覓眞心如來藏的正確道路；因為凡是落在我裡面的人，都不可能找到自我上面的那個金剛心。所以我們常常說：「繼續執著離念靈知心是常住心的人是自絕生路，法身慧命出生的因緣已被自己障住了。」因為當他持續認定離念靈知是眞心，不肯相信阿賴耶識、如來藏就是禪宗的所悟內容時，他就永遠不會再起心動念要去尋覓如來藏，他將永遠不會想要去探討如來藏的體性如何，他就永遠沒有機會去證得如來藏了。當他永遠認定意識覺知心是常住心的時候，等於是把證悟如來藏的機會剝奪掉了。竟然會由自己來剝奪自己證悟的機會，這樣的人難道不能叫作愚癡嗎？可是當我們說他這樣是愚癡，想要點醒他的時候，他卻又指責好心的你：「你怎麼侮辱我！」人就是這麼愚癡，你想要幫助他離開凡夫我見境界的時候，他卻說你是在否定他、在侮辱他，然後就這樣繼續堅持說離念靈知才是禪宗的所悟，把自己擋在開悟的門外；因爲他落在自我裡面，離念靈知正好是五陰中的識陰所含攝的意識，正是識陰我。

有的人是把整個六識認定是常住法，正好落在識陰而具足六個識，所以他就不斷的執著：**「能見的心就是眞心，能聽的心就是眞心，你們都否定能見、能知、能覺，你們把這個心都否定了，那你還怎麼修行？」**問題是，我們否定能見、能知這六識心，並沒有教他把識陰六識滅掉，而是教他不要認這個虛妄心作眞心，然後尋找跟這個妄心同在一起的另一個心，叫作如來藏、阿賴耶識。我們教的法義是這樣子，並沒有教他們把自己滅掉當死人，沒有教他要把六識心滅掉去當植物人，都沒有呀！所以對那些人，我只能夠說，他們還沒有開竅；因爲還沒有開竅，所以智慧起不來；我們已經講得很清楚的法義，他們聽了、讀了都還能誤會。

所以，譬如有人罵人時罵得很漂亮，都不帶髒話；譬如一個錯悟而又自大者，他自認爲開悟成爲聖人了，於是去找禪師炫耀，禪師也許告訴他說：**「你眞的很棒，十個竅已經通了九個竅。」**他一時間沒有體會過來，回家以後才突然知道人家罵他「一竅不通」，這叫後知後覺。後知後覺還算是好的，他知道說：「人家罵我一竅不通，那我要趕快去請教。」如果是不知不覺的人，被人家說他一竅不通時，他就想：「喔！這個人好可惡，我一定要打擊他。」那他眞的叫作不知不覺。即使是知道錯了，但還落在五陰我、十八界我之中，這樣努力從內心來修的人，都還被彌勒菩薩說是凡夫菩薩呢！所以說：「於內心修行，存我爲菩薩；此即障於心，違於不住道。」若是落在我相裡面，那就是「存我爲菩薩」，就會障於自心，很難與佛菩提道相應；他與佛菩提道中實證「此經」不住之道的正理，可就不能相應了。

面對有些人，你甚至於無理可說。我還曾經這樣被罵過：「你一天到晚講無我、無我，可是你一天到晚在講如來藏法，就是有我嘛！」好啦！那是不是佛陀成佛時也都不要講無我？菩薩證悟無我法時也一樣不要出來講？所有證得無我的人是否應該都要閉嘴？那這樣子，還需要佛陀來人間作什麼？在人間說法，講得最多的是 佛陀，還有誰比祂老人家講得多？那他的意思是不是在罵說：「佛陀也是落在有我之中。」所以這些人講話，眞的很奇怪！不過，我勸諸位要能夠接受；當他這樣罵你時，你得要感謝他，因爲他輕賤於你，可又幫你消一分先世業障。所以這些都不值得生氣，我們只是覺得悲憫。

凡是用心在意識境界上的人，他們都是落在有所住的心中；不管他每天如何靜坐，如何跟腿痛去對抗，即使對抗得非常辛苦，都還不能叫作修道，所住境界都還是戲論妄想，叫作以定為禪。那種人，說他修定會修得很好，我眞的不相信；因爲這種無法接受人家善意指導的人，五蓋很強，禪定絕對修不好。爲什麼修不好呢？因爲他的慢與瞋非常之重，他最多就是未到地定修得還好，初禪卻永遠發不起，四禪八定永遠與他無緣；所以他再怎麼修，永遠都是未到地定。五蓋不除而想要證得初禪，連門都沒有，你說他修的禪定會好嗎？那麼三乘菩提的實證，就更別說了。所以，這樣的人每天很努力打坐，其實都不叫作修道，只能給他四個字的評語：盲修瞎練。縱使他拼命練到快死了，對般若都還是茫然！如今諸位去看看（我又要說別人了），台灣四大山頭及藏密的一切法王、喇嘛們，哪個不是這樣在用心的？都是已經把自己貶向鐵圍山外了，都是住於我見山、法見山裡面，永遠沒有親見自心如來的時候，可悲亦復可憐！

我們再來看看，宗門裡是怎麼解說這個無住心底道理；《黃檗斷際禪師宛陵錄》，黃檗禪師說：【「問從何來？覺從何起？語默動靜一切聲色盡是佛事，何處覓佛？不可更頭上安頭、嘴上加嘴。但莫生異見，山是山、水是水，僧是僧、俗是俗，山河大地日月星辰總不出汝心，三千世界都來是汝箇自己，何處有許多般？……法不孤起仗境方生，爲物之故有其多智；終日說，何曾說？終日聞，何曾聞？所以釋迦四十九年說，未嘗說著一字。」】

常常有人私下裡說（當然現在已經不會寫信給我了），以前不是有人寫信給我說：「釋迦四十九年說法，沒有說到一個字，你講那麼多法、寫那麼多書作什麼？」如果有人上門來這麼講，我就要請他去佛前跟佛講：「您既然說『四十九年沒有說到一個字』，那您講了那麼多三藏十二部經作什麼？」請他直接去問佛嘛！所以，這些人還眞的很奇怪！現在當然他們不會來跟我這麼講，因爲也許恐怕寫了信來，我有證據在手裡，怕我又把他寫在書裡，那不是一輩子倒楣嗎？因爲那會使他名垂佛教黑史。

佛爲什麼要來講那麼多？實際理地沒有一言一語可說，可是佛爲什麼要講這麼多？當然有原因，都是爲了眾生；如果不是眾生不瞭解，佛又何必講四十九年枉受那麼多辛苦呢？而且都是要徒步而行去度眾生。你們看佛陀在菩提迦耶成佛，走到鹿野苑去度五比丘，那路好遠！以前我們搭遊覽車走碎石路，還得走六個鐘頭，如果走路要走幾天？那時候都還是那種不好走的路，沒有這麼平坦的路呵！人天至尊還要這麼辛苦親自走路，這是爲了什麼？都是爲了憐憫眾生。而我們悟後爲什麼要出來說法，弄得這麼辛苦？我悟了以後，其實可以自己翹起二郎腿，在家裡面樂活樂活自己進修就好了；每天吃過飯走一走，然後上座修定或讀經；中午肚子餓了便下座，吃過飯再走一走又上座，這一上座四個鐘頭就過去了！一念不生住在定中，四小時也只是一下子就過去了，沒有感覺到時間在過。那我就每天只管打坐吃飯、打坐讀經就好了，日子多麼寫意。我出來弘法不收供養，不謀錢財，出來說法都是當義工，何必要不斷地說法弄得這麼辛苦作什麼？就是因爲眾生需要。所以針對有需要的眾生，我們就出來說法；若是不需要正法的眾生們，他們想要罵，就隨他們去罵；反正他們不需要正法，我們也不需要爲他們擔心；等到他們需要正法的時節到來了，我們再來幫忙他們。

所以同樣的道理，禪師悟了，爲什麼不是各個躲起來？卻要出來利樂眾生？本來禪師們都是一個人吃飽了，全家都飽，何必要出來辛苦弄道場弘法？特別是我們，我們出來弘法不但沒有領薪水，還得倒貼車馬費；而且還要把以前在世間法賺來的錢再拿出來護持正法，再來利樂眾生。我出來弘法到現在，不曾收過人家紅包裡的錢，只收過紅包的套子，表示心領了。爲什麼要這樣？因爲不是爲了求名、求利、求財。我們何須如此辛苦？都是爲了眾生。可是關起門來說話，爲了眾生，其實是爲了自己；因爲利樂眾生時，就是攝取佛土，所以是兩利的事情。但是禪師爲什麼要講這麼多？他講的一定是有道理，如果沒有道理，他何必說這麼多呢？

現在我們來看看，黃檗禪師怎麼說。他這回也眞的夠老婆了，他就問大眾：「問從何來？覺從何起？」大家見了禪師都要問法，叫作挖寶，盡量挖嘛！這圓鍬能夠插多深就插多深，能夠挖多大一塊就挖多大一塊，禪師就讓你盡量挖。然而這回黃檗禪師反問說：「問從何來？覺從何起？」你在這邊問東問西，這個問是從哪裡來的？你聽到我說法，能夠知、能夠覺的這個知、覺又是從哪裡來的？應該去找到那個源頭。問的、知的、覺的，都從同一個源頭中生出來的，那個源頭就叫作如來藏。可不要像那一些糊塗阿師，說離念靈知就是源頭。請問：「你問，要不要嘴巴？要不要身體？要不要知覺心？要不要六塵？」請問：「這十八界從何而來？從你的離念靈知心中生出來的嗎？」如果他敢答是，那接著就問他：「在母胎中，你怎麼製造你的色身？你今天是不是先捏個頭，明天捏個大腦，後天捏個手指，大後天再長些頭髮，有沒有？」他可就不敢答了，對不對？因爲明明不是他捏製出來的。

現在黃檗禪師就問大眾：「問從何來？覺從何起？」現在那些野狐禪師們可不敢再講是離念靈知了。大家不知道這問的從哪裡來？這知、覺的又從哪裡來？都不敢講了。黃檗禪師就說：「其實說穿了，語默動靜一切聲色都是佛事，你要哪裡去找佛？佛跟你在一起，你不要往外去找；不可以再三再四地頭上安頭、嘴上安嘴，祂是現成底東西，不要再去安立一些奇奇怪怪的東西。」不是有許多人安立一些奇怪的東西嗎？密宗不是安了觀想所成的中脈、明點嗎？又說那個明點就是阿賴耶識如來藏。好啦！他們既然都證得阿賴耶識如來藏了，那他們中觀爲什麼會弄錯？他們都證得阿賴耶識了，爲什麼不知道自己五陰十八界是從哪裡來的？還說自己是從毘盧遮那佛生出來的。等到問他：「毘盧遮那佛在哪裡？」他們答：「毘盧遮那佛就是那個樣子，長得什麼模樣，你觀想就有了。」喔！原來他們的名色還是從觀想的影像佛中生出來的，眞是胡說八道一陣！

印順法師也跟著發明：「滅相不滅，即是眞如。」他創造這個新見解出來，想要作什麼？這叫作創見。但佛法中不許有創見，如果有哪個道場寺院中建了一棟創見寮、創見堂，你就開個推土機上前把它推倒，在佛法中許你無罪。實相只有一種，所以佛法中不許有創見，一定要完全符合 佛說，否則就不符法界實相；所以印順自己創造出來的理論或教義，絕不可能是眞實法。印順發明了滅相眞如，是因爲他發覺到自己落入斷滅空裡面，不得不發明一個滅相眞如來貫穿三世因果；可是那畢竟只是個虛妄的想像，只是一個名相、一個名詞而已，只是印順意識心中創立的觀念，是基於三界有而建立的觀念。

好了，這個滅相眞如被我們破了，印順不敢吭氣；昭慧法師又發明一個新的說法，叫作業果報系統。那我就要問了：「妳這個業果報系統，是心、還是物？」如果她說是物，物能持種嗎？物是無常的，無常的法不能持種。

如果她答是心，請問是哪個心？眼識嗎？耳識嗎？乃至身識、意識嗎？當然都不是，因爲全都是有生有滅之法，不可能持種。那麼是意根嗎？如果她匆匆忙忙就說是意根，問題可就來了。如果是意根，意根恆審思量而能作主；好極了，自己作主把所有惡業種子全都丟給別人，或者丟到虛空去，全部把它丟掉；因爲持種的是自己，而自己是可以作主的心，那敢情太好了：造惡業都不必受惡報了。如果倉庫管理員，對那些貨物都可以自己作主，他一定會這樣想：「老闆把這麼多貨物交給我掌管，我又能夠自己作主，那我就把它賣掉，把那些錢拿來自己用。」可是他不能賣，因爲只有老闆才能決定，所以管理員不能賣倉庫裡的任何貨物。

如果是由意根持種，而意根又是作主的心，那麼問題就跟著來了：爲什麼會有三惡道眾生？又爲什麼會有人生活這麼痛苦，惡業種子一直追隨著他、拋不掉？原來意根不能持種，所以不能在業種上面作主，因爲意根不能收藏業種。那麼請問：「這樣子，業果報系統應該是哪個心？」既然七個識都不可能是，那就只剩下最後一個了，就是第八識如來藏嘛！既然是如來藏，佛在四阿含及大乘經中的聖教中，也都一樣說有第八識如來藏，那她昭慧又何必去發明一個虛妄想的業果報系統？是想要作什麼呢？不如直接回歸如來藏就好了！繞一大圈發明一個業果報系統，結果還是不能外於如來藏，那她乾脆回歸如來藏妙法就行了。所以，我們現在要請她趕快離開印順的法，我們要求她離開印順的法，趕快回歸如來藏；只要回歸了如來藏妙義，以前那些東西就不怕人家挑毛病了，就可以自己全部推翻掉，昭告天下說：「我以前寫的書都不算數。」別人就不會再挑她的毛病。現在是隨時隨地都可能會有人挑她毛病的，只是我現在壓著，吩咐大家不要挑她的毛病。眞要開放大家挑她毛病的話，一本書又一本書都寫出來辨正，那可是很有得瞧的。

所以「問從何來？覺從何起？」都從金剛心、如來藏來，都從金剛心、阿賴耶識起。可是也許有人問說：「我的金剛心、如來藏在哪裡？看看天上也沒有，看看地上也沒有，牆壁也沒有，不論我到哪裡去找都沒有。」那就是心外求法。「此經」如來藏就從自己身上去找，跟你十八界同在一起呀！所以黃檗禪師已經講白了：「語默動靜一切聲色盡是佛事，你還要哪裡去找佛？」都跟你在一起呀！如果連這個知見都沒有，那可就眞的不如小學生。人家小學生還會唱：「當我們同在一起，在一起、在一起……。」他卻都不知道同在一起，你說他笨不笨？所以不應該一再的頭上安頭、嘴上加嘴，只要去找到那個跟你同在一起的最親密的夥伴就行了。只要不再去生起各種奇奇怪怪的見解，直接把祂找出來以後，何妨山是山、水是水，山水分明；又何妨僧是僧、俗是俗，僧俗分明；但是實際理地卻又沒有山也沒有水、沒有僧也沒有俗，一視同仁。大家都是同仁，同仁就是同事，是什麼樣的同事？我們大家都是五蘊底同事，同爲五蘊服務，當然是五蘊公司裡的同事。當大家都知道每一個人都是五蘊公司裡的同仁時，你就是佛法股份無限公司的同事了，你成佛就不會很久了。這才是成佛之道，不要在那邊搞解脫道、搞南傳佛法說要成佛，那是永遠沒希望的。

所以說：「你所見的山河大地日月星辰，總不出汝心，三千世界都來是你的自己，何處有什麼許多般可說的？」《楞嚴經》不也是這樣講嗎：「當知虛空生汝心內，猶如片雲點太清裏。」你去體會十方虛空，於是你心裡面就能體會到虛空存在；但我告訴你，十方虛空那麼廣大而出現在你心中時，就好像小小底一片雲被點在無邊無際的虛空裡一樣：「猶如片雲點太清。」爲什麼呢？因爲十方虛空也只是你心中無數諸法中的一個法，所以黃檗說「三千世界都來是汝箇自己」，何必要講一大堆作什麼？可是「法不孤起仗境方生，爲物之故有其多智」，這個道理就得要留到下週再來講了。

上週《金剛經宗通》第一段補充資料，理說還有一部分還沒說完，上週講到「何處有許多般」，這一週要從「法不孤起仗境方生」開始講。「法不孤起」是說一切有生之法都不會是單獨一法可以生起的。一切有生之法，得要先瞭解到底是指什麼？從無始劫以來有生之法是指哪一些法？這樣講，可能範圍太大了，不然我們這樣子說：除了無始本有的如來藏，以及無始劫以來一直從如來藏中現前的意根以外，有哪一個法是可以孤起的？也就是說，除了這兩個心以外，有哪一個法是可以不靠因和緣就能自己現行？對呀！除了恆而不審的如來藏與恆審思量的意根以外，還有哪一個法可以不依靠因和緣就能夠自己現起？諸位何妨試著尋覓看看，有沒有這種有生之法？

也許密宗黃教應成派中觀師，他們會說：「意識是常住的，不必依靠因與緣就可以自己現起、自己存在。」因爲應成派中觀的佛護、月稱，或者後代比較有名的宗喀巴，乃至近代的印順，這些應成派中觀師都認爲意識是常住的；所以依照他們的說法，應該意識是可以孤起的。可惜的是，全都沒辦法通過醫學常識以及聖教的檢驗。在醫學常識上，每一位醫生都很清楚地認知：「**意識是常常會斷滅的。**」所以，當有人出了車禍、或者重病、或者被殺等種種事情，送到醫院急診處的時候，急診醫師對病人首先要研判的是：「**他的意識在不在？**」如果醫師的判斷是：「**他的意識已經不在了。**」那首先會判定他昏迷了，叫作悶絕。所以事後新聞採訪時，他會發表談話說：「**傷者被送來的時候，已經沒有意識了。**」這是醫生們的常識。平常人的常識也認為被人家打昏了，意識就不在了；也會認為晚上眠熟了，意識就不在了；這是平常人的常識。

在聖教中，且先不說大乘法諸經中怎麼說，單說二乘法四阿含諸經中就有許多記載，佛陀都說：「**意、法緣，生意識。**」或者說：「**諸所有意識，彼一切皆意、法因緣生。**」這是四阿含解脫道的聖教中講的，凡是讀過這些原始佛法聖教的人，都知道：「**意識不論是有念靈知或者離念靈知，同樣都是生滅法。**」世俗人也有這個常識，都知道意識會中斷，醫學上的常識也說意識會中斷；可是偏偏號稱最有智慧而勝過世俗人、勝過顯教證悟菩薩的應成派中觀師們，上從佛護、月稱到寂天，中如傳入西藏的阿底峽，後來努力弘揚應成派中觀的宗喀巴，近代台灣最有名的應成派中觀師印順，卻都同樣違背世間常識及聖教量，全都主張意識是常住的。並且還有禪宗的大師與學人，號稱開悟了，認為是佛教界最有智慧的人，卻不斷地主張：「離念靈知這個意識，祂眠熟了還是存在。」諸位想想看：「眠熟了，離念靈知還在嗎？」號稱開悟的人，竟然比世俗人更沒有常識，智慧何在？

所以，除了恆而不審的如來藏以及恆審思量的意根以外，無始劫以來沒有一個法是可以孤起的；只有如來藏不屬於一切法所攝，祂才可以時時現行而不中斷。意根雖然恆審思量而說祂恆，那其實是依無心位（沒有意識的五個狀況）的對比，而方便說祂是恆，只是相對於意識依他起性的識陰六識的生滅性而說祂是恆，但祂其實不是眞正的恆。祂可以從無始劫來到今天，不曾中斷，也可以從今天去到未來的無量劫以後一直都在；可是如果有一天你成爲阿羅漢，並且是不迴心的定性聲聞，捨報入涅槃時，意根還是可以滅的；而且意根也不可能孤起，祂得要依靠如來藏中的意根種子持續流注，才能現起及持續存在；並且現起時是要有我所執、我執、我見的種子作爲憑藉，意根才能夠現起，而這些種子全都含藏在「此經」如來藏金剛心中。

如果要談到人類意識所依的因與緣，那可就更多了！祂必須要有如來藏心體的配合運作爲因，還必須要如來藏所含藏的意識種子爲因，然後要有意根的俱生我執爲緣才能生起及存在；如果意根不起作意，意根的作意若是想要意識暫斷，意識就不能現起；並且還要五色根爲藉緣，如果沒有五色根正常運作，六塵也不能現起，那麼意識也就無法現起了。至於六塵，特別是其中的法塵，不幸的是法塵大多數時間又依附於五塵而存在，所以說六塵也是意識現起的所緣，六塵則是意識的緣因而不是生因。所以說，連意識這個法都不能孤起，要靠如來藏爲因以及眾緣，意識才能生起。可是，意識單單只有這些作助緣就能生起嗎？假使沒有父母作助緣，也就無法取色身，意識還眞的無法在人間生起。可是，單有父母就行嗎？還是不行；如果父母都沒得吃而不能生存，還能有咱們名色出生而使意識現起嗎？可是單有食物也不行，食物到底是從哪裡來的？從山河大地來的；山河大地從哪裡來的？要有共業有情的如來藏心依於業力來變現。你若是眞要輾轉推知意識生起的種種助緣，那可就多了。

如果再回來自身探討，要講到意識生起的親所緣緣、疏所緣緣，那就太深了，這裡不適合講的。所以，意識需要根本因和很多的法作爲助緣，祂才能生起。因此，由意識所發明的汽車、火車、飛機，乃至汽油怎麼提煉等等，還得要有根本因和許多助緣，才能讓大家快樂生活在人間，諸位的意識才能覺得生活在這個人間還眞幸福。可是，這些法是誰發明的？是意識，這些法當然更不可能孤起，所以法不孤起，諸法都一樣。只有不含攝在一切法中的如來藏，才是能夠孤起之法，祂隨時現起，沒有限制地繼續存在，法爾如是；即使諸法滅了，祂還是可以單獨存在，成爲無餘涅槃。所以說法不孤起，因爲一切法都是仗境方生，都是依仗著種種境界爲緣才能生起。

現起之後，「爲物之故有其多智」，都是因爲三界中的種種物事，所以說如來藏好有智慧。從世間法來講，我們如果說這個人笨，是因爲他在世間法中的種種物事；譬如儒家講的格物與致知，他都不瞭解或者瞭解太少，人們就說他沒有智慧；在這世間法中懂得很多，人們就讚歎他很有智慧。聲聞與菩薩亦然，爲了世間種種人物的需要，所以聲聞與菩薩證得解脫道與佛菩提道，然後出來爲眾生宣說，所以說這些聖者「有其多智」。否則的話，他悟得聲聞菩提就入涅槃去了，何必要有這九智、十智來爲眾生宣說呢？否則的話，菩薩明心以後進而斷除我執，死後也入涅槃去了，又何必要有智慧呢？都是爲物之故，所以有其多智。

可是，菩薩「爲物之故有其多智」而「終日說」。「終日說，何曾說？」說了老半天，最後菩薩卻說：「我都沒有講到一個字。」因爲菩薩已經不以意識心爲我了，不以五陰爲我了，而五陰講了一大堆話以後，他的眞實我如來藏卻沒有講過一個字；在沒有講過一個字的事實當中，你怎麼能夠說他有所說法？「終日聞，何曾聞？」從眾生來說，聽聞佛菩薩講了一大堆，也許聽上三天三夜之後，有一天突然明白了：原來我是假的，而眞實的我「此經」卻從來沒有聽到一句話，連一剎那的聲音都沒有聽聞過，所以說「終日聞，何曾聞？」因此說，釋迦佛四十九年說法，不曾講到一個字，而眞實菩薩們也不曾聽到一個字。

《金剛經》中世尊說自己都無所說，這一段話，難倒了好多大善知識。以前總是有法師自己認爲開悟了，寫信來責備我說：「悟了以後就離開言說了，你爲什麼還有言說？」意思是說，人如果開悟了就應當變成啞巴，從此以後都沒有言語了，也都不應該有所說法了。就好像以前有個人（我就不說是誰），開示說：「證得初禪以後，他的境界已經不在人間，所以從此以後，他就不用吃飯了。」其實不對，這個初禪境界是兩個法並存於人間。當你證得初禪以後，你的欲界人身還在，而初禪天身也已經發起了，你的初禪天身是要以禪悅爲食而得滋長、而得長養；可是你的欲界人身還在，既然人身還在，當然你還得要吃飯、喝水。否則的話，爲什麼許多經典一開頭都說：「佛到了中午去托缽回來，洗缽畢，洗足已，敷座而坐。」爲什麼世尊要吃飯？佛既然證得斷語言道的如來藏了，也證得出離三界的境界了，爲什麼祂又住在三界中、人間中，又不斷地宣講三藏十二部經呢？世尊並沒有因爲證得語言道斷的「此經」無垢識而變成啞巴，憑什麼他們要求我要變成啞巴呢？這眞沒道理！

這就是說，對於佛菩提道般若眞實法的誤會，在現代佛教界中普遍來說其實是很嚴重的；在我們正覺同修會出來弘法之前，早就是普遍嚴重誤會的。這六、七年來，台灣佛教界的佛法水平，其實已經有大幅度上升了；因爲有很多大師們不管在家或者出家的，他們私下都讀了我的書，然後上座說法就開始跟以前有些不一樣了，所以跟著他學的那一些信徒們當然就會跟著提升。這都是釋迦如來的功勞，跟我無關，我只是依照祂的吩咐去作而已。

這就是說，佛法般若實相法界中，有一個說法的、一個不說法的；可是那個說法的終日說，其實沒有講到眞正的法，它只是那個指向月亮的手指而已；可是另一個從來不說法的，祂其實才是終日說、時時說、刹那說、熾然說，沒有一時不說，乃至當你在睡覺時祂都還在說，但祂卻從來都不曾說過一個字、一句話。所以　佛在《金剛經》中說祂自己前後說法四十九年，沒有講過一個字、沒有說過法。有人誤會了世尊這段話的眞實義，還眞的認爲　佛陀都沒有說過法，就用這一段話來責難我，嫌我講了太多法來利益眾生，嫌我寫了太多書來利益有緣人；那麼我們就得要問他：「你說佛沒有說法，我請問你：《金剛經》是不是佛說？」因爲這一段話是在《金剛經》中講的，那我就要請問他：「《金剛經》是不是佛說？」他總不能夠說不是　佛陀說的吧！他必須要承認是佛所說。然而問題是，他若承認《金剛經》確實是佛陀說的，可是　佛陀在《金剛經》裡面卻又明白地說：祂沒有講過一個字、沒有說過法，「請問你怎麼解釋？」他如果落在離念靈知裡面，這一問，可就死定了，只能口掛壁上；他面門上那個嘴巴已經不是他的，被人家掛到壁上去了。

所以，這個如來藏「此經」還眞的難死好多人。因此，有人問趙州：「如何是佛？」老趙州說：「與一切人煩惱。」他說 佛陀來人間，就是給人們煩惱。本來大家輪迴生死也輪迴得很痛快，生離死別也是哭得好痛快、哭得很快樂。堂上二老走了的時候，是眞的喪了考妣，不是如喪考妣，所以傷心而哭得唏哩嘩啦，可是眾生也因此而哭得很高興，這時你教他說：「下一世不要再來出生，不要再爲堂上二老過世而傷心，好不好？」他會跟你說：「不好。」他會說：「我還是寧可再來出生，堂上二老死了，我也再來很傷心而哭得痛痛快快。」眾生一向都是這樣，他都痛苦得很高興。所以你說眾生們有煩惱嗎？他們看來也沒什麼煩惱，他們根本不想把那些煩惱捨棄，眾生一向都喜歡生老病死中的種種煩惱。

可是 佛來到人間教導大眾說：「你們要如此、如此斷我見，斷我執。」眾生就有第一分煩惱了：「我要當自己，我要把握自己，您怎麼教我要否定自己？」有些人善根比較好，眞的想要斷我見，至少要證得初果，可是心中也還是很煩惱：「這我見怎麼斷？我怎麼想都沒辦法？我思惟了再思惟，觀行了再觀行，結果來到佛面前，都還是沒有斷盡我見，這麼難喲！」煩惱就起來了！然後爲了要斷我執，那又更煩惱。終於有一天成爲阿羅漢了，佛卻說：「你這個四果只是中途之樂，不是究竟。」要怎麼樣才是究竟之樂呢？佛又說：「你得要學菩薩發大願心，生生世世再來人間都不取滅，三大阿僧祇劫以後，到最後百劫廣集福德而修相好，才能成佛，才是究竟樂。」「請問佛陀：我要怎麼樣行菩薩道？」「那要修集資糧，廣修布施，三施都要修。」阿羅漢一想：「這可是大煩惱了，因爲得要六度萬行。」布施修足了，持戒的因緣才會成熟；布施不修足，持菩薩戒都持不好。等布施修足了，有了捨心，就不會想要從眾生那裡去貪，這樣持戒才能持好。就這樣布施、持戒、忍辱、精進、禪定，終於得到一點成果了，這過程中的求法、證法等，不都是煩惱嗎？

在聲聞法中，會先要求你修人乘法，就是三歸與持五戒；然後修天乘法，就是行十善業；接著還常常要求你要先得初禪，然後再來修證聲聞果，常常是這樣的。在這個人天乘法中終於修了一些，後來終於有初禪了，再教你怎麼斷我見；斷我見以後，能取所取都空了，再教你迴心大乘法中來當菩薩，然後教你要參禪，說要找一個眞心。那個心在哪裡又不知道；找了老半天都不離妄心識陰範圍，找得暈頭轉向，根本都不知道在哪裡。這不是給人煩惱嗎？你看自古叢林之中，多少人蹇足千里，穿著草鞋跋涉千里；那些喝掉的漿水價就不談——行腳參訪善知識的路上喝掉的漿水錢就不算，光算算看草鞋錢就花掉了多少？也許你說：「草鞋錢，以現在的我們來講，我們富有資財，那草鞋錢沒問題。」我說：沒問題只是錢沒問題，但你的腳可就有問題了；那草鞋，你只要穿著走上一個鐘頭，可就腳痛，哇哇大叫了。所以，心裡面就苦起來了，煩惱越來越多。爲了解脫痛苦，結果沒想到弄得更痛苦，煩惱越多。

末法時代的佛教界不正是這樣嗎？本來學佛是想要解脫，結果沒想到被名師的情執給綁住了，絲毫都解不脫；或者是被求證正法的迫切、急切心給綁住了，說是可以開悟，大師們也都說已經悟了，可是跟著大師學了十幾年，什麼時候才會開悟而被印證？遙遙無期。但其實不難，要給大師印證開悟並不難，你要是懂的話，今年過年奉上一百萬元紅包供養他個人，先不要開口求悟，你只是奉上供養；明年過年再奉上一百萬元紅包供養，你也努力去作義工，當上他的幹部，你這樣供養上十年，他一定會幫你印證。印證你悟得什麼境界呢？離念靈知。他會開示你：只要意識離念，就是開悟。不然就是教你放下煩惱，諸事不管，說這樣就是開悟。不過，他這個開悟是有時悟有時沒悟，因爲當你跟他在談話在講悟境的時候，他就會說：「你現在離開悟境了，因爲你現在有妄想了。」於是你就趕快閉起嘴都不要再講話，都不要跟他討論，都不要再請問你所疑問的經教，他心中就沒有壓力了，他就說：「你現在是住在悟境中了。」可是被印證開悟了，回到家裡請出經典來一讀：「法離見聞覺知。」還是讀不懂；看到禪宗公案時，更像是無頭公案，每一則都讀不懂。這樣想一想，佛陀不是給人煩惱嗎？人家本來生離死別哭得很痛快、很快樂，突然間　佛來人間說要行菩薩道，結果連阿羅漢迴小向大也起了煩惱；那麼　佛不是與人煩惱嗎？是呀！老趙州還眞說得對呢！

「如何是佛？」你來問我，我說：「不與人煩惱。」可是我講的跟老趙州講的一樣，沒有差別。如果是門外漢，就反對我說：「你騙人！明明老趙州講的是給人家煩惱，你說的卻是不給人煩惱，這兩個是相對的、互相顚倒的，怎麼會一樣？」我偏說：「就是一樣。」當你眞的知道這兩句話是一樣的時候，恭喜你！你已經開悟了。這就是說，你要有慧眼能看出弦外之音。所以，當你有一天一念相應找到如來藏了，親眼看見「此經」了，你才會發覺：「終日說法的人，其實不曾說法；從來不曾開口說法的，那個人卻是時時說、日日說、年年說、劫劫說、熾然說，沒有一時一刻不說，祂一直在說法。」這樣子，你才是眞正開悟了。也許你們有人懷疑：「蕭老師有沒有講大話？開悟在你嘴裡好像很簡單。」就是很簡單呀！對我而言就是很簡單；但是對一般人來說，也眞的是不簡單。當你眞悟了以後，不管什麼法來到你這裡，都會成爲第一義諦；眞要是這樣子，你就是眞的開悟了。

這是眞的呵！宗門了義正法的厲害，就在這個地方。以前我們不是講過那個講相聲的吳兆南，他不是講嗎：想要學相聲，第一、要先學繞口令：「吃葡萄的不吐葡萄皮，不吃葡萄的倒吐葡萄皮。」我告訴你，悟了就是這樣說。眞的等你悟了，你會發覺：「吃葡萄的人，眞的沒有吐掉葡萄皮；可是那個沒有吃葡萄的人，卻眞吐掉了葡萄皮。」看來好像是俏皮話，其實不然！法界中的眞相確實如此。當你看清楚了這是一個法界事實，到時候遇見吳兆南老先生，你就讚歎說：「您老講得眞好！你知道開悟是什麼嗎？」他問你：「是什麼？」你就把這一句繞口令告訴他，因為法界中的事實確實是這樣。不論是什麼世間法，只要你通了，在第一義諦中都講得通、都可以聯結起來。

所以，為了弄清楚：為什麼不吃葡萄底人會吐葡萄皮？而吃了的人卻不吐葡萄皮？為了要弄清楚的緣故，你就得要努力參禪。你努力參禪是不是很煩惱？每天愁眉苦臉尋尋覓覓，可是又發覺說：「祂好像一直都跟我躲迷藏，我都找不到祂。」參禪的人都是這樣，所以說「悟前如喪考妣」。可是禪門自古以來，悟後也是如喪考妣；只是我不想讓大家如喪考妣，所以要大家悟後快快樂樂地走上成佛之道，才要開設增上班為大家講解一切種智。所以，老趙州說：「佛是與一切人煩惱者。」我卻說：「佛是不與任何人煩惱者。」但是我們兩人講的其實都是同一句，其中並沒有絲毫差別。所以世尊說法四十九年，卻自稱沒有講過一個字；祂就是依眞實我「此經」如來藏，依這個實際理地來說的。所以，祂示現的五蘊為眾生講了《金剛經》，在經中所說的道理，則是指明：依法身佛來說，如來從來沒有講過一個字；可是示現的五蘊為大眾講了許多經典時，其實佛陀的五蘊所說的並不是眞實法，佛陀的眞實如來無垢識為大眾所講的，才是眞實法；但眞實如來無垢識為大眾所說的法，其實卻又從來都無一言一語一字，所以眞實如來還眞的從來不曾說過法。要這樣解，才能通。若是沒有這樣實證，就開口質問人家說：「佛都說祂沒有講法，你講那麼多作什麼？」那他就是愚癡，不識菩薩的爲人方便與慈悲！（未完，詳續第五輯。）

佛菩提二主要道次第概要表——二道並修，以外無別佛法

佛菩提道——大菩提道

十信位修集信心——一劫乃至一萬劫

資糧位

初住位修集布施功德（以財施為主）。
二住位修集持戒功德。
三住位修集忍辱功德。
四住位修集精進功德。
五住位修集禪定功德。
六住位修集般若功德（熏習般若中觀及斷我見，加行位也）。

外門廣修六度萬行

七住位明心般若正觀現前，親證本來自性清淨涅槃。
八住位於一切法現觀般若中道。漸除性障。
十住位眼見佛性，世界如幻觀成就。

一至十行位，於廣行六度萬行中，依般若中道慧，現觀陰處界猶如陽焰，至第十行滿心位，陽焰觀成就。

一至十迴向位熏習一切種智；修除性障，唯留最後一分思惑不斷。第十迴向滿心位成就菩薩道如夢觀。

內門廣修六度萬行

見道位

初地：第十迴向位滿心時，成就道種智一分（八識心王一一親證後，領受五法、三自性、七種第一義、七種性自性、二種無我法）復由勇發十無盡願，成通達位菩薩。復又永伏性障而不具斷，能證慧解脫而不取證，由大願故留惑潤生。此地主修法施波羅蜜多及百法明門。證「猶如鏡像」現觀，故滿初地心。

遠波羅蜜多

二地：初地功德滿足以後，再成就道種智一分而入二地；主修戒波羅蜜多及一切種智。滿心位成就「猶如光影」現觀，戒行自然清淨。

解脫道：二乘菩提

斷三縛結，成初果解脫 ←

薄貪瞋癡，成二果解脫 ←

斷五下分結，成三果解脫 ←

入地前的四加行令煩惱障現行悉斷，成四果解脫，留惑潤生。分段生死已斷，煩惱障習氣種子開始斷除，兼斷無始無明上煩惱。

近波羅蜜多 ｜ 大波羅蜜多 ｜ 圓滿波羅蜜多

修道位 ｜ 究竟位

心、五神通。能成就俱解脫果而不取證，留惑潤生。滿心位成就「猶如谷響」現觀及無漏妙定意生身。

四地：由三地再證道種智一分故入四地。主修精進波羅蜜多，於此土及他方世界廣度有緣，無有疲倦。進修一切種智，滿心位成就「如水中月」現觀。

五地：由四地再證道種智一分故入五地。主修禪定波羅蜜多及一切種智，斷除下乘涅槃貪。滿心位成就「變化所成」現觀。

六地：由五地再證道種智一分故入六地。此地主修般若波羅蜜多——依道種智現觀十二因緣一一有支及意生身化身，皆自心眞如變化所現，「非有似有」，成就細相觀，不由加行而自然證得滅盡定，成俱解脫大乘無學。

七地：由六地「非有似有」現觀，再證道種智一分故入七地。此地主修一切種智及方便波羅蜜多，由重觀十二有支一一支中之流轉門及還滅門一切細相，成就方便善巧，念念隨入滅盡定。滿心位證得「如犍闥婆城」現觀。

八地：由七地極細相觀成就故再證道種智一分而入八地。此地主修一切種智及願波羅蜜多。至滿心位純無相觀任運恆起，故於相土自在，滿心位復證「如實覺知諸法相意生身」故。

九地：由八地再證道種智一分故入九地。主修力波羅蜜多及一切種智，成就四無礙，滿心位證得「種類俱生無行作意生身」。

十地：由九地再證道種智一分故入此地。此地主修一切種智——智波羅蜜多。滿心位起大法智雲，及現起大法智雲所含藏種種功德，成受職菩薩。

等覺：由十地道種智成就故入此地。此地應修一切種智，圓滿等覺地無生法忍；於百劫中修集極廣大福德，以之圓滿三十二大人相及無量隨形好。

妙覺：示現受生人間已斷盡煩惱障一切習氣種子，並斷盡所知障一切隨眠，永斷變易生死無明，成就大般涅槃，四智圓明。人間捨壽後，報身常住色究竟天利樂十方地上菩薩；以諸化身利樂有情，永無盡期，成就究竟佛道。

七地滿心斷除故意保留之最後一分思惑時，煩惱障所攝色、受、想三陰有漏習氣種子全部斷盡。 ←

煩惱障所攝行、識二陰無漏習氣種子任運漸斷，所知障所攝上煩惱任運漸斷。 ← 斷盡變易生死成就大般涅槃

圓滿成就究竟佛果

佛子蕭平實 謹製
（二○○九、○二 修訂）
（二○一二、○二 增補）

佛教正覺同修會〈修學佛道次第表〉

第一階段

* 以憶佛及拜佛方式修習動中定力。
* 學第一義佛法及禪法知見。
* 無相拜佛功夫成就。
* 具備一念相續功夫—動靜中皆能看話頭。
* 努力培植福德資糧，勤修三福淨業。

第二階段

* 參話頭，參公案。
* 開悟明心，一片悟境。
* 鍛鍊功夫求見佛性。
* 眼見佛性〈餘五根亦如是〉親見世界如幻，成就如幻觀。
* 學習禪門差別智。
* 深入第一義經典。
* 修除性障及隨分修學禪定。
* 修證十行位陽焰觀。

第三階段

* 學一切種智真實正理—楞伽經、解深密經、成唯識論…。
* 參究末後句。
* 解悟末後句。
* 透牢關—親自體驗所悟末後句境界，親見實相，無得無失。
* 救護一切眾生迴向正道。護持了義正法，修證十迴向位如夢觀。
* 發十無盡願，修習百法明門，親證猶如鏡像現觀。
* 修除五蓋，發起禪定。持一切善法戒。親證猶如光影現觀。
* 進修四禪八定、四無量心、五神通。進修大乘種智，求證猶如谷響現觀。

佛教正覺同修會 共修現況 及 招生公告 2016/1/16

一、共修現況：（請在共修時間來電，以免無人接聽。）

台北正覺講堂 103 台北市承德路三段 277 號九樓 捷運淡水線圓山站旁 Tel..總機 02-25957295（晚上）（**分機：九樓**辦公室 10、11；知客櫃檯 12、13。 **十樓**知客櫃檯 15、16；書局櫃檯 14。 **五樓**辦公室 18；知客櫃檯 19。**二樓**辦公室 20；知客櫃檯 21。）Fax..25954493

第一講堂 台北市承德路三段 277 號九樓

禪淨班：週一晚上班、週三晚上班、週四晚上班、週五晚上班、週六下午班、週六上午班（皆須報名建立學籍後始可參加共修，欲報名者詳見本公告末頁）

增上班：瑜伽師地論詳解：每月第一、三、五週之週末 17.50～20.50 平實導師講解（僅限已明心之會員參加）

禪門差別智：每月第一週日全天 平實導師主講（事冗暫停）。

佛藏經詳解 平實導師主講。已於 2013/12/17 開講，歡迎已發成佛大願的菩薩種性學人，攜眷共同參與此殊勝法會聽講。詳解 釋迦世尊於《佛藏經》中所開示的眞實義理，更爲今時後世佛子四眾，闡述佛陀演說此經的本懷。眞實尋求佛菩提道的有緣佛子，親承聽聞如是勝妙開示，當能如實理解經中義理，亦能了知於大乘法中：如何是諸法實相？善知識、惡知識要如何簡擇？如何才是清淨持戒？如何才能清淨說法？於此末法之世，眾生五濁益重，不知佛、不解法、不識僧，唯見表相，不信眞實，貪著五欲，諸方大師不淨說法，各各將導大量徒眾趣入三塗，如是師徒俱堪憐憫。是故，平實導師以大慈悲心，用淺白易懂之語句，佐以實例、譬喻而爲演說，普令聞者易解佛意，皆得契入佛法正道，如實了知佛法大藏。

此經中，對於實相念佛多所著墨，亦指出念佛要點：以實相爲依，念佛者應依止淨戒、依止清淨僧寶，捨離違犯重戒之師僧，應受學清淨之法，遠離邪見。本經是現代佛門大法師所厭惡之經典：一者由於大法師們已全都落入意識境界而無法親證實相，故於此經中所說實相全無所知，都不樂有人聞此經名，以免讀後提出問疑時無法回答；二者現代大乘佛法地區，已經普被藏密喇嘛教滲透，許多有名之大法師們大多已曾或繼續在修練雙身法，都已失去聲聞戒體及菩薩戒體，成爲地獄種姓人，已非眞正出家之人，本質只是身著僧衣而住在寺院中的世俗人。這些人對於此經都是讀不懂的，也是極爲厭惡的；他們尚不樂見此經之印行，何況流通與講解？今爲救護廣大學佛人，兼欲護持佛教血脈永續常傳，特選此經宣講之。每逢週二 18.50~20.50 開示，不限制聽講資格。會外人士需憑身分證件換證入內聽講（此是大樓管理處之安全規定，敬請見諒）。桃園、台中、台南、高雄等地講堂，亦於每週二晚上播放平實導師所講本經之 DVD，不必出示身分證件即可入內聽講，歡迎各地善信同霑法益。

第二講堂 台北市承德路三段 267 號十樓。

禪淨班：週一晚上班、週六下午班。

進階班：週三晚上班、週四晚上班、週五晚上班（禪淨班結業後轉入共修）。

佛藏經詳解：平實導師講解。每週二 18.50~20.50（影像音聲即時傳輸）。本會學員憑上課證進入聽講，會外學人請以身分證件換證進入聽講（此爲大樓管理處安全管理規定之要求，敬請諒解）。

第三講堂 台北市承德路三段 277 號五樓。

進階班：週一晚上班、週三晚上班、週四晚上班、週五晚上班。

佛藏經詳解：平實導師講解。每週二 18.50~20.50（影像音聲即時傳輸）。本會學員憑上課證進入聽講，會外學人請以身分證件換證進入聽講（此爲大樓管理處安全管理規定之要求，敬請諒解）。

第四講堂 台北市承德路三段 267 號二樓。

進階班：週一晚上班、週三晚上班、週四晚上班、週五晚上班（禪淨班結業後轉入共修）。

佛藏經詳解：平實導師講解。每週二 18.50~20.50（影像音聲即時傳輸）。本會學員憑上課證進入聽講，會外學人請以身分證件換證進入聽講（此爲大樓管理處安全管理規定之要求，敬請諒解）。

第五、第六講堂 爲開放式講堂，不需以身分證件換證即可進入聽講，台北市承德路三段 267 號地下一樓、地下二樓。已規劃整修完成，每逢週二晚上講經時段開放給會外人士自由聽經，請由大樓側面梯階逕行進入聽講。**聽講者請尊重講者的著作權及肖像權，請勿錄音錄影，以免違法；若有錄音錄影被查獲者，將依法處理。**

正覺祖師堂 大溪鎮美華里信義路 650 巷坑底 5 之 6 號（台 3 號省道 34 公里處 妙法寺對面斜坡道進入）電話 03-3886110 傳眞 03-3881692 本堂供奉 克勤圓悟大師，專供會員每年四月、十月各二次精進禪三共修，兼作本會出家菩薩掛單常住之用。除禪三時間以外，每逢單月第一週之週日 9:00~17:00 開放會內、外人士參訪，當天並提供午齋結緣。教內共修團體或道場，得另申請其餘時間作團體參訪，務請事先與常住確定日期，以便安排常住菩薩接引導覽，亦免妨礙常住菩薩之日常作息及修行。

桃園正覺講堂（第一、第二講堂）：桃園市介壽路 286、288 號 10 樓（陽明運動公園對面）電話：03-3749363（請於共修時聯繫，或與台北聯繫）

禪淨班：週一晚上班、週三晚上班、週四晚上班、週五晚上班。

進階班：週六上午班、週五晚上班。

佛藏經詳解：平實導師講解。每週二晚上，以台北正覺講堂所錄 DVD 放映；歡迎會外學人共同聽講，不需出示身分證件。

新竹正覺講堂 新竹市東光路 55 號二樓之一　電話 03-5724297（晚上）

第一講堂：

禪淨班：週一晚上班、週五晚上班、週六上午班。

進階班：週三晚上班、週四晚上班（由禪淨班結業後轉入共修）。

佛藏經詳解：平實導師講解。每週二晚上，以台北正覺講堂所錄 DVD 放映。歡迎會外學人共同聽講，不需出示身分證件。

第二講堂：

禪淨班：週三晚上班、週四晚上班。

佛藏經詳解：每週二晚上與第一講堂同時播放佛藏經詳解 DVD。

台中正覺講堂 04-23816090（晚上）

第一講堂 台中市南屯區五權西路二段 666 號 13 樓之四（國泰世華銀行樓上。鄰近縣市經第一高速公路前來者，由五權西路交流道可以快速到達，大樓旁有停車場，對面有素食館）。

禪淨班：週三晚上班、週四晚上班。

進階班：週一晚上班、週六上午班（由禪淨班結業後轉入共修）。

增上班：單週週末以台北增上班課程錄成 DVD 放映之，限已明心之會員參加。

佛藏經詳解：平實導師講解。每週二晚上，以台北正覺講堂所錄 DVD 放映。歡迎會外學人共同聽講，不需出示身分證件。

第二講堂 台中市南屯區五權西路二段 666 號 4 樓

禪淨班：週一晚上班、週三晚上班、週六上午班。

進階班：週五晚上班（由禪淨班結業後轉入共修）。

佛藏經詳解：每週二晚上與第一講堂同時播放佛藏經詳解 DVD。

第三講堂、第四講堂：台中市南屯區五權西路二段 666 號 4 樓。

嘉義正覺講堂 嘉義市友愛路 288 號八樓之一　電話：05-2318228

第一講堂：

禪淨班：週一晚上班、週四晚上班、週五晚上班。

進階班：週三晚上班（由禪淨班結業後轉入共修）。

佛藏經詳解：平實導師講解。每週二晚上，以台北正覺講堂所錄 DVD 放映。歡迎會外學人共同聽講，不需出示身分證件。

第二講堂 嘉義市友愛路 288 號八樓之二。

台南正覺講堂

第一講堂 台南市西門路四段 15 號 4 樓。06-2820541（晚上）

禪淨班：週一晚上班、週三晚上班、週四晚上班、週五晚上班、週六下午班。

增上班：單週週末下午，以台北增上班課程錄成 DVD 放映之，限已明心之會員參加。

佛藏經詳解：平實導師講解。每週二晚上，以台北正覺講堂所錄 DVD 放映。歡迎會外學人共同聽講，不需出示身分證件。

第二講堂　台南市西門路四段 15 號 3 樓。

佛藏經詳解：每週二晚上與第一講堂同時播放佛藏經詳解 DVD。

第三講堂　台南市西門路四段 15 號 3 樓。

進階班：週三晚上班、週四晚上班、週六上午班（由禪淨班結業後轉入共修）。

佛藏經詳解：每週二晚上與第一講堂同時播放佛藏經詳解 DVD。

高雄正覺講堂　高雄市新興區中正三路 45 號五樓 07-2234248（晚上）

第一講堂（五樓）：

禪淨班：週一晚上班、週三晚上班、週四晚上班、週五晚上班、週六上午班。

增上班：單週週末下午，以台北增上班課程錄成 DVD 放映之，限已明心之會員參加。

佛藏經詳解：平實導師講解。每週二晚上，以台北正覺講堂所錄 DVD 放映。歡迎會外學人共同聽講，不需出示身分證件。

第二講堂（四樓）：

進階班：週三晚上班、週四晚上班、週六上午班（由禪淨班結業後轉入共修）。

佛藏經詳解：每週二晚上與第一講堂同時播放佛藏經詳解 DVD。

第三講堂（三樓）：

進階班：週四晚上班（由禪淨班結業後轉入共修）。

香港正覺講堂　**☆已遷移新址☆**

九龍觀塘，成業街 10 號，電訊一代廣場 27 樓 E 室。

（觀塘地鐵站 B1 出口，步行約 4 分鐘）。電話：(852) 23262231

英文地址：Unit E, 27th Floor, TG Place, 10 Shing Yip Street, Kwun Tong, Kowloon

禪淨班：雙週六下午班 14:30-17:30，已經額滿。
雙週日下午班 14:30-17:30，2016 年 4 月底前尚可報名。

進階班：雙週五晚上班（由禪淨班結業後轉入共修）。

增上班：單週週末上午，以台北增上班課程錄成 DVD 放映之，限已明心之會員參加。

妙法蓮華經詳解：平實導師講解。雙週六 19:00-21:00，以台北正覺講堂所錄 DVD 放映；歡迎會外學人共同聽講，不需出示身分證件。

美國洛杉磯正覺講堂　☆已遷移新址☆

825 S. Lemon Ave Diamond Bar, CA 91798 U.S.A.
Tel. (909) 595-5222（請於週六 9:00~18:00 之間聯繫）
Cell. (626) 454-0607

禪淨班：每逢週末 15：30~17：30 上課。

進階班：每逢週末上午 10：00~12：00 上課。

佛藏經詳解：平實導師講解。每週六下午 13：00~15：00，以台北正覺講堂所錄 DVD 放映。歡迎各界人士共享第一義諦無上法益，不需報名。

二、招生公告　**本會台北講堂及全省各講堂，每逢四月、十月下旬開新班，每週共修一次**（每次二小時。開課日起三個月內仍可插班）；**但美國洛杉磯共修處之禪淨班得隨時插班共修。各班共修期間皆爲二年半，欲參加者請向本會函索報名表**（各共修處皆於共修時間方有人執事，非共修時間請勿電詢或前來洽詢、請書），**或直接從本會官方網站(http://www.enlighten.org.tw/newsflash/class)或成佛之道網站下載報名表**。共修期滿時，若經報名禪三審核通過者，可參加四天三夜之禪三精進共修，有機會明心、取證如來藏，發起般若實相智慧，成爲實義菩薩，脫離凡夫菩薩位。

三、新春禮佛祈福 農曆年假期間停止共修：自農曆新年前七天起停止共修與弘法，正月 8 日起回復共修、弘法事務。新春期間正月初一～初七 9.00～17.00 開放台北講堂、正月初一~初三開放新竹講堂、台中講堂、台南講堂、高雄講堂，以及大溪禪三道場（正覺祖師堂），方便會員供佛、祈福及會外人士請書。美國洛杉磯共修處之休假時間，請逕詢該共修處。

密宗四大派修雙身法，是外道性力派的邪法；又以生滅的識陰作爲常住法，是常見外道，是假的藏傳佛教。

西藏覺囊巴以他空見弘揚第八識如來藏勝法，才是真藏傳佛教

佛教正覺同修會　弘法行事表

2017/03/31

1、**禪淨班**　以無相念佛及拜佛方式修習動中定力，實證一心不亂功夫。傳授解脫道正理及第一義諦佛法，以及參禪知見。共修期間：二年六個月。每逢四月、十月開新班，詳見招生公告表。

2、**《佛藏經》**詳解　　平實導師主講。已於 2013/12/17 開講，歡迎已發成佛大願的菩薩種性學人，攜眷共同參與此殊勝法會聽講。詳解 釋迦世尊於《佛藏經》中所開示的眞實義理，更爲今時後世佛子四眾，闡述 佛陀演說此經的本懷。眞實尋求佛菩提道的有緣佛子，親承聽聞如是勝妙開示，當能如實理解經中義理，亦能了知於大乘法中：如何是諸法實相？善知識、惡知識要如何簡擇？如何才是清淨持戒？如何才能清淨說法？於此末法之世，眾生五濁益重，不知佛、不解法、不識僧，唯見表相，不信眞實，貪著五欲，諸方大師不淨說法，各各將導大量徒眾趣入三塗，如是師徒俱堪憐憫。是故，平實導師以大慈悲心，用淺白易懂之語句，佐以實例、譬喻而爲演說，普令聞者易解佛意，皆得契入佛法正道，如實了知佛法大藏。每逢週二 18.50~20.50 開示，不限制聽講資格。會外人士需憑身分證件換證入內聽講（此是大樓管理處之安全規定，敬請見諒）。桃園、新竹、台中、台南、高雄等地講堂，亦於每週二晚上播放平實導師講經之 DVD，不必出示身分證件即可入內聽講，歡迎各地善信同霑法益。

有某道場專弘淨土法門數十年，於教導信徒研讀《佛藏經》時，往往告誡信徒曰：「**後半部不許閱讀。**」由此緣故坐令信徒失去提升念佛層次之機緣，師徒只能低品位往生淨土，令人深覺愚癡無智。由有多人建議故，平實導師開始宣講《佛藏經》，藉以轉易如是邪見，並提升念佛人之知見與往生品位。此經中，對於實相念佛多所著墨，亦指出念佛要點：**以實相爲依，念佛者應依止淨戒、依止清淨僧寶，捨離違犯重戒之師僧，應受學清淨之法，遠離邪見。**本經是現代佛門大法師所厭惡之經典：**一者由於大法師們已全都落入意識境界而無法親證實相，故於此經中所說實相全無所知，都不樂有人聞此經名，以免讀後提出問疑時無法回答；二者現代大乘佛法地區，已經普被藏密喇嘛教滲透，許多有名之大法師們大多已曾或繼續在修練雙身法，都已失去聲聞戒體及菩薩戒體，成爲地獄種姓人，已非眞正出家之人，本質上只是身著僧衣而住在寺院中的世俗人。**這些人對於此經都是讀不懂的，也是極爲厭惡的；他們尙不樂見此經之印行，何況流通與講解？今爲救護廣大學佛人，兼欲護持佛教血脈永續常傳，特選此經宣講之，主講者平實導師。

3、**瑜伽師地論**詳解　詳解論中所言凡夫地至佛地等 17 師之修證境界與理論，從凡夫地、聲聞地……宣演到諸地所證一切種智之眞實正理。由平實導師開講，每逢一、三、五週之週末晚上開示，僅限已明心之會員參加。

4、**精進禪三**　主三和尚：平實導師。於四天三夜中，以克勤圓悟大師及大慧宗杲之禪風，施設機鋒與小參、公案密意之開示，幫助會員剋期取證，親證不生不滅之眞實心——人人本有之如來藏。每年四月、十月各舉辦二個梯次；平實導師主持。僅限本會會員參加禪淨班共修期滿，報名審核通過者，方可參加。並選擇會中定力、慧力、福德三條件皆已具足之已明心會員，給以指引，令得眼見自己無形無相之佛性遍佈山河大地，眞實而無障礙，得以肉眼現觀世界身心悉皆如幻，具足成就如幻觀，圓滿十住菩薩之證境。

5、**大法鼓經**詳解　詳解末法時代大乘佛法修行之道。佛教正法消毒妙藥塗於大鼓而以擊之，凡有眾生聞之者，一切邪見鉅毒悉皆消殞；此經即是大法鼓之正義，凡聞之者，所有邪見之毒悉皆滅除，見道不難；亦能發起菩薩無量功德，是故諸大菩薩遠從諸方佛土來此娑婆聞修此經。

本經破「有」而顯涅槃，以此名爲眞法；若墮在「有」中，皆名「非法」；若人如是宣揚佛法，名爲擊大法鼓；如是依「法」而捨「非法」，據以建立山門而爲眾說法，方可名爲法鼓山。此經中說，以「此經」爲菩薩道之本，以證得「此經」之正知見及法門作爲度人之「法」，方名眞實佛法，否則盡名「非法」。本經中對法與非法、有與涅槃，有深入之闡釋，歡迎教界一切善信（不論初機或久學菩薩），一同親沐 如來聖教，共沾法喜。由平實導師詳解。不限制聽講資格。

6、**不退轉法輪經**詳解　本經所說妙法極爲甚深難解，時至末法，已然無有知者；而其甚深絕妙之法，流傳至今依舊多人可證，顯示佛學眞是義學而非玄談，其中甚深極妙令人拍案稱絕之第一義諦妙義，平實導師將會加以解說。待《大法鼓經》宣講完畢時繼續宣講此經。

7、**阿含經**詳解　選擇重要之阿含部經典，依無餘涅槃之實際而加以詳解，令大眾得以現觀諸法緣起性空，亦復不墮斷滅見中，顯示經中所隱說之涅槃實際—如來藏—確實已於四阿含中隱說；令大眾得以聞後觀行，確實斷除我見乃至我執，證得**見到**眞現觀，乃至**身證**……等眞現觀；已得大乘或二乘見道者，亦可由此聞熏及聞後之觀行，除斷我所之貪著，成就慧解脫果。由平實導師詳解。不限制聽講資格。

8、**解深密經**詳解　重講本經之目的，在於令諸已悟之人明解大乘法道之成佛次第，以及悟後進修一切種智之內涵，確實證知三種自性性，並得據此證解七眞如、十眞如等正理。每逢週二 18.50~20.50 開示，由平實導師詳解。將於《大法鼓經》講畢後開講。不限制聽講資格。

9、**成唯識論**詳解　詳解一切種智眞實正理，詳細剖析一切種智之微細深妙廣大正理；並加以舉例說明，使已悟之會員深入體驗所證如來藏之微密行相；及證驗見分相分與所生一切法，皆由如來藏—阿賴耶識—直接或展轉而生，因此證知一切法無我，證知無餘涅槃之本際。將於增上班《瑜伽師地論》講畢後，由平實導師重講。僅限已明心之會員參加。

10、**精選如來藏系經典**詳解　精選如來藏系經典一部，詳細解說，以此完全印證會員所悟如來藏之眞實，得入不退轉住。另行擇期詳細解說之，由平實導師講解。僅限已明心之會員參加。

11、**禪門差別智**　藉禪宗公案之微細淆訛難知難解之處，加以宣說及剖析，以增進明心、見性之功德，啓發差別智，建立擇法眼。每月第一週日全天，由平實導師開示，僅限破參明心後，復又眼見佛性者參加（事冗暫停）。

12、**枯木禪**　先講智者大師的《小止觀》，後說《釋禪波羅蜜》，詳解四禪八定之修證理論與實修方法，細述一般學人修定之邪見與岔路，及對禪定證境之誤會，消除枉用功夫、浪費生命之現象。已悟般若者，可以藉此而實修初禪，進入大乘通教及聲聞教的三果心解脫境界，配合應有的大福德及後得無分別智、十無盡願，即可進入初地心中。親教師：平實導師。未來緣熟時將於大溪正覺寺開講。不限制聽講資格。

註：本會例行年假，自 2004 年起，改爲每年農曆新年前七天開始停息弘法事務及共修課程，農曆正月 8 日回復所有共修及弘法事務。新春期間（每日 9.00~17.00）開放台北講堂，方便會員禮佛祈福及會外人士請書。大溪區的正覺祖師堂，開放參訪時間，詳見〈正覺電子報〉或成佛之道網站。本表得因時節因緣需要而隨時修改之，不另作通知。

佛教正覺同修會　贈閱書籍 目錄　2015/09/29

1.**無相念佛**　平實導師著　回郵 10 元
2.**念佛三昧修學次第**　平實導師述著　回郵 25 元
3.**正法眼藏—護法集**　平實導師述著　回郵 35 元
4.**真假開悟簡易辨正法＆佛子之省思**　平實導師著　回郵 3.5 元
5.**生命實相之辨正**　平實導師著　回郵 10 元
6.**如何契入念佛法門**（附：印順法師否定極樂世界）平實導師著　回郵 3.5 元
7.**平實書箋**—答元覽居士書　平實導師著　回郵 35 元
8.**三乘唯識**—如來藏系經律彙編　平實導師編　回郵 80 元
（精裝本　長 27 cm　寬 21 cm　高 7.5 cm　重 2.8 公斤）
9.**三時繫念全集**—修正本　回郵掛號 40 元（長 26.5 cm×寬 19 cm）
10.**明心與初地**　平實導師述　回郵 3.5 元
11.**邪見與佛法**　平實導師述著　回郵 20 元
12.**菩薩正道**—回應義雲高、釋性圓…等外道之邪見　正燦居士著　回郵 20 元
13.**甘露法雨**　平實導師述　回郵 20 元
14.**我與無我**　平實導師述　回郵 20 元
15.**學佛之心態**—修正錯誤之學佛心態始能與正法相應　孫正德老師著　回郵35元
附錄：平實導師著**《略說八、九識並存…等之過失》**
16.**大乘無我觀**—《悟前與悟後》別說　平實導師述著　回郵 20 元
17.**佛教之危機**—中國台灣地區現代佛教之真相（附錄：公案拈提六則）
平實導師著　回郵 25 元
18.**燈 影**—燈下黑（覆「求教後學」來函等）　平實導師著　回郵 35 元
19.**護法與毀法**—覆上平居士與徐恒志居士網站毀法二文
張正圜老師著　回郵 35 元
20.**淨土聖道**—兼評選擇本願念佛　正德老師著　由正覺同修會購贈　回郵 25 元
21.**辨唯識性相**—對「紫蓮心海《辯唯識性相》書中否定阿賴耶識」之回應
正覺同修會 台南共修處法義組 著　回郵 25 元
22.**假如來藏**—對法蓮法師《如來藏與阿賴耶識》書中否定阿賴耶識之回應
正覺同修會 台南共修處法義組 著　回郵 35 元
23.**入不二門**—公案拈提集錦 第一輯（於平實導師公案拈提諸書中選錄約二十則，
合輯爲一冊流通之）平實導師著　回郵 20 元
24.**真假邪說**—西藏密宗索達吉喇嘛《破除邪說論》真是邪說
釋正安法師著　回郵 35 元
25.**真假開悟**—真如、如來藏、阿賴耶識間之關係　平實導師述著　回郵 35 元
26.**真假禪和**—辨正釋傳聖之謗法謬說　孫正德老師著　回郵 30 元

27.**眼見佛性**—駁慧廣法師眼見佛性的含義文中謬說

游正光老師著　回郵 25 元

28.**普門自在**—公案拈提集錦 第二輯（於平實導師公案拈提諸書中選錄約二十則，合輯爲一冊流通之）平實導師著　回郵 25 元

29.**印順法師的悲哀**—以現代禪的質疑為線索　恒毓博士著　回郵 25 元

30.**識蘊真義**—現觀識蘊內涵、取證初果、親斷三縛結之具體行門。

—依《成唯識論》及《惟識述記》正義，略顯安慧《大乘廣五蘊論》之邪謬

平實導師著　回郵 35 元

31.**正覺電子報** 各期紙版本　免附回郵　每次最多函索三期或三本。

（已無存書之較早各期，不另增印贈閱）

32.**現代人應有的宗教觀**　蔡正禮老師 著　回郵 3.5 元

33.**遠惑趣道**—正覺電子報般若信箱問答錄　第一輯　回郵 20 元

34.**遠惑趣道**—正覺電子報般若信箱問答錄　第二輯　回郵 20 元

35.**確保您的權益**—器官捐贈應注意自我保護　游正光老師 著　回郵 10 元

36.**正覺教團電視弘法三乘菩提 DVD 光碟（一）**

由正覺教團多位親教師共同講述錄製 DVD 8 片，MP3 一片，共 9 片。有二大講題：一爲「三乘菩提之意涵」，二爲「學佛的正知見」。內容精闢，深入淺出，精彩絕倫，幫助大眾快速建立三乘法道的正知見，免被外道邪見所誤導。有志修學三乘佛法之學人不可不看。（製作工本費 100 元，回郵 25 元）

37.**正覺教團電視弘法 DVD 專輯（二）**

總有二大講題：一爲「三乘菩提之念佛法門」，一爲「學佛正知見（第二篇）」，由正覺教團多位親教師輪番講述，內容詳細闡述如何修學念佛法門、實證念佛三昧，以及學佛應具有的正確知見，可以幫助發願往生西方極樂淨土之學人，得以把握往生，更可令學人快速建立三乘法道的正知見，免於被外道邪見所誤導。有志修學三乘佛法之學人不可不看。（一套 17 片，工本費 160 元。回郵 35 元）

38.**佛藏經** 燙金精裝本　每冊回郵 20 元。正修佛法之道場欲大量索取者，請正式發函並蓋用大印寄來索取（2008.04.30 起開始敬贈）

39.**喇嘛性世界**—揭開假藏傳佛教譚崔瑜伽的面紗　張善思 等人合著

由正覺同修會購贈　回郵 20 元

40.**假藏傳佛教的神話**—性、謊言、喇嘛教　張正玄教授編著　回郵 20 元

由正覺同修會購贈　回郵 20 元

41.**隨　緣**—理隨緣與事隨緣　平實導師述　回郵 20 元。

42.**學佛的覺醒**　正枝居士 著　回郵 25 元

43.**導師之真實義**　蔡正禮老師 著　回郵 10 元

44.**淺談達賴喇嘛之雙身法**—兼論解讀「密續」之達文西密碼

吳明芷居士 著　回郵 10 元

45.**魔界轉世**　張正玄居士 著　回郵 10 元

46.**一貫道與開悟**　蔡正禮老師 著　回郵 10 元

47.**博愛**—愛盡天下女人　正覺教育基金會 編印　回郵 10 元
48.**意識虛妄經教彙編**—實證解脫道的關鍵經文　正覺同修會編印　回郵 25 元
49.**邪箭囈語**—破斥藏密外道多識仁波切《破魔金剛箭雨論》之邪說
陸正元老師著　上、下冊回郵各 30 元
50.**真假沙門**—依 佛聖教闡釋佛教僧寶之定義
蔡正禮老師著　俟正覺電子報連載後結集出版
51.**真假禪宗**—藉評論釋性廣《印順導師對變質禪法之批判
及對禪宗之肯定》以顯示真假禪宗
附論一：凡夫知見 無助於佛法之信解行證
附論二：世間與出世間一切法皆從如來藏實際而生而顯
余正偉老師著　俟正覺電子報連載後結集出版　回郵未定
52.**假鋒虛焰金剛乘**—揭示顯密正理，兼破索達吉師徒《般若鋒兮金剛焰》。
釋正安 法師著　俟正覺電子報連載後結集出版

★ 上列贈書之郵資，係台灣本島地區郵資，大陸、港、澳地區及外國地區，請另計酌增（大陸、港、澳、國外地區之郵票不許通用）。尚未出版之書，請勿先寄來郵資，以免增加作業煩擾。

★ 本目錄若有變動，唯於後印之書籍及「成佛之道」網站上修正公佈之，不另行個別通知。

函索書籍請寄：佛教正覺同修會　103 台北市承德路 3 段 277 號 9 樓
台灣地區函索書籍者請附寄郵票，無時間購買郵票者可以等值現金抵用，但不接受郵政劃撥、支票、匯票。大陸地區得以人民幣計算，國外地區請以美元計算（請勿寄來當地郵票，在台灣地區不能使用）。欲以掛號寄遞者，請另附掛號郵資。

親自索閱：正覺同修會各共修處。　★請於共修時間前往取書，餘時無人在道場，請勿前往索取；共修時間與地點，詳見書末正覺同修會共修現況表（以近期之共修現況表為準）。

註：正智出版社發售之局版書，請向各大書局購閱。若書局之書架上已經售出而無陳列者，請向書局櫃台指定洽購；若書局不便代購者，請於正覺同修會共修時間前往各共修處請購，正智出版社已派人於共修時間送書前往各共修處流通。 郵政劃撥購書及 大陸地區 購書，請詳別頁正智出版社發售書籍目錄最後頁之說明。

成佛之道 網站：http://www.a202.idv.tw　正覺同修會已出版之結緣書籍，多已登載於 成佛之道 網站，若住外國、或住處遙遠，不便取得正覺同修會贈閱書籍者，可以從本網站閱讀及下載。　書局版之《宗通與說通》亦已上網，台灣讀者可向書局洽購，售價 300 元。《狂密與眞密》第一輯~第四輯，亦於 2003.5.1.全部於本網站登載完畢；台灣地區讀者請向書局洽購，每輯約 400 頁，售價 300 元（網站下載紙張費用較貴，容易散失，難以保存，亦較不精美）。

＊＊假藏傳佛教修雙身法，非佛教＊＊

正智出版社 籌募弘法基金發售書籍目錄　2017/04/22

1.**宗門正眼**—公案拈提 第一輯 重拈　平實導師著　500 元
　因重寫內容大幅度增加故，字體必須改小，並增爲 576 頁 主文 546 頁。比初版更精彩、更有內容。初版《禪門摩尼寶聚》之讀者，可寄回本公司免費調換新版書。免附回郵，亦無截止期限。（2007 年起，每冊附贈本公司精製公案拈提〈超意境〉CD 一片。市售價格 280 元，多購多贈。）

2.**禪淨圓融**　平實導師著　200 元（第一版舊書可換新版書。）

3.**真實如來藏**　平實導師著　400 元

4.**禪—悟前與悟後**　平實導師著　上、下冊，每冊 250 元

5.**宗門法眼**—公案拈提 第二輯　平實導師著　500 元
（2007 年起，每冊附贈本公司精製公案拈提〈超意境〉CD 一片）

6.**楞伽經詳解**　平實導師著　全套共 10 輯　每輯 250 元

7.**宗門道眼**—公案拈提 第三輯　平實導師著　500 元
（2007 年起，每冊附贈本公司精製公案拈提〈超意境〉CD 一片）

8.**宗門血脈**—公案拈提 第四輯　平實導師著　500 元
（2007 年起，每冊附贈本公司精製公案拈提〈超意境〉CD 一片）

9.**宗通與說通**—成佛之道 平實導師著 主文 381 頁 全書 400 頁售價 300 元

10.**宗門正道**—公案拈提 第五輯　平實導師著　500 元
（2007 年起，每冊附贈本公司精製公案拈提〈超意境〉CD 一片）

11.**狂密與真密** 一～四輯　平實導師著　西藏密宗是人間最邪淫的宗教，本質不是佛教，只是披著佛教外衣的印度教性力派流毒的喇嘛教。此書中將西藏密宗密傳之男女雙身合修樂空雙運所有祕密與修法，毫無保留完全公開，並將全部喇嘛們所不知道的部分也一併公開。內容比大辣出版社喧騰一時的《西藏慾經》更詳細。並且函蓋藏密的所有祕密及其錯誤的中觀見、如來藏見……等，藏密的所有法義都在書中詳述、分析、辨正。每輯主文三百餘頁　每輯全書約 400 頁　售價每輯 300 元

12.**宗門正義**—公案拈提 第六輯　平實導師著　500 元
（2007 年起，每冊附贈本公司精製公案拈提〈超意境〉CD 一片）

13.**心經密意**—心經與解脫道、佛菩提道、祖師公案之關係與密意　平實導師述　300 元

14.**宗門密意**—公案拈提 第七輯　平實導師著　500 元
（2007 年起，每冊附贈本公司精製公案拈提〈超意境〉CD 一片）

15.**淨土聖道**—兼評「選擇本願念佛」　正德老師著　200 元

16.**起信論講記**　平實導師述著　共六輯　每輯三百餘頁　售價各 250 元

17.**優婆塞戒經講記**　平實導師述著 共八輯 每輯三百餘頁 售價各 250 元

18.**真假活佛**—略論附佛外道盧勝彥之邪說（對前岳靈犀網站主張「盧勝彥是證悟者」之修正）　正犀居士（岳靈犀）著　流通價 140 元

19.**阿含正義**—唯識學探源　平實導師著　共七輯　每輯 300 元

20.**超意境** CD 以平實導師公案拈提書中超越意境之頌詞，加上曲風優美的旋律，錄成令人嚮往的超意境歌曲，其中包括正覺發願文及平實導師親自譜成的黃梅調歌曲一首。詞曲雋永，殊堪翫味，可供學禪者吟詠，有助於見道。內附設計精美的彩色小冊，解說每一首詞的背景本事。每片 280 元。【每購買公案拈提書籍一冊，即贈送一片。】

21.**菩薩底憂鬱** CD 將菩薩情懷及禪宗公案寫成新詞，並製作成超越意境的優美歌曲。 1.主題曲〈菩薩底憂鬱〉，描述地後菩薩能離三界生死而迴向繼續生在人間，但因尚未斷盡習氣種子而有極深沈之憂鬱，非三賢位菩薩及二乘聖者所知，此憂鬱在七地滿心位方才斷盡；本曲之詞中所說義理極深，昔來所未曾見；此曲係以優美的情歌風格寫詞及作曲，聞者得以激發嚮往諸地菩薩境界之大心，詞、曲都非常優美，難得一見；其中勝妙義理之解說，已印在附贈之彩色小冊中。 2.以各輯公案拈提中直示禪門入處之頌文，作成各種不同曲風之超意境歌曲，值得玩味、參究；聆聽公案拈提之優美歌曲時，請同時閱讀內附之印刷精美說明小冊，可以領會超越三界的證悟境界；未悟者可以因此引發求悟之意向及疑情，眞發菩提心而邁向求悟之途，乃至因此眞實悟入般若，成眞菩薩。 3.正覺總持咒新曲，總持佛法大意；總持咒之義理，已加以解說並印在隨附之小冊中。本 CD 共有十首歌曲，長達 63 分鐘。每盒各附贈二張購書優惠券。每片 280 元。

22.**禪意無限** CD 平實導師以公案拈提書中偈頌寫成不同風格曲子，與他人所寫不同風格曲子共同錄製出版，幫助參禪人進入禪門超越意識之境界。盒中附贈彩色印製的精美解說小冊，以供聆聽時閱讀，令參禪人得以發起參禪之疑情，即有機會證悟本來面目而發起實相智慧，實證大乘菩提般若，能如實證知般若經中的眞實意。本 CD 共有十首歌曲，長達 69 分鐘，每盒各附贈二張購書優惠券。每片 280 元。

23.**我的菩提路**第一輯　釋悟圓、釋善藏等人合著　售價 300 元

24.**我的菩提路**第二輯　郭正益、張志成等人合著　售價 300 元

25.**我的菩提路**第三輯　王美伶等人合著　預定 2017/6/30 發行　售價 300 元

26.**鈍鳥與靈龜**—考證後代凡夫對大慧宗杲禪師的無根誹謗。

平實導師著 共 458 頁 售價 350 元

27.**維摩詰經講記** 平實導師述 共六輯 每輯三百餘頁 售價各 250 元

28.**真假外道**—破劉東亮、杜大威、釋證嚴常見外道見　正光老師著　200 元

29.**勝鬘經講記**—兼論印順《勝鬘經講記》對於《勝鬘經》之誤解。

平實導師述　共六輯　每輯三百餘頁　售價 250 元

30.**楞嚴經講記** 平實導師述 共 15 輯，每輯三百餘頁 售價 300 元

31.**明心與眼見佛性**—駁慧廣〈蕭氏「眼見佛性」與「明心」之非〉文中謬說

正光老師著　共 448 頁　售價 300 元

32.**見性與看話頭** 黃正倖老師 著，本書是禪宗參禪的方法論。

內文 375 頁，全書 416 頁，售價 300 元。

33.**達賴真面目**—玩盡天下女人 白正偉老師 等著 中英對照彩色精裝大本 800 元

34.**喇嘛性世界**—揭開假藏傳佛教譚崔瑜伽的面紗　張善思 等人著　200 元

35.**假藏傳佛教的神話**—性、謊言、喇嘛教　正玄教授編著　200 元

36.**金剛經宗通**　平實導師述　共九輯　每輯售價 250 元。

37.**空行母**—性別、身分定位，以及藏傳佛教。

珍妮·坎貝爾著 呂艾倫 中譯 售價 250 元

38.**末代達賴**—性交教主的悲歌　張善思、呂艾倫、辛燕編著 售價 250 元

39.**霧峰無霧**—給哥哥的信　辨正釋印順對佛法的無量誤解

游宗明 老師著　售價 250 元

40.**第七意識與第八意識？**—穿越時空「超意識」

平實導師述　每冊 300 元

41.**黯淡的達賴**—失去光彩的諾貝爾和平獎

正覺教育基金會編著　每冊 250 元

42.**童女迦葉考**—論呂凱文〈佛教輪迴思想的論述分析〉之謬。

平實導師 著 定價 180 元

43.**人間佛教**—實證者必定不悖三乘菩提

平實導師 述，定價 400 元

44.**實相經宗通**　平實導師述　共八輯　每輯 250 元

45.**真心告訴您(一)**—達賴喇嘛在幹什麼？

正覺教育基金會編著　售價 250 元

46.**中觀金鑑**—詳述應成派中觀的起源與其破法本質

孫正德老師著　分為上、中、下三冊，每冊 250 元

47.**佛法入門**—迅速進入三乘佛法大門，消除久學佛法漫無方向之窘境。

○○居士著　將於正覺電子報連載後出版。售價 250 元

48.**藏傳佛教要義**—《狂密與真密》之簡體字版　平實導師 著 上、下冊

僅在大陸流通　每冊 300 元

49.**法華經講義**　平實導師述　共二十五輯　每輯 300 元

已於 2015/05/31 起開始出版，每二個月出版一輯

50.**西藏「活佛轉世」制度**—附佛、造神、世俗法

許正豐、張正玄老師合著　定價 150 元

51.**廣論三部曲**　郭正益老師著　定價 150 元

52.**真心告訴您(二)**—達賴喇嘛是佛教僧侶嗎？

—補祝達賴喇嘛八十大壽

正覺教育基金會編著　售價 300 元

53.**廣論之平議**—宗喀巴《菩提道次第廣論》之平議　正雄居士著

約二或三輯　俟正覺電子報連載後結集出版　書價未定

54.**末法導護**—對印順法師中心思想之綜合判攝　正慶老師著　書價未定

55.**菩薩學處**—菩薩四攝六度之要義　陸正元老師著　出版日期未定。

56.**八識規矩頌**詳解　○○居士 註解　出版日期另訂　書價未定。

57.**印度佛教史**—法義與考證。依法義史實評論印順《印度佛教思想史、佛教史地考論》之謬說　正偉老師著　出版日期未定　書價未定

58.**中國佛教史**—依中國佛教正法史實而論。 ○○老師 著　書價未定。

59.**中論正義**—釋龍樹菩薩《中論》頌正理。

孫正德老師著　出版日期未定　書價未定

60.**中觀正義**—註解平實導師《中論正義頌》。

○○法師（居士）著　出版日期未定　書價未定

61.**佛藏經講記**　平實導師述　出版日期未定　書價未定

62.**阿含經講記**—將選錄四阿含中數部重要經典全經講解之，講後整理出版。

平實導師述　約二輯　每輯300元　出版日期未定

63.**寶積經講記**　平實導師述　每輯三百餘頁 優惠價300元　出版日期未定

64.**解深密經講記**　平實導師述 約四輯　將於重講後整理出版

65.**成唯識論略解**　平實導師著　五～六輯　每輯300元　出版日期未定

66.**修習止觀坐禪法要講記**　平實導師述　每輯三百餘頁

將於正覺寺建成後重講、以講記逐輯出版　出版日期未定

67.**無門關**—《無門關》公案拈提　平實導師著　出版日期未定

68.**中觀再論**—兼述印順《中觀今論》謬誤之平議。正光老師著　出版日期未定

69.**輪迴與超度**—佛教超度法會之真義。

○○法師（居士）著　出版日期未定　書價未定

70.**《釋摩訶衍論》平議**—對偽稱龍樹所造《釋摩訶衍論》之平議

○○法師（居士）著　出版日期未定　書價未定

71.**正覺發願文**註解—以真實大願為因 得證菩提

正德老師著　出版日期未定　書價未定

72.**正覺總持咒**—佛法之總持　正圜老師著　出版日期未定　書價未定

73.**涅槃**—論四種涅槃　平實導師著　出版日期未定　書價未定

74.**三自性**—依四食、五蘊、十二因緣、十八界法，說三性三無性。

作者未定　出版日期未定

75.**道品**—從三自性說大小乘三十七道品　作者未定　出版日期未定

76.**大乘緣起觀**—依四聖諦七真如現觀十二緣起 作者未定　出版日期未定

77.**三德**—論解脫德、法身德、般若德。　作者未定　出版日期未定

78.**真假如來藏**—對印順《如來藏之研究》謬說之平議　作者未定 出版日期未定

79.**大乘道次第**　作者未定　出版日期未定　書價未定

80.**四緣**—依如來藏故有四緣。　作者未定　出版日期未定

81.**空之探究**—印順《空之探究》謬誤之平議　作者未定 出版日期未定

82.**十法義**—論阿含經中十法之正義　作者未定　出版日期未定

83.**外道見**—論述外道六十二見　作者未定　出版日期未定

正智出版社有限公司書籍介紹

禪淨圓融：言淨土諸祖所未曾言，示諸宗祖師所未曾示；禪淨圓融，另闢成佛捷徑，兼顧自力他力，闡釋淨土門之速行易行道，亦同時揭櫫聖教門之速行易行道；令廣大淨土行者得免緩行難證之苦，亦令聖道門行者得以藉著淨土速行道而加快成佛之時劫。乃前無古人之超勝見地，非一般弘揚禪淨法門典籍也，先讀爲快。平實導師著 200元。

宗門正眼—**公案拈提**第一輯：繼承克勤圜悟大師碧巖錄宗旨之禪門鉅作。先則舉示當代大法師之邪說，消弭當代禪門大師鄉愿之心態，摧破當今禪門「世俗禪」之妄談；次則旁通教法，表顯宗門正理；繼以道之次第，消弭古今狂禪；後藉言語及文字機鋒，直示宗門入處。悲智雙運，禪味十足，數百年來難得一睹之禪門鉅著也。平實導師著 500元（原初版書《禪門摩尼寶聚》，改版後補充爲五百餘頁新書，總計多達二十四萬字，內容更精彩，並改名爲《宗門正眼》，讀者原購初版《禪門摩尼寶聚》皆可寄回本公司免費換新，免附回郵，亦無截止期限）（2007年起，凡購買公案拈提第一輯至第七輯，每購一輯皆贈送本公司精製公案拈提〈超意境〉CD一片，市售價格280元，多購多贈）。

禪—悟前與悟後：本書能建立學人悟道之信心與正確知見，圓滿具足而有次第地詳述禪悟之功夫與禪悟之內容，指陳參禪中細微淆訛之處，能使學人明自眞心、見自本性。若未能悟入，亦能以正確知見辨別古今中外一切大師究係眞悟？或屬錯悟？便有能力揀擇，捨名師而選明師，後時必有悟道之緣。一旦悟道，遲者七次人天往返，便出三界，速者一生取辦。學人欲求開悟者，不可不讀。 平實導師著。上、下冊共500元，單冊250元。

眞實如來藏：如來藏眞實存在，乃宇宙萬有之本體，並非印順法師、達賴喇嘛等人所說之「唯有名相、無此心體」。如來藏是涅槃之本際，是一切有智之人竭盡心智、不斷探索而不能得之生命實相；是古今中外許多大師自以爲悟而當面錯過之生命實相。如來藏即是阿賴耶識，乃是一切有情本自具足、不生不滅之眞實心。當代中外大師於此書出版之前所未能言者，作者於本書中盡情流露、詳細闡釋。眞悟者讀之，必能增益悟境、智慧增上；錯悟者讀之，必能檢討自己之錯誤，免犯大妄語業；未悟者讀之，能知參禪之理路，亦能以之檢查一切名師是否眞悟。此書是一切哲學家、宗教家、學佛者及欲昇華心智之人必讀之鉅著。 平實導師著 售價400元。

宗門法眼—**公案拈提**第二輯：列舉實例，闡釋土城廣欽老和尚之悟處；並直示這位不識字的老和尚妙智橫生之根由，繼而剖析禪宗歷代大德之開悟公案，解析當代密宗高僧卡盧仁波切之錯悟證據，並例舉當代顯宗高僧、大居士之錯悟證據（凡健在者，爲免影響其名聞利養，皆隱其名）。藉辨正當代名師之邪見，向廣大佛子指陳禪悟之正道，彰顯宗門法眼。悲勇兼出，強捋虎鬚；慈智雙運，巧探驪龍；摩尼寶珠在手，直示宗門入處，禪味十足；若非大悟徹底，不能爲之。禪門精奇人物，允宜人手一冊，供作參究及悟後印證之圭臬。本書於2008年4月改版，增寫為大約500頁篇幅，以利學人研讀參究時更易悟入宗門正法，以前所購初版首刷及初版二刷舊書，皆可免費換取新書。平實導師著 500元（2007年起，凡購買公案拈提第一輯至第七輯，每購一輯皆贈送本公司精製公案拈提〈超意境〉CD一片，市售價格280元，多購多贈）。

宗門道眼—**公案拈提**第三輯：繼宗門法眼之後，再以金剛之作略、慈悲之胸懷、犀利之筆觸，舉示寒山、拾得、布袋三大士之悟處，消弭當代錯悟者對於寒山大士……等之誤會及誹謗。亦舉出民初以來與虛雲和尚齊名之蜀郡鹽亭袁煥仙夫子——南懷瑾老師之師，其「悟處」何在？並蒐羅許多眞悟祖師之證悟公案，顯示禪宗歷代祖師之睿智，指陳部分祖師、奧修及當代顯密大師之謬悟，作爲殷鑑，幫助禪子建立及修正參禪之方向及知見。假使讀者閱此書已，一時尚未能悟，亦可一面加功用行，一面以此宗門道眼辨別眞假善知識，避開錯誤之印證及歧路，可免大妄語業之長劫慘痛果報。欲修禪宗之禪者，務請細讀。平實導師著 售價500元（2007年起，凡購買公案拈提第一輯至第七輯，每購一輯皆贈送本公司精製公案拈提〈超意境〉CD一片，市售價格280元，多購多贈）。

楞伽經詳解：本經是禪宗見道者印證所悟眞僞之根本經典，亦是禪宗見道者悟後起修之依據經典；故達摩祖師於印證二祖慧可大師之後，將此經典連同佛鉢祖衣一併交付二祖，令其依此經典佛示金言、進入修道位，修學一切種智。由此可知此經對於眞悟之人修學佛道，是非常重要之一部經典。此經能破外道邪說，亦破佛門中錯悟名師之謬說，亦破禪宗部分祖師之狂禪：不讀經典、一向主張「一悟即成究竟佛」之謬執。並開示愚夫所行禪、觀察義禪、攀緣如禪、如來禪等差別，令行者對於三乘禪法差異有所分辨；亦糾正禪宗祖師古來對於如來禪之誤解，嗣後可免以訛傳訛之弊。此經亦是法相唯識宗之根本經典，禪者悟後欲修一切種智而入初地者，必須詳讀。平實導師著，全套共十輯，已全部出版完畢，每輯主文約320頁，每冊約352頁，定價250元。

宗門血脈—**公案拈提**第**四**輯：末法怪象—許多修行人自以爲悟，每將無念靈知認作眞實；崇尚二乘法諸師及其徒眾，則將**外於如來藏之緣起性空**—無因論之無常空、斷滅空、一切法空—錯認爲 佛所說之般若空性。這兩種現象已於當今海峽兩岸及美加地區顯密大師之中普遍存在；人人自以爲悟，心高氣壯，便敢寫書解釋祖師證悟之公案，大多出於意識思惟所得，言不及義，錯誤百出，因此誤導廣大佛子同陷大妄語之地獄業中而不能自知。彼等書中所說之悟處，其實處處違背第一義經典之聖言量。彼等諸人不論是否身披袈裟，都非佛法宗門血脈，或雖有禪宗法脈之傳承，亦只徒具形式；猶如螟蛉，非眞血脈，未悟得根本眞實故。禪子欲知佛、祖之眞血脈者，請讀此書，便知分曉。平實導師著，主文452頁，全書464頁，定價500元（2007年起，凡購買公案拈提第一輯至第七輯，每購一輯皆贈送本公司精製公案拈提〈超意境〉CD一片，市售價格280元，多購多贈）。

宗通與說通：古今中外，錯誤之人如麻似粟，每以常見外道所說之靈知心，認作眞心；或妄想虛空之勝性能量爲眞如，或錯認物質四大元素藉冥性（靈知心本體）能成就吾人色身及知覺，或認初禪至四禪中之了知心爲不生不滅之涅槃心。此等皆非通宗者之見地。復有錯悟之人一向主張「宗門與教門不相干」，此即尚未通達宗門之人也。其實宗門與教門互通不二，宗門所證者乃是眞如與佛性，教門所說者乃說宗門證悟之眞如佛性，故教門與宗門不二。本書作者以宗教二門互通之見地，細說「宗通與說通」，從初見道至悟後起修之道、細說分明；並將諸宗諸派在整體佛教中之地位與次第，加以明確之教判，學人讀之即可了知佛法之梗概也。欲擇明師學法之前，允宜先讀。平實導師著，主文共381頁，全書392頁，只售成本價300元。

宗門正道—**公案拈提**第五輯：修學大乘佛法有二果須證解脫果及大菩提果。二乘人不證大菩提果，唯證解脫果；此果之智慧，名爲聲聞菩提、緣覺菩提。大乘佛子所證二果之菩提果爲佛菩提，故名大菩提果，其慧名爲一切種智函蓋二乘解脫果。然此大乘二果修證，須經由禪宗之宗門證悟方能相應。而宗門證悟極難，自古已然；其所以難者，咎在古今佛教界普遍存在三種邪見：1.以修定認作佛法，2.以無因論之緣起性空—否定涅槃本際如來藏以後之一切法空作爲佛法，3.以常見外道邪見（離語言妄念之靈知性）作爲佛法。如是邪見，或因自身正見未立所致，或因邪師之邪教導所致，或因無始劫來虛妄熏習所致。若不破除此三種邪見，永劫不悟宗門眞義、不入大乘正道，唯能外門廣修菩薩行。平實導師於此書中，有極爲詳細之說明，有志佛子欲摧邪見、入於內門修菩薩行者，當閱此書。主文共496頁，全書512頁。售價500元（2007年起，凡購買公案拈提第一輯至第七輯，每購一輯皆贈送本公司精製公案拈提〈超意境〉CD一片，市售價格280元，多購多贈）。

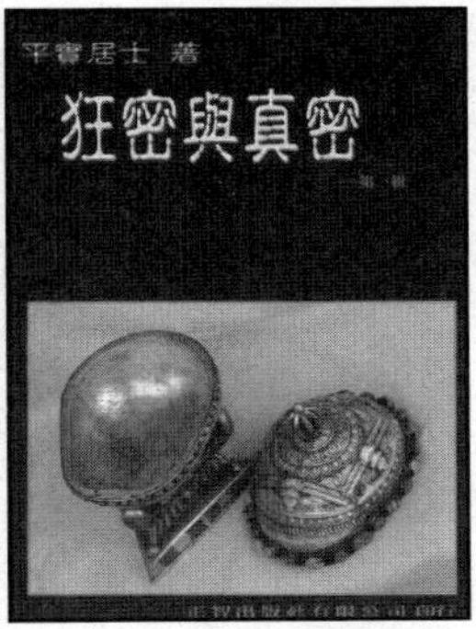

狂密與真密：密教之修學，皆由有相之觀行法門而入，其最終目標仍不離顯教經典所說第一義諦之修證；若離顯教第一義經典、或違背顯教第一義經典，即非佛教。西藏密教之觀行法，如灌頂、觀想、遷識法、寶瓶氣、大聖歡喜雙身修法、喜金剛、無上瑜伽、大樂光明、樂空雙運等，皆是印度教兩性生生不息思想之轉化，自始至終皆以如何能運用交合淫樂之法達到全身受樂爲其中心思想，純屬欲界五欲的貪愛，不能令人超出欲界輪迴，更不能令人斷除我見；何況大乘之明心與見性，更無論矣！故密宗之法絕非佛法也。而其明光大手印、大圓滿法教，又皆同以常見外道所說離語言妄念之無念靈知心錯認爲佛地之眞如，不能直指不生不滅之眞如。西藏密宗所有法王與徒眾，都尚未開頂門眼，不能辨別眞僞，以依人不依法、依密續不依經典故，不肯將其上師喇嘛所說對照第一義經典，純依密續之藏密祖師所說爲準，因此而誇大其證德與證量，動輒謂彼祖師上師爲究竟佛、爲地上菩薩；如今台海兩岸亦有自謂其師證量高於 釋迦文佛者，然觀其師所述，猶未見道，仍在觀行即佛階段，尚未到禪宗相似即佛、分證即佛階位，竟敢標榜爲究竟佛及地上法王，誑惑初機學人。凡此怪象皆是狂密，不同於眞密之修行者。近年狂密盛行，密宗行者被誤導者極眾，動輒自謂已證佛地眞如，自視爲究竟佛，陷於大妄語業中而不知自省，反謗顯宗眞修實證者之證量粗淺；或如義雲高與釋性圓…等人，於報紙上公然誹謗眞實證道者爲「騙子、無道人、人妖、癩蛤蟆…」等，造下誹謗大乘勝義僧之大惡業；或以外道法中有爲有作之甘露、魔術……等法，誑騙初機學人，狂言彼外道法爲眞佛法。如是怪象，在西藏密宗及附藏密之外道中，不一而足，舉之不盡，學人宜應愼思明辨，以免上當後又犯毀破菩薩戒之重罪。密宗學人若欲遠離邪知邪見者，請閱此書，即能了知密宗之邪謬，從此遠離邪見與邪修，轉入眞正之佛道。

平實導師著 共四輯 每輯約400頁（主文約340頁）每輯售價300元。

宗門正義—公案拈提第六輯：佛教有六大危機，乃是藏密化、世俗化、膚淺化、學術化、宗門密意失傳、悟後進修諸地之次第混淆；其中尤以宗門密意之失傳，爲當代佛教最大之危機。由宗門密意失傳故，易令世尊本懷普被錯解，易令世尊正法被轉易爲外道法，以及加以淺化、世俗化，是故宗門密意之廣泛弘傳與具緣佛弟子，極爲重要。然而欲令宗門密意之廣泛弘傳予具緣之佛弟子者，必須同時配合錯誤知見之解析、普令佛弟子知之，然後輔以公案解析之直示入處，方能令具緣之佛弟子悟入。而此二者，皆須以公案拈提之方式爲之，方易成其功、竟其業，是故平實導師續作宗門正義一書，以利學人。全書500餘頁，售價500元（2007年起，凡購買公案拈提第一輯至第七輯，每購一輯皆贈送本公司精製公案拈提〈超意境〉CD一片，市售價格280元，多購多贈）。

心經密意—心經與解脫道、佛菩提道、祖師公案之關係與密意。二乘菩提所證之解脫道，實依第八識心之斷除煩惱障現行而立解脫之名；大乘菩提所證之佛菩提道，實依親證第八識如來藏之涅槃性、清淨自性、及其中道性而立般若之名；禪宗祖師公案所證之眞心，即是此第八識如來藏；是故三乘佛法所修所證之三乘菩提，皆依此如來藏心而立名也。此第八識心，即是《心經》所說之心也。證得此如來藏已，即能漸入大乘佛菩提道，亦可因證知此心而了知二乘無學所不能知之無餘涅槃本際，是故《心經》之密意，與三乘佛菩提之關係極爲密切、不可分割，三乘佛法皆依此心而立名故。今者平實導師以其所證解脫道之無生智及佛菩提之般若種智，將《心經》與解脫道、佛菩提道、祖師公案之關係與密意，以演講之方式，用淺顯之語句和盤托出，發前人所未言，呈三乘菩提之眞義，令人藉此《心經密意》一舉而窺三乘菩提之堂奧，迴異諸方言不及義之說；欲求眞實佛智者、不可不讀！主文317頁，連同跋文及序文…等共384頁，售價300元。

宗門密意——公案拈提第七輯：佛教之世俗化，將導致學人以信仰作爲學佛，則將以感應及世間法之庇祐，作爲學佛之主要目標，不能了知學佛之主要目標爲親證三乘菩提。大乘菩提則以般若實相智慧爲主要修習目標，以二乘菩提解脫道爲附帶修習之標的；是故學習大乘法者，應以禪宗之證悟爲要務，能親入大乘菩提之實相般若智慧中故，般若實相智慧非二乘聖人所能知故。此書則以台灣世俗化佛教之三大法師，說法似是而非之實例，配合眞悟祖師之公案解析，提示證悟般若之關節，令學人易得悟入。平實導師著，全書五百餘頁，售價500元（2007年起，凡購買公案拈提第一輯至第七輯，每購一輯皆贈送本公司精製公案拈提〈超意境〉CD一片，市售價格280元，多購多贈）。

淨土聖道——兼評日本本願念佛：佛法甚深極廣，般若玄微，非諸二乘聖僧所能知之，一切凡夫更無論矣！所謂一切證量皆歸淨土是也！是故大乘法中「聖道之淨土、淨土之聖道」，其義甚深，難可了知；乃至眞悟之人，初心亦難知也。今有正德老師眞實證悟後，復能深探淨土與聖道之緊密關係，憐憫眾生之誤會淨土實義，亦欲利益廣大淨土行人同入聖道，同獲淨土中之聖道門要義，乃振奮心神、書以成文，今得刊行天下。主文279頁，連同序文等共301頁，總有十一萬六千餘字，正德老師著，成本價200元。

起信論講記：詳解大乘起信論**心生滅門**與**心眞如門**之眞實意旨，消除以往大師與學人對起信論所說**心生滅門**之誤解，由是而得了知眞心如來藏之非常非斷中道正理；亦因此一講解，令此論以往隱晦而被誤解之眞實義，得以如實顯示，令大乘佛菩提道之正理得以顯揚光大；初機學者亦可藉此正論所顯示之法義，對大乘法理生起正信，從此得以眞發菩提心，眞入大乘法中修學，世世常修菩薩正行。平實導師演述，共六輯，都已出版，每輯三百餘頁，售價250元。

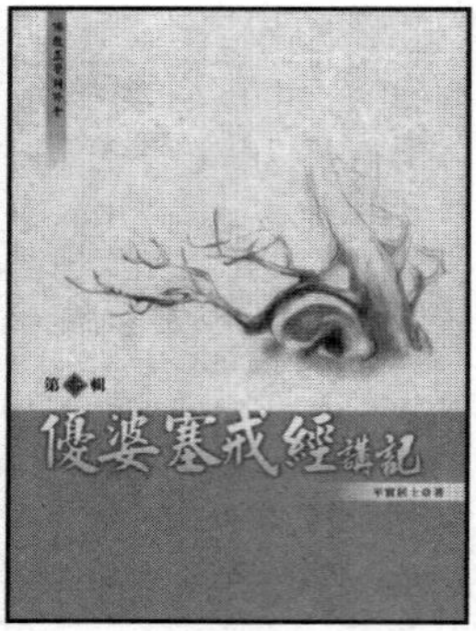

優婆塞戒經講記：本經詳述在家菩薩修學大乘佛法，應如何受持菩薩戒？對人間善行應如何看待？對三寶應如何護持？應如何正確地修集此世後世證法之福德？應如何修集後世「行菩薩道之資糧」？並詳述第一義諦之正義：五蘊非我非異我、自作自受、異作異受、不作不受……等深妙法義，乃是修學大乘佛法、行菩薩行之在家菩薩所應當了知者。出家菩薩今世或未來世登地已，捨報之後多數將如華嚴經中諸大菩薩，以在家菩薩身而修行菩薩行，故亦應以此經所述正理而修之，配合《楞伽經、解深密經、楞嚴經、華嚴經》等道次第正理，方得漸次成就佛道；故此經是一切大乘行者皆應證知之正法。平實導師講述，每輯三百餘頁，售價各250元；共八輯，已全部出版。

真假活佛—略論附佛外道盧勝彥之邪說：人人身中都有眞活佛，永生不滅而有大神用，但眾生都不了知，所以常被身外的西藏密宗假活佛籠罩欺瞞。本來就眞實存在的眞活佛，才是眞正的密宗無上密！諾那活佛因此而說禪宗是大密宗，但藏密的所有活佛都不知道、也不曾實證自身中的眞活佛。本書詳實宣示眞活佛的道理，舉證盧勝彥的「佛法」不是眞佛法，也顯示盧勝彥是假活佛，直接的闡釋第一義佛法見道的眞實正理。眞佛宗的所有上師與學人們，都應該詳細閱讀，包括盧勝彥個人在內。正犀居士著，優惠價140元。

阿含正義—唯識學探源：廣說四大部《阿含經》諸經中隱說之眞正義理，一一舉示佛陀本懷，令阿含時期初轉法輪根本經典之眞義，如實顯現於佛子眼前。並提示末法大師對於阿含眞義誤解之實例，一一比對之，證實唯識增上慧學確於原始佛法之阿含諸經中已隱覆密意而略說之，證實 世尊確於原始佛法中已曾密意而說第八識如來藏之總相；亦證實 世尊在四阿含中已說此藏識是名色十八界之因、之本—證明如來藏是能生萬法之根本心。佛子可據此修正以往受諸大師（譬如西藏密宗應成派中觀師：印順、昭慧、性廣、大願、達賴、宗喀巴、寂天、月稱、……等人）誤導之邪見，建立正見，轉入正道乃至親證初果而無困難；書中並詳說三果所證的**心解脫**，以及四果**慧解脫**的親證，都是如實可行的具體知見與行門。全書共七輯，已出版完畢。平實導師著，每輯三百餘頁，售價300元。

超意境CD：以平實導師公案拈提書中超越意境之頌詞，加上曲風優美的旋律，錄成令人嚮往的超意境歌曲，其中包括正覺發願文及平實導師親自譜成的黃梅調歌曲一首。詞曲雋永，殊堪翫味，可供學禪者吟詠，有助於見道。內附設計精美的彩色小冊，解說每一首詞的背景本事。每片280元。【每購買公案拈提書籍一冊，即贈送一片。】

鈍鳥與靈龜：鈍鳥及靈龜二物，被宗門證悟者說爲二種人：前者是精修禪定而無智慧者，也是以定爲禪的愚癡禪人；後者是或有禪定、或無禪定的宗門證悟者，凡已證悟者皆是靈龜。但後來被人虛造事實，用以嘲笑大慧宗杲禪師，說他雖是靈龜，卻不免被天童禪師預記「患背」痛苦而亡：「**鈍鳥離巢易，靈龜脫殼難。**」藉以貶低大慧宗杲的證量。同時將天童禪師實證如來藏的證量，曲解爲意識境界的離念靈知。自從大慧禪師入滅以後，錯悟凡夫對他的不實毀謗就一直存在著，不曾止息，並且捏造的假事實也隨著年月的增加而越來越多，終至編成「鈍鳥與靈龜」的假公案、假故事。本書是考證大慧與天童之間的不朽情誼，顯現這件假公案的虛妄不實；更見大慧宗杲面對惡勢力時的正直不阿，亦顯示大慧對天童禪師的至情深義，將使後人對大慧宗杲的誣謗至此而止，不再有人誤犯毀謗賢聖的惡業。書中亦舉證宗門的所悟確以第八識如來藏爲標的，詳讀之後必可改正以前被錯悟大師誤導的參禪知見，日後必定有助於實證禪宗的開悟境界，得階大乘眞見道位中，即是實證般若之賢聖。全書459頁，售價350元。

我的菩提路第一輯：凡夫及二乘聖人不能實證的佛菩提證悟，末法時代的今天仍然有人能得實證，由正覺同修會釋悟圓、釋善藏法師等二十餘位實證如來藏者所寫的見道報告，已爲當代學人見證宗門正法之絲縷不絕，證明大乘義學的法脈仍然存在，爲末法時代求悟般若之學人照耀出光明的坦途。由二十餘位大乘見道者所繕，敘述各種不同的學法、見道因緣與過程，參禪求悟者必讀。全書三百餘頁，售價300元。

我的菩提路第二輯：由郭正益老師等人合著，書中詳述彼等諸人歷經各處道場學法，一一修學而加以檢擇之不同過程以後，因閱讀正覺同修會、正智出版社書籍而發起抉擇分，轉入正覺同修會中修學；乃至學法及見道之過程，都一一詳述之。其中張志成等人係由前現代禪轉進正覺同修會，張志成原爲現代禪副宗長，以前未閱本會書籍時，曾被人藉其名義著文評論 平實導師（詳見《宗通與說通》辨正及《眼見佛性》書末附錄…等）；後因偶然接觸正覺同修會書籍，深覺以前聽人評論平實導師之語不實，於是投入極多時間閱讀本會書籍、深入思辨，詳細探索中觀與唯識之關聯與異同，認爲正覺之法義方是正法，深覺相應；亦解開多年來對佛法的迷雲，確定應依八識論正理修學方是正法。乃不顧面子，毅然前往正覺同修會面見平實導師懺悔，並正式學法求悟。今已與其同修王美伶（亦爲前現代禪傳法老師），同樣證悟如來藏而證得法界實相，生起實相般若眞智。此書中尚有七年來本會第一位眼見佛性者之見性報告一篇，一同供養大乘佛弟子。全書共四百頁，售價300元。

我的菩提路第三輯：由王美伶老師等人合著。自從正覺同修會成立以來，每年夏初、冬初都舉辦精進禪三共修，藉以助益會中同修們得以證悟明心發起般若實相智慧；凡已實證而被平實導師印證者，皆書具見道報告用以證明佛法之眞實可證而非玄學，證明佛法並非純屬思想、理論而無實質，是故每年都能有人證明正覺同修會的「實證佛教」主張並非虛語。特別是眼見佛性一法，自古以來中國禪宗祖師實證者極寡，較之明心開悟的證境更難令人信受；至2017年初，正覺同修會中的證悟明心者已近五百人，然而其中眼見佛性者至今唯十餘人爾，可謂難能可貴，是故明心後欲冀眼見佛性者實屬不易。黃正倖老師是懸絕七年無人見性後的第一人，她於2009年的見性報告刊於本書的第二輯中，爲大眾證明佛性確實可以眼見；其後七年之中求見性者都屬解悟佛性而無人眼見，幸而又經七年後的2016冬初，以及2017夏初的禪三，復有三人眼見佛性，希冀鼓舞四眾佛子求見佛性之大心，今則具載一則於書末，顯示求見佛性之事實經歷，供養現代佛教界欲得見性之四眾弟子。全書四百頁，售價300元，預定2017年6月30日發行。

維摩詰經講記：本經係 世尊在世時，由等覺菩薩維摩詰居士藉疾病而演說之大乘菩提無上妙義，所說函蓋甚廣，然極簡略，是故今時諸方大師與學人讀之悉皆錯解，何況能知其中隱含之深妙正義，是故普遍無法爲人解說；若強爲人說，則成依文解義而有諸多過失。今由平實導師公開宣講之後，詳實解釋其中密意，令維摩詰菩薩所說大乘不可思議解脫之深妙正法得以正確宣流於人間，利益當代學人及與諸方大師。書中詳實演述大乘佛法深妙不共二乘之智慧境界，顯示諸法之中絕待之實相境界，建立大乘菩薩妙道於永遠不敗不壞之地，以此成就護法偉功，欲冀永利娑婆人天。已經宣講圓滿整理成書流通，以利諸方大師及諸學人。全書共六輯，每輯三百餘頁，售價各250元。

真假外道：本書具體舉證佛門中的常見外道知見實例，並加以教證及理證上的辨正，幫助讀者輕鬆而快速的了知常見外道的錯誤知見，進而遠離佛門內外的常見外道知見，因此即能改正修學方向而快速實證佛法。游正光老師著。成本價200元。

勝鬘經講記：如來藏爲三乘菩提之所依，若離如來藏心體及其含藏之一切種子，即無三界有情及一切世間法，亦無二乘菩提緣起性空之出世間法；本經詳說無始無明、一念無明皆依如來藏而有之正理，藉著詳解煩惱障與所知障間之關係，令學人深入了知二乘菩提與佛菩提相異之妙理；聞後即可了知佛菩提之特勝處及三乘修道之方向與原理，邁向攝受正法而速成佛道的境界中。平實導師講述，共六輯，每輯三百餘頁，售價各250元。

楞嚴經講記：楞嚴經係密教部之重要經典，亦是顯教中普受重視之經典；經中宣說明心與見性之內涵極爲詳細，將一切法都會歸如來藏及佛性—妙眞如性；亦闡釋佛菩提道修學過程中之種種魔境，以及外道誤會涅槃之狀況，旁及三界世間之起源。然因言句深澀難解，法義亦復深妙寬廣，學人讀之普難通達，是故讀者大多誤會，不能如實理解佛所說之明心與見性內涵，亦因是故多有悟錯之人引爲開悟之證言，成就大妄語罪。今由平實導師詳細講解之後，整理成文，以易讀易懂之語體文刊行天下，以利學人。全書十五輯，全部出版完畢。每輯三百餘頁，售價每輯300元。

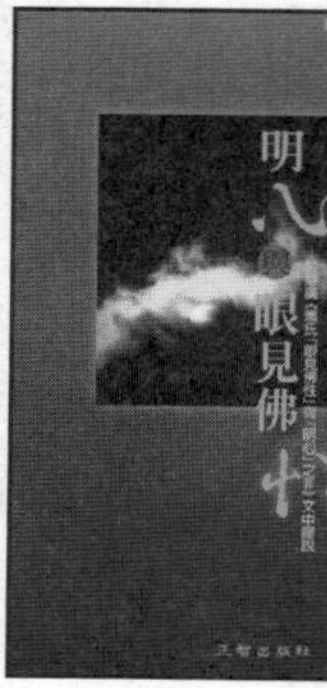

明心與眼見佛性：本書細述明心與眼見佛性之異同，同時顯示了中國禪宗破初參明心與重關眼見佛性二關之間的關聯；書中又藉法義辨正而旁述其他許多勝妙法義，讀後必能遠離佛門長久以來積非成是的錯誤知見，令讀者在佛法的實證上有極大助益。也藉慧廣法師的謬論來教導佛門學人回歸正知正見，遠離古今禪門錯悟者所墮的意識境界，非唯有助於斷我見，也對未來的開悟明心實證第八識如來藏有所助益，是故學禪者都應細讀之。游正光老師著　共448頁　售價300元。

菩薩底憂鬱CD將菩薩情懷及禪宗公案寫成新詞，並製作成超越意境的優美歌曲。1.主題曲〈菩薩底憂鬱〉，描述地後菩薩能離三界生死而迴向繼續生在人間，但因尚未斷盡習氣種子而有極深沈之憂鬱，非三賢位菩薩及二乘聖者所知，此憂鬱在七地滿心位方才斷盡；本曲之詞中所說義理極深，昔來所未曾見；此曲係以優美的情歌風格寫詞及作曲，聞者得以激發嚮往諸地菩薩境界之大心，詞、曲都非常優美，難得一見；其中勝妙義理之解說，已印在附贈之彩色小冊中。2.以各輯公案拈提中直示禪門入處之頌文，作成各種不同曲風之超意境歌曲，值得玩味、參究；聆聽公案拈提之優美歌曲時，請同時閱讀內附之印刷精美說明小冊，可以領會超越三界的證悟境界；未悟者可以因此引發求悟之意向及疑情，眞發菩提心而邁向求悟之途，乃至因此眞實悟入般若，成眞菩薩。3.正覺總持咒新曲，總持佛法大意；總持咒之義理，已加以解說並印在隨附之小冊中。本CD共有十首歌曲，長達63分鐘，附贈二張購書優惠券。每片280元。

禪意無限CD平實導師以公案拈提書中偈頌寫成不同風格曲子，與他人所寫不同風格曲子共同錄製出版，幫助參禪人進入禪門超越意識之境界。盒中附贈彩色印製的精美解說小冊，以供聆聽時閱讀，令參禪人得以發起參禪之疑情，即有機會證悟本來面目，實證大乘菩提般若。本CD共有十首歌曲，長達69分鐘，每盒各附贈二張購書優惠券。每片280元。

金剛經宗通：三界唯心，萬法唯識，是成佛之修證內容，是諸地菩薩之所修；般若則是成佛之道（實證三界唯心、萬法唯識）的入門，若未證悟實相般若，即無成佛之可能，必將永在外門廣行菩薩六度，永在凡夫位中。然而實相般若的發起，全賴實證萬法的實相；若欲證知萬法的眞相，則必須探究萬法之所從來，則須實證自心如來—金剛心如來藏，然後現觀這個金剛心的金剛性、眞實性、如如性、清淨性、涅槃性、能生萬法的自性性、本住性，名爲證眞如；進而現觀三界六道唯是此金剛心所成，人間萬法須藉八識心王和合運作方能現起。如是實證《華嚴經》的「三界唯心、萬法唯識」以後，由此等現觀而發起實相般若智慧，繼續進修第十住位的如幻觀、第十行位的陽焰觀、第十迴向位的如夢觀，再生起增上意樂而勇發十無盡願，方能滿足三賢位的實證，轉入初地；自知成佛之道而無偏倚，從此按部就班、次第進修乃至成佛。第八識自心如來是般若智慧之所依，般若智慧的修證則要從實證金剛心自心如來開始；《金剛經》則是解說自心如來之經典，是一切三賢位菩薩所應進修之實相般若經典。這一套書，是將平實導師宣講的《金剛經宗通》內容，整理成文字而流通之；書中所說義理，迴異古今諸家依文解義之說，指出大乘見道方向與理路，有益於禪宗學人求開悟見道，及轉入內門廣修六度萬行。講述完畢後結集出版，總共9輯，每輯約三百餘頁，售價各250元。

空行母——性別、身分定位，以及藏傳佛教：本書作者為蘇格蘭哲學家，因為嚮往佛教深妙的哲學內涵，於是進入當年盛行於歐美的假藏傳佛教密宗，擔任卡盧仁波切的翻譯工作多年以後，被邀請成為卡盧的空行母（又名佛母、明妃），開始了她在密宗裡的實修過程；後來發覺在密宗雙身法中的修行，其實無法使自己成佛，也發覺密宗對女性岐視而處處貶抑，並剝奪女性在雙身法中擔任一半角色時應有的身分定位。當她發覺自己只是雙身法中被喇嘛利用的工具，沒有獲得絲毫應有的尊重與基本定位時，發現了密宗的父權社會控制女性的本質；於是作者傷心地離開了卡盧仁波切與密宗，但是卻被恐嚇不許講出她在密宗裡的經歷，也不許她說出自己對密宗的教義與教制下對女性剝削的本質，否則將被咒殺死亡。後來她去加拿大定居，十餘年後方才擺脫這個恐嚇陰影，下定決心將親身經歷的實情及觀察到的事實寫下來並且出版，公諸於世。出版之後，她被流亡的達賴集團人士大力攻訐，誣指她為精神狀態失常、說謊……等。但有智之士並未被達賴集團的政治操作及各國政府政治運作吹捧達賴的表相所欺，使她的書銷售無阻而又再版。正智出版社鑑於作者此書是親身經歷的事實，所說具有針對「藏傳佛教」而作學術研究的價值，也有使人認清假藏傳佛教剝削佛母、明妃的男性本位實質，因此洽請作者同意中譯而出版於華人地區。珍妮·坎貝爾女士著，呂艾倫 中譯，每冊250元。

霧峰無霧——給哥哥的信：本書作者藉兄弟之間信件往來論義，略述佛法大義；並以多篇短文辨義，舉出釋印順對佛法的無量誤解證據，並一一給予簡單而清晰的辨正，令人一讀即知。久讀、多讀之後即能認清楚釋印順的六識論見解，與眞實佛法之牴觸是多麼嚴重；於是在久讀、多讀之後，於不知不覺之間提升了對佛法的極深入理解，正知正見就在不知不覺間建立起來了。當三乘佛法的正知見建立起來之後，對於三乘菩提的見道條件便將隨之具足，於是聲聞解脫道的見道也就水到渠成；接著大乘見道的因緣也將次第成熟，未來自然也會有親見大乘菩提之道的因緣，悟入大乘實相般若也將自然成功，自能通達般若系列諸經而成實義菩薩。作者居住於南投縣霧峰鄉，自喻見道之後不復再見霧峰之霧，故鄉原野美景一一明見，於是立此書名為《霧峰無霧》；讀者若欲撥霧見月，可以此書為緣。游宗明 老師著 售價250元。

假藏傳佛教的神話—性、謊言、喇嘛教：本書編著者是由一首名叫「阿姊鼓」的歌曲爲緣起，展開了序幕，揭開假藏傳佛教—喇嘛教—的神祕面紗。其重點是蒐集、摘錄網路上質疑「喇嘛教」的帖子，以揭穿「假藏傳佛教的神話」爲主題，串聯成書，並附加彩色插圖以及說明，讓讀者們瞭解西藏密宗及相關人事如何被操作爲「神話」的過程，以及神話背後的眞相。作者：張正玄教授。售價200元。

達賴真面目—玩盡天下女人：假使您不想戴綠帽子，請記得詳細閱讀此書；假使您不想讓好朋友戴綠帽子，請您將此書介紹給您的好朋友。假使您想保護家中的女性，也想要保護好朋友的女眷，請記得將此書送給家中的女性和好友的女眷都來閱讀。本書爲印刷精美的大本彩色中英對照精裝本，爲您揭開達賴喇嘛的眞面目，內容精彩不容錯過，爲利益社會大眾，特別以優惠價格嘉惠所有讀者。編著者：白志偉等。大開版雪銅紙彩色精裝本。售價800元。

喇嘛性世界—揭開假藏傳佛教譚崔瑜伽的面紗：這個世界中的喇嘛，號稱來自世外桃源的香格里拉，穿著或紅或黃的喇嘛長袍，散布於我們的身邊傳教灌頂，吸引了無數的人嚮往學習；這些喇嘛虔誠地爲大眾祈福，手中拿著寶杵（金剛）與寶鈴（蓮花），口中唸著咒語：「唵．嘛呢．叭咪．吽……」，咒語的意思是說：「我至誠歸命金剛杵上的寶珠伸向蓮花寶穴之中」！「喇嘛性世界」是什麼樣的「世界」呢？本書將爲您呈現喇嘛世界的面貌。當您發現眞相以後，您將會唸：「噢！喇嘛．性．世界，譚崔性交嘛！」作者：張善思、呂艾倫。售價200元。

末代達賴——性交教主的悲歌：簡介從藏傳僞佛教（喇嘛教）的修行核心——性力派男女雙修，探討達賴喇嘛及藏傳僞佛教的修行內涵。書中引用外國知名學者著作、世界各地新聞報導，包含：歷代達賴喇嘛的祕史、達賴六世修雙身法的事蹟，以及《時輪續》中的性交灌頂儀式……等；達賴喇嘛書中開示的雙修法、達賴喇嘛的黑暗政治手段；達賴喇嘛所領導的寺院爆發喇嘛性侵兒童；新聞報導《西藏生死書》作者索甲仁波切性侵女信徒、澳洲喇嘛秋達公開道歉、美國最大假藏傳佛教組織領導人邱陽創巴仁波切的性氾濫；等等事件背後眞相的揭露。作者：張善思、呂艾倫、辛燕。售價250元。

第七意識與第八意識？——穿越時空「超意識」：「三界唯心，萬法唯識」是佛教中應該實證的聖教，也是《華嚴經》中明載而可以實證的法界實相。唯心者，三界一切境界、一切諸法唯是一心所成就，即是每一個有情的第八識如來藏，不是意識心。唯識者，即是人類各各都具足的八識心王——眼識、耳鼻舌身意識、意根、阿賴耶識，第八阿賴耶識又名如來藏，人類五陰相應的萬法，莫不由八識心王共同運作而成就，故說萬法唯識。依聖教量及現量、比量，都可以證明意識是二法因緣生，是由第八識藉意根與法塵二法爲因緣而出生，又是夜夜斷滅不存之生滅心，即無可能反過來出生第七識意根、第八識如來藏，當知不可能從生滅性的意識心中，細分出恆審思量的第七識意根，更無可能細分出恆而不審的第八識如來藏。本書是將演講內容整理成文字，細說如是內容，並已在〈正覺電子報〉連載完畢，今彙集成書以廣流通，欲幫助佛門有緣人斷除意識我見，跳脫於識陰之外而取證聲聞初果；嗣後修學禪宗時即得不墮外道神我之中，得以求證第八識金剛心而發起般若實智。平實導師 述，每冊300元。

黯淡的達賴—失去光彩的諾貝爾和平獎：本書舉出很多證據與論述，詳述達賴喇嘛不爲世人所知的一面，顯示達賴喇嘛並不是眞正的和平使者，而是假借諾貝爾和平獎的光環來欺騙世人；透過本書的說明與舉證，讀者可以更清楚的瞭解，達賴喇嘛是結合暴力、黑暗、淫欲於喇嘛教裡的集團首領，其政治行爲與宗教主張，早已讓諾貝爾和平獎的光環染污了。　本書由財團法人正覺教育基金會寫作、編輯，由正覺出版社印行，每冊250元。

童女迦葉考—論呂凱文〈佛教輪迴思想的論述分析〉之謬：童女迦葉是佛世率領五百大比丘遊行於人間的歷史事實，是以童貞行而依止菩薩戒弘化於人間的大菩薩，不依別解脫戒（聲聞戒）來弘化於人間。這是大乘佛教與聲聞佛教同時存在於佛世的歷史明證，證明大乘佛教不是從聲聞法中分裂出來的部派佛教的產物，卻是聲聞佛教分裂出來的部派佛教聲聞凡夫僧所不樂見的史實；於是古今聲聞法中的凡夫都欲加以扭曲而作詭說，更是末法時代高聲大呼「大乘非佛說」的六識論聲聞凡夫極力想要扭曲的佛教史實之一，於是想方設法扭曲迦葉菩薩爲聲聞僧，以及扭曲迦葉童女爲比丘僧等荒謬不實之論著便陸續出現，古時聲聞僧寫作的《分別功德論》是最具體之事例，現代之代表作則是呂凱文先生的〈佛教輪迴思想的論述分析〉論文。鑑於如是假藉學術考證以籠罩大眾之不實謬論，未來仍將繼續造作及流竄於佛教界，繼續扼殺大乘佛教學人法身慧命，必須舉證辨正之，遂成此書。平實導師 著，每冊180元。

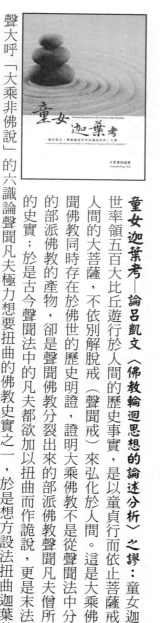

人間佛教—實證者必定不悖三乘菩提：「大乘非佛說」的講法似乎流傳已久，卻只是日本人企圖擺脫中國正統佛教的影響，而在明治維新時期才開始提出來的說法；台灣佛教、大陸佛教的淺學無智之人，由於未曾實證佛法而迷信日本人錯誤的學術考證，錯認爲這些別有用心的日本佛學考證的講法爲天竺佛教的眞實歷史；甚至還有更激進的反對佛教者提出「釋迦牟尼佛並非眞實存在，只是後人捏造的假歷史人物」，竟然也有少數人願意跟著「學術」的假光環而信受不疑，於是開始有一些佛教界人士造作了反對中國佛教而推崇南洋小乘佛教的行爲，使佛教的信仰者難以檢擇，導致一般大陸人士開始轉入基督教的盲目迷信中。在這些佛教及外教人士之中，也就有一分人根據此邪說而大聲主張「大乘非佛說」的謬論，這些人以「人間佛教」的名義來抵制中國正統佛教，公然宣稱中國的大乘佛教是由聲聞部派佛教的凡夫僧所創造出來的。這樣的說法流傳於台灣及大陸佛教界凡夫僧之中已久，卻非眞正的佛教歷史中曾經發生過的事，只是繼承六識論的聲聞法中凡夫僧依自己的意識境界立場，純憑臆想而編造出來的妄想說法，卻已經影響許多無智之凡夫僧俗信受不移。本書則是從佛教的經藏法義實質及實證的現量內涵本質立論，證明大乘佛法本是佛說，是從《阿含正義》尚未說過的不同面向來討論「人間佛教」的議題，證明「大乘眞佛說」。閱讀本書可以斷除六識論邪見，迴入三乘菩提正道發起實證的因緣；也能斷除禪宗學人學禪時普遍存在之錯誤知見，對於建立參禪時的正知見有很深的著墨。平實導師 述，內文488頁，全書528頁，定價400元。

見性與看話頭：黃正倖老師的《見性與看話頭》於《正覺電子報》連載完畢，今集結出版。書中詳說禪宗看話頭的詳細方法，並細說看話頭與眼見佛性的關係，以及眼見佛性者求見佛性前必須具備的條件。本書是禪宗實修者追求明心開悟時參禪的方法書，也是求見佛性者作功夫時必讀的方法書，內容兼顧眼見佛性的理論與實修之方法，是依實修之體驗配合理論而詳述，條理分明而且極爲詳實、周全、深入。本書內文375頁，全書416頁，售價300元。

中觀金鑑—**詳述應成派中觀的起源與其破法本質**：學佛人往往迷於中觀學派之不同學說，被應成派與自續派所迷惑；修學般若中觀二十年後自以爲實證般若中觀了，卻仍不曾入門，甫聞實證般若中觀者之所說，則茫無所知，迷惑不解；隨後信心盡失，不知如何實證佛法；凡此，皆因惑於這二派中觀學說所致。自續派中觀所說同於常見，以意識境界立爲第八識如來藏之境界，應成派所說則同於斷見，但又同立意識爲常住法，故亦具足斷常二見。今者孫正德老師有鑑於此，乃將起源於密宗的應成派中觀學說，追本溯源，詳考其來源之外，亦一一舉證其立論內容，詳加辨正，令密宗雙身法祖師以識陰境界而造之應成派中觀學說本質，詳細呈現於學人眼前，令其維護雙身法之目的無所遁形。若欲遠離密宗此二大派中觀謬說，欲於三乘菩提有所進道者，允宜具足閱讀並細加思惟，反覆讀之以後將可捨棄邪道返歸正道，則於般若之實證即有可能，證後自能現觀如來藏之中道境界而成就中觀。本書分上、中、下三冊，每冊250元，已全部出版完畢。

真心告訴您（一）—**達賴喇嘛在幹什麼？**這是一本報導篇章的選集，更是「破邪顯正」的暮鼓晨鐘。「破邪」是戳破假象，說明達賴喇嘛及其所率領的密宗四大派法王、喇嘛們，弘傳的佛法是仿冒的佛法；他們是假藏傳佛教，是坦特羅（譚崔性交）外道法和藏地崇奉鬼神的苯教混合成的「喇嘛教」，推廣的是以所謂「無上瑜伽」的男女雙身法冒充佛法的假佛教，詐財騙色誤導眾生，常常造成信徒家庭破碎、家中兒少失怙的嚴重後果。「顯正」是揭櫫眞相，指出眞正的藏傳佛教只有一個，就是覺囊巴，傳的是 釋迦牟尼佛演繹的第八識如來藏妙法，稱爲他空見大中觀。正覺教育基金會即以此古今輝映的如來藏正法正知見，在眞心新聞網中逐次報導出來，將箇中原委「眞心告訴您」，如今結集成書，與想要知道密宗眞相的您分享。售價250元。

實相經宗通：學佛之目的在於實證一切法界背後之實相，禪宗稱之爲本來面目或本地風光，佛菩提道中稱之爲實相法界；此實相法界即是金剛藏，又名佛法之祕密藏，即是能生有情五陰、十八界及宇宙萬有（山河大地、諸天、三惡道世間）的第八識如來藏，又名阿賴耶識心，即是禪宗祖師所說的眞如心，此心即是三界萬有背後的實相。證得此第八識心時，自能瞭解般若諸經中隱說的種種密意，即得發起實相般若——實相智慧。每見學佛人修學佛法二十年後仍對實相般若茫然無知，亦不知如何入門，茫無所趣；更因不知三乘菩提的互異互同，是故越是久學者對佛法越覺茫然，都肇因於尚未瞭解佛法的全貌，亦未瞭解佛法的修證內容即是第八識心所致。本書對於修學佛法者所應實證的實相境界提出明確解析，並提示趣入佛菩提道的入手處，有心親證實相般若的佛法實修者，宜詳讀之，於佛菩提道之實證即有下手處。平實導師述著，共八輯，全部出版完畢，每輯成本價250元。

法華經講義：此書爲平實導師始從2009/7/21演述至2014/1/14之講經錄音整理所成。世尊一代時教，總分五時三教，即是華嚴時、聲聞緣覺教、般若教、種智唯識教、法華時；依此五時三教區分爲藏、通、別、圓四教。本經是最後一時的圓教經典，圓滿收攝一切法教於本經中，是故最後的圓教聖訓中，特地指出無有三乘菩提，其實唯有一佛乘；皆因眾生愚迷故，方便區分爲三乘菩提以助眾生證道。世尊於此經中特地說明如來示現於人間的唯一大事因緣，便是爲有緣眾生「開、示、悟、入」諸佛的所知所見——第八識如來藏妙眞如心，並於諸品中隱說「妙法蓮花」如來藏心的密意。然因此經所說甚深難解，眞義隱晦，古來難得有人能窺堂奧；平實導師以知如是密意故，特爲末法佛門四眾演述《妙法蓮華經》中各品蘊含之密意，使古來未曾被古德註解出來的「此經」密意，如實顯示於當代學人眼前。乃至〈藥王菩薩本事品〉、〈妙音菩薩品〉、〈觀世音菩薩普門品〉、〈普賢菩薩勸發品〉中的微細密意，亦皆一併詳述之，開前人所未曾言之密意，示前人所未見之妙法。最後乃至以〈法華大意〉而總其成，全經妙旨貫通始終，而依佛旨圓攝於一心如來藏妙心，厥爲曠古未有之大說也。平實導師述　已於2015/5/31起出版第一輯，每兩個月出版一輯，共有25輯。每輯300元。

西藏「活佛轉世」制度—附佛、造神、世俗法：歷來關於喇嘛教活佛轉世的研究，多針對歷史及文化兩部分，於其所以成立的理論基礎，較少系統化的探討。尤其是此制度是否依據「佛法」而施設？是否合乎佛法眞實義？現有的文獻大多含糊其詞，或人云亦云，不曾有明確的闡釋與如實的見解。因此本文先從活佛轉世的由來，探索此制度的起源、背景與功能，並進而從活佛的尋訪與認證之過程，發掘活佛轉世的特徵，以確認「活佛轉世」在佛法中應具足何種果德。定價150元。

真心告訴您(二)—達賴喇嘛是佛教僧侶嗎？補祝達賴喇嘛八十大壽：這是一本針對當今達賴喇嘛所領導的喇嘛教，冒用佛教名相、於師徒間或師兄姊間，實修男女邪淫，而從佛法三乘菩提的現量與聖教量，揭發其謊言與邪術，證明達賴及其喇嘛教是仿冒佛教的外道，是「假藏傳佛教」。藏密四大派教義雖有「八識論」與「六識論」的表面差異，然其實修之內容，皆共許「無上瑜伽」四部灌頂爲究竟「成佛」之法門，也就是共以男女雙修之邪淫法爲「即身成佛」之密要，雖美其名曰「欲貪爲道」之「金剛乘」，並誇稱其成就超越於（應身佛）釋迦牟尼佛所傳之顯教般若乘之上；然詳考其理論，則或以意識離念時之粗細心爲第八識如來藏，或以中脈裡的明點爲第八識如來藏，或如宗喀巴與達賴堅決主張第六意識爲常恆不變之眞心者，分別墮於外道之常見與斷見中；全然違背　佛說能生五蘊之如來藏的實質。售價300元。

修習止觀坐禪法要講記：修學四禪八定之人，往往錯會禪定之修學知見，欲以無止盡之坐禪而證禪定境界，卻不知修除性障之行門才是修證四禪八定不可或缺之要素，故智者大師云「性障初禪」；性障不除，初禪永不現前，云何修證二禪等？又：行者學定，若唯知數息，而不解六妙門之方便善巧者，欲求一心入定，極難可得，智者大師名之爲「事障未來」：障礙未到地定之修證。又禪定之修證，不可違背二乘菩提及第一義法，否則縱使具足四禪八定，亦不能實證涅槃而出三界。此諸知見，智者大師於《修習止觀坐禪法要》中皆有闡釋。作者平實導師以其第一義之見地及禪定之實證證量，曾加以詳細解析。將俟正覺寺竣工啓用後重講，不限制聽講者資格；講後將以語體文整理出版。欲修習世間定及增上定之學者，宜細讀之。平實導師述著。

解深密經講記：本經係　世尊晚年第三轉法輪，宣說地上菩薩所應熏修之唯識正義經典，經中所說義理乃是大乘一切種智增上慧學，以阿陀那識—如來藏—阿賴耶識爲主體。禪宗之證悟者，若欲修證初地無生法忍乃至八地無生法忍者，必須修學《楞伽經、解深密經》所說之八識心王一切種智；此二經所說正法，方是眞正成佛之道；印順法師否定如來藏之後所說萬法緣起性空之法，是以誤會後之二乘解脫道取代大乘眞正成佛之道，亦已墮於斷滅見中，不可謂爲成佛之道也。平實導師曾於本會郭故理事長往生時，於喪宅中從初七至第十七，宣講圓滿，作爲郭老之往生佛事功德，迴向郭老早證八地、速返娑婆住持正法；茲爲今時後世學人故，將擇期重講《解深密經》，以淺顯之語句講畢後將會整理成文，用供證悟者進道；亦令諸方未悟者，據此經中佛語正義，修正邪見，依之速能入道。平實導師述著，全書輯數未定，每輯三百餘頁，將於未來重講完畢後逐輯出版。

佛法入門：學佛人往往修學二十年後仍不知如何入門，茫無所入漫無方向，不知如何實證佛法；更因不知三乘菩提的互異互同之處，導致越是久學者越覺茫然，都是肇因於尚未瞭解佛法的全貌所致。本書對於佛法的全貌提出明確的輪廓，並說明三乘菩提的異同處，讀後即可輕易瞭解佛法全貌，數日內即可明瞭三乘菩提入門方向與下手處。○○菩薩著　出版日期未定。

阿含講記—小乘解脫道之修證：數百年來，南傳佛法所說證果之不實，所說解脫道之虛妄，所弘解脫道法義之世俗化，皆已少人知之；從南洋傳入台灣與大陸之後，所說法義虛謬之事，亦復少人知之；今時台灣全島印順系統之法師居士，多不知南傳佛法數百年來所說解脫道之義理已然偏斜、已然世俗化、已非眞正之二乘解脫正道，猶極力推崇與弘揚。彼等南傳佛法近代所謂之證果者多非眞實證果者，譬如阿迦曼、葛印卡、帕奧禪師、一行禪師……等人，悉皆未斷我見故。近年更有台灣南部大願法師，高抬南傳佛法之二乘修證行門爲「捷徑究竟解脫之道」者，然而南傳佛法縱使眞修實證，得成阿羅漢，至高唯是二乘菩提解脫之道，絕非**究竟**解脫，無餘涅槃中之實際尚未得證故，法界之實相尚未了知故，習氣種子待除故，一切種智未實證故，焉得謂爲「究竟解脫」？即使南傳佛法近代眞有實證之阿羅漢，尚且不及三賢位中之七住明心菩薩本來自性清淨涅槃智慧境界，不知此賢位菩薩所證之無餘涅槃實際，仍非大乘佛法中之見道者，何況普未實證聲聞果乃至未斷我見之人？謬充證果已屬逾越，更何況是誤會二乘菩提之後，以未斷我見之凡夫知見所說之二乘菩提解脫偏斜法道，焉可高抬爲「究竟解脫」？而且自稱「捷徑之道」？又妄言解脫之道即是成佛之道，完全否定般若實智、否定三乘菩提所依之如來藏心體，此理大大不通也！平實導師爲令修學二乘菩提欲證解脫果者，普得迴入二乘菩提正見、正道中，是故選錄四阿含諸經中，對於二乘解脫道法義有具足圓滿說明之經典，預定未來十年內將會加以詳細講解，令學佛人得以了知二乘解脫道之修證理路與行門，庶免被人誤導之後，未證言證，干犯道禁，成大妄語，欲升反墮。本書首重斷除我見，以助行者斷除我見而實證初果爲著眼之目標，若能根據此書內容，配合平實老師所著《識蘊眞義》《阿含正義》內涵而作實地觀行，實證初果非爲難事，行者可以藉此三書自行確認聲聞初果爲實際可得現觀成就之事。此書中除依二乘經典所說加以宣示外，亦依斷除我見等之證量，及大乘法中道種智之證量，對於意識心之體性加以細述，令諸二乘學人必定得斷我見、常見，免除三縛結之繫縛。次則宣示斷除我執之理，欲令升進而得薄貪瞋痴，乃至斷五下分結…等。平實導師述，共二冊，每冊三百餘頁。每輯300元。

總經銷： 飛鴻 國際行銷股份有限公司

231 新北市新店市中正路 501 之 9 號 2 樓

Tel.02－82186688（五線代表號） Fax.02-82186458、82186459

零售：1.**全台連鎖經銷書局：**

三民書局、誠品書局、何嘉仁書店

敦煌書店、紀伊國屋、金石堂書局、建宏書局

2.**台北市：**佛化人生 羅斯福路 3 段 325 號 6 樓之 4 台電大樓對面

3.**新北市：**春大地書店 **蘆洲**中正路 117 號

4.**桃園市縣：**誠品書局 **桃園市**中正路 20 號遠東百貨地下室一樓

金石堂 **桃園市**大同路 24 號 金石堂 **桃園**八德市介壽路 1 段 987 號

諾貝爾圖書城 **桃園市**中正路 56 號地下室 御書堂 **龍潭**中正路 123 號

墊腳石文化書店 **中壢市**中正路 89 號

5.**新竹市縣：**大學書局 **新竹**建功路 10 號 誠品書局 **新竹**東區信義街 68 號

誠品書局 新竹東區中央路 229 號 5 樓 誠品書局 **新竹**東區力行二路 3 號

墊腳石文化書店 **新竹**中正路 38 號

6.**台中市：** 瑞成書局、各大連鎖書店。

詠春書局 台中市永春東路 884 號 文春書局 **霧峰**中正路 1087 號

7.**彰化市縣：**心泉佛教流通處 **彰化市**南瑤路 286 號

員林鎮：墊腳石圖書文化廣場 中山路 2 段 49 號（04-8338485）

8.**台南市：**博大書局 **新營**三民路 128 號

藝美書局 **善化**中山路 436 號 宏欣書局 **佳里**光復路 214 號

9.**高雄市：**各大連鎖書店、**瑞成**書局

政大書城 **三民區**明仁路 161 號 政大書城 **苓雅區**光華路 148-83 號

明儀書局 **三民區**明福街 2 號 明儀書局 三多四路 63 號

青年書局 青年一路 141 號

10.**宜蘭縣市：**金隆書局 宜蘭市中山路 3 段 43 號

宋太太梅鋪 羅東鎮中正北路 101 號（039-534909）

11.**台東市：**東普佛教文物流通處 台東市博愛路 282 號

12.**其餘鄉鎮市經銷書局：**請電詢總經銷**飛鴻**公司。

13.**大陸地區請洽：**

香港：樂文書店

旺角店 :香港九龍旺角西洋菜街 62 號 3 樓

電話 :(852) 2390 3723 email: luckwinbooks@gmail.com

銅鑼灣店 :香港銅鑼灣駱克道 506 號 2 樓

電話 :(852) 2881 1150 email: luckwinbs@gmail.com

廈門：廈門外圖臺灣書店有限公司

地址：廈門市思明區湖濱南路809 號 廈門外圖書城3 樓 郵編：361004

電話：0592-5061658（臺灣地區請撥打 86-592-5061658）

E-mail：JKB118＠188.COM

14.**美國：世界日報圖書部：**紐約圖書部　電話 7187468889#6262
洛杉磯圖書部　電話 3232616972#202

15.**國內外地區網路購書：**

正智出版社 書香園地　http://books.enlighten.org.tw/
（書籍簡介、直接聯結下列網路書局購書）

三民 網路書局　http://www.Sanmin.com.tw

誠品 網路書局　http://www.eslitebooks.com

博客來 網路書局　http://www.books.com.tw

金石堂 網路書局　http://www.kingstone.com.tw

飛鴻 網路書局　http://fh6688.com.tw

附註：1.請儘量向各經銷書局購買：郵政劃撥需要十天才能寄到（本公司在您劃撥後第四天才能接到劃撥單，次日寄出後第四天您才能收到書籍，此八天中一定會遇到週休二日，是故共需十天才能收到書籍）若想要早日收到書籍者，請劃撥完畢後，將劃撥收據貼在紙上，旁邊寫上您的姓名、住址、郵區、電話、買書詳細內容，直接傳眞到本公司 02-28344822，並來電 02-28316727、28327495 確認是否已收到您的傳眞，即可提前收到書籍。 2.因台灣每月皆有五十餘種宗教類書籍上架，書局書架空間有限，故唯有新書方有機會上架，通常每次只能有一本新書上架；本公司出版新書，大多上架不久便已售出，若書局未再叫貨補充者，書架上即無新書陳列，則請直接向書局櫃台訂購。 3.若書局不便代購時，可於晚上共修時間向正覺同修會各共修處請購（共修時間及地點，詳閱共修現況表。每年例行年假期間請勿前往請書，年假期間請見共修現況表）。 4.郵購：郵政劃撥帳號 19068241。 5.正覺同修會會員購書都以八折計價（戶籍台北市者爲一般會員，外縣市爲護持會員）都可獲得優待，欲一次購買全部書籍者，可以考慮入會，節省書費。入會費一千元（第一年初加入時才需要繳），年費二千元。**6.尚未出版之書籍，請勿預先郵寄書款與本公司，謝謝您！** 7.若欲一次購齊本公司書籍，或同時取得正覺同修會贈閱之全部書籍者，請於正覺同修會共修時間，親到各共修處請購及索取；**台北市讀者**請洽：103 台北市承德路三段 267 號 10 樓（捷運淡水線 圓山站旁）請書時間：週一至週五爲 18.00~21.00，第一、三、五週週六爲 10.00~21.00，雙週之週六爲 10.00~18.00 請購處專線電話：25957295-分機 14（於請書時間方有人接聽）。

敬告大陸讀者：

大陸讀者購書、索書捷徑（尚未在大陸出版的書籍，以下二個途徑都可以購得，電子書另包括結緣書籍）：

1.廈門外國圖書公司：廈門市思明區湖濱南路 809 號 廈門外圖書城 3F

郵編：361004　電話：0592-5061658　網址：JKB118@188.COM

2.電子書：正智出版社有限公司及正覺同修會在台灣印行的各種局版書、結緣書，已有『**正覺電子書**』陸續上線中，提供讀者於手機、平板電腦上購書、下載、閱讀正智出版社、正覺同修會及正覺教育基金會所出版之電子書，詳細訊息敬請參閱『正覺電子書』專頁：http://books.enlighten.org.tw/ebook

關於平實導師的書訊，請上網查閱：

成佛之道　http://www.a202.idv.tw

正智出版社 書香園地　http://books.enlighten.org.tw/

中國網採訪佛教正覺同修會、正覺教育基金會訊息：

http://big5.china.com.cn/gate/big5/fangtan.china.com.cn/2014-06/19/content_32714638.htm

http://pinpai.china.com.cn/

★ 正智出版社有限公司售書之稅後盈餘，全部捐助財團法人正覺寺籌備處、佛教正覺同修會、正覺教育基金會，供作弘法及購建道場之用；懇請諸方大德支持，功德無量。

★ 聲　明 ★

本社於 2015/01/01 開始調整本目錄中部分書籍之售價，以因應各項成本的持續增加。

＊ 喇嘛教修外道雙身法、墮識陰境界，非佛教 ＊

＊ 弘揚如來藏他空見的覺囊派才是真正藏傳佛教 ＊

售後服務—換書啓事（免附回郵）　2012/09/24

《楞嚴經講記》第 14 輯初版首刷本免費調換新書啓事：本講記第 14 輯出版前因 平實導師諸事繁忙，未將之重新閱讀而只改正校對時發現的錯別字，故未能發覺十年前所說法義有部分錯誤，於第 15 輯付印前重閱時才發覺第 14 輯中有部分錯誤尚未改正。今已重新審閱修改並已重印完成，煩請所有讀者將以前所購第 14 輯初版首刷本，寄回本社免費換新（初版二刷本無錯誤），本社將於寄回新書時同時附上您寄書回來換新時所付的郵資，並在此向所有讀者致上最誠懇的歉意。

《心經密意》初版書免費調換二版新書啓事：本書係演講錄音整理成書，講時因時間所限，省略部分段落未講。後於再版時補寫增加 13 頁，維持原價流通之。茲爲顧及初版讀者權益，自 2003/9/30 開始免費調換新書，原有初版一刷、二刷書籍，皆可寄來本來公司換書。

《宗門法眼》已經增寫改版爲 464 頁新書，2008 年 6 月中旬出版。讀者原有初版之第一刷、第二刷書本，都可以寄回本社免費調換改版新書。改版後之公案及錯悟事例維持不變，但將內容加以增說，較改版前更具有廣度與深度，將更能助益讀者參究實相。

換書者免附回郵，亦無截止期限；舊書請寄：111 台北郵政 73-151 號信箱 或 103 台北市承德路三段 267 號 10 樓 正智出版社有限公司。舊書若有塗鴨、殘缺、破損者，仍可換取新書；但缺頁之舊書至少應仍有五分之三頁數，方可換書。所有讀者不必顧念本公司是否有盈餘之問題，都請踴躍寄來換書；本公司成立之目的不是營利，只要能眞實利益學人，即已達到成立及運作之目的。若以郵寄方式換書者，免附回郵；並於寄回新書時，由本社附上您寄來書籍時耗用的郵資。造成您不便之處，再次致上萬分的歉意。

正智出版社有限公司 啓

國家圖書館出版品預行編目(CIP)資料

金剛經宗通／平實導師述. -- 初版. -- 臺北市：
正智，2013.01
冊；　公分
ISBN 978-986-6431-33-3（第1輯：平裝）
ISBN 978-986-6431-37-1（第2輯：平裝）
ISBN 978-986-6431-38-8（第3輯：平裝）
ISBN 978-986-6431-39-5（第4輯：平裝）
ISBN 978-986-6431-48-7（第5輯：平裝）
ISBN 978-986-6431-49-4（第6輯：平裝）
ISBN 978-986-6431-50-0（第7輯：平裝）
ISBN 978-986-6431-51-7（第8輯：平裝）
ISBN 978-986-6431-60-9（第9輯：平裝）
1.般若部
221.44　　101007242

金剛經宗通——第四輯

著述者：平實導師
音文轉換：劉惠莉
校對：章乃鈞 陳介源 孫淑貞 傅素嫻 王美伶
出版者：正智出版社有限公司
電話：○二 28327495　28316727（白天）
傳眞：○二 28344822
111 台北郵政 73-151 號信箱
郵政劃撥帳號：一九〇六八二四一
正覺講堂：總機○二 25957295（夜間）
總經銷：飛鴻國際行銷股份有限公司
231 新北市新店區中正路 501-9 號 2 樓
電話：○二 82186688（五線代表號）
傳眞：○二 82186458　82186459
初版首刷：二〇一二年十一月三十日　二千冊
初版七刷：二〇一七年四月　二千冊
定價：二五〇元